数字货币研究前沿

(第一辑)

姚 前 主编

责任编辑:陈　翎
责任校对:孙　蕊
责任印制:张也男

图书在版编目(CIP)数据

数字货币研究前沿(第一辑)(Shuzi Huobi Yanjiu Qianyan)/姚前主编. —北京:中国金融出版社,2018.6
ISBN 978 – 7 – 5049 – 9505 – 6

Ⅰ.①数… Ⅱ.①姚… Ⅲ.①电子货币—研究报告—中国 Ⅳ.①F832.46

中国版本图书馆 CIP 数据核字(2018)第 053724 号

出版
发行 **中国金融出版社**

社址　北京市丰台区益泽路 2 号
市场开发部　(010)63266347,63805472,63439533(传真)
网 上 书 店　http://www.chinafph.com
　　　　　　(010)63286832,63365686(传真)
读者服务部　(010)66070833,62568380
邮编　100071
经销　新华书店
印刷　北京市松源印刷有限公司
尺寸　169 毫米×239 毫米
印张　24
字数　305 千
版次　2018 年 6 月第 1 版
印次　2018 年 6 月第 1 次印刷
定价　65.00 元
ISBN 978 – 7 – 5049 – 9505 – 6
如出现印装错误本社负责调换　联系电话 (010)63263947

前　　言

纵观历史发展脉络，货币从早期的实物货币、商品货币到后来的信用货币，经历了多次形态演变。进入 21 世纪，建立在现代数字技术基础之上的数字货币呼之欲出，有望成为数字经济的主流货币形态，因此也吸引了世界各国的竞相探索与研究。根据职责要求，中国人民银行数字货币研究所具体承担数字货币与金融科技的研究、交流与合作职能，并在总行统一领导下开展央行数字货币的研发工作。

围绕研发工作中涌现的关键共性问题，聚焦数字货币与金融科技学科前沿，及时破解问题和固化科研成果，为总行相关工作提供决策参考，数字货币研究所创设了《研究专报》制度。自创设以来，《研究专报》从研究选题、研讨、行文、成果转化等方面，均得到了周小川行长、范一飞副行长等行领导的深切关怀和悉心指导，也得到了总行各部门的帮助和肯定。应各方要求，现将 2017 年《研究专报》中可以公开的研究成果汇编成《数字货币研究前沿（第一辑）》，以供参考并冀批评指正。

《研究专报》的定位是"顶天立地，包容并蓄，及时有效，知行合一"。"顶天"是要有国际领先的视野和站位，"立地"是注重把研究成果与实际工作紧密结合。"包容并蓄"是充分借鉴吸收国际央行以及产学研用各界的研究成果。"及时有效"则是对《研究专报》工作时效性的要求，做到及时乃至实时跟进评估相关理论、技术与政策进展。

最后，数字货币理论研究是认识的过程，是"知"，数字货币研发与相关政策出台是实践的过程，是"行"，唯有通过知行合一，把认识和实践统一，才能做好并不断提高《研究专报》的质量，发挥《研究专报》的智力支撑功能。

回首一年的研究实践，《研究专报》可以概括为以下几个主题：

一是央行法定数字货币理论体系研究。这部分研究关注的是央行数字货币的系统框架和总体设计，对于数字货币体系设计中的关键要素进行分析梳理，阐述央行数字货币的形态范畴、实现路径以及发行影响等问题，读者从中可以更加全面了解和深刻认识央行数字货币的本质内涵。

二是央行法定数字货币应用场景研究。应用场景是数字货币的应用着力点和设计驱动力，应用场景研究部分深入调查研究了央行数字货币可能的典型应用场景，探讨数字货币应用于具体业务场景的实现模式、功能及业务技术特点，以及可能会产生的影响，为读者理解数字货币的应用意义提供了具象化感知。

三是各国央行数字货币试验的跟踪研究。他山之石，可以攻玉。目前，世界主要央行纷纷开展法定数字货币试验，数字货币研究所在与各国央行保持着常态化交流的同时，也在积极跟踪各国试验进度。这一部分梳理了世界上主要央行对法定数字货币的探索，分析总结各国央行在技术手段、机制设计和法律法规等方面取得的阶段性成果与结论，为我国央行数字货币的研发提供借鉴。

四是虚拟货币观察监测。2017年以来，虚拟货币尤其是首次代币发行融资乱象丛生，研究所一直对虚拟货币相关发展状况进行观察监测，为总行的监管工作提供工作支撑。这部分内容编译了国外金融监管部门发布的虚拟货币相关法律法规，也对虚拟货币和首次代币发行融资做出了我们的研究分析和判断，以供参考。

五是分布式账本技术。分布式账本技术是作为支撑加密货币的底层技术架构出现的，但其影响力已经拓展到货币金融、社会组织、计算机科学、信息安全、财务会计等多个领域，为央行数字货币技术架构提供了多方面的有益借鉴。这一部分对当前主流分布式账本技术架构进行了全面的研究和比较，并从传统分布式系统视角研究技术的演进趋势。

六是金融科技。金融科技是由科技进步驱动的金融创新，发展金融科技有助于金融普惠，也是增强金融服务实体经济能力的重要依托，已成为各国金融监管者聚焦的着眼点和发力点。这部分内容包含了该领域的国际动态以及我们对相关技术的研究和分析。

《数字货币研究前沿（第一辑）》是中国人民银行数字货币研究所2017年工作成果的浓缩，谨以此书向关切、关心中国人民银行数字货币研究所发展的诸位领导和同仁进行汇报，并致以鸣谢！期待与大家继续为中国法定数字货币和金融科技的发展而努力。若能引发各方的积极思考与探索，实乃幸事。

"大胆假设，小心求证"，应是研究该有的严谨态度，鉴于这个领域的快速发展，书中难免有不足与错误，希请方家指正。

目　录

央行法定数字货币理论研究

理解央行数字货币：一个系统性框架 …………………… 姚　前 / 3
数字货币与银行账户 ………………………………………… 姚　前 / 17
关于央行数字货币的若干思考 …………………………… 姚　前 / 24
"去现金化"与现金的未来 ………………………… 孙　浩　赵　欣 / 39
CPK 户币——法币的数字化 ……………………………… 南相浩 / 50
数字基础货币：来自欧洲央行的评估 ………… 孙　浩　编译　评述 / 63
数字货币对央行货币政策调控的影响 …………………………………
　　　………… 龚　浩　刘金浩　张红波　郝慧婷　黄　钦　范亚棋 / 76
国际电信联盟数字法币网络基础设施焦点组工作草案
　　　………………………………………… 孙　浩　赵新宇　译 / 87

央行法定数字货币应用场景研究

数字货币在保理业务的应用 ………… 蒋国庆　彭　枫　姚　前 / 93
数字货币助力精准扶贫初探 ………… 蒋国庆　彭　枫　姚　前 / 99
数字货币在人民币跨境结算研究（一）：应用初探 ………………
　　　……………………………………………… 蒋国庆　彭　枫 / 104
数字货币在人民币跨境结算研究（二）：应用模式设计 …………
　　　……………………………………………… 彭　枫　蒋国庆 / 112
数字货币在人民银行跨行调款场景的应用研究 …………………
　　　………………………………… 姚　前　蒋国庆　彭　枫 / 121

各国央行法定数字货币试验

加拿大央行 Jasper 项目评估、比较与启示 ………… 姚　前 / 133
新加坡央行数字货币试验第一阶段解析 …………… 陈　华 / 147
新加坡央行数字货币试验第二阶段解析 ……… 李红岗　陈　华 / 154
CAD‑coin 与 Fedcoin 的比较 ………………………………………
　　………………………… 孙　浩　黄烈明　赵新宇　编译 / 165
DLT 支付系统能安全高效运转吗 ……………………… 陈　华 / 179

虚拟货币观察监测

《纽约州金融服务局关于虚拟货币商业活动的法规》…………
　　……………………………………………… 狄　刚　编译 / 195
2017 年 1—4 月比特币交易数据分析 ………… 赵新宇　钱友才 / 206
首次代币发行 ICO 的初步研究………………………………………
　　………………………… 孙　浩　蒋国庆　彭　枫　钱友才 / 214

分布式账本技术

欧洲中央银行对分布式账本技术的定位与思考 …… 孙　浩　译 / 229
分布式账本平台 Corda 技术初探 …………………… 黄烈明 / 236
国际清算银行分布式账本技术白皮书 ………… 冯　蕾　编译 / 244
分布式账本技术架构比较及趋势分析 ………………… 钱友才 / 269
全局同步日志（GSL）初探 …………………………… 蒋国庆 / 285
区块链信息机密性与隐私保护技术研究 ……………… 赵新宇 / 292
区块链系统架构演进：传统分布式系统视角 ………… 王继伟 / 310

金融科技研究

从供需两侧透视金融科技 …………………………………… 狄　刚 / 327
美国货币监理署《探索向金融科技公司发放特殊目的国民银行
　牌照》 …………………………………………………… 孙　浩 译 / 334
SM2 数字签名算法的分析与比较 …………………………… 张大伟 / 353
分布式架构的共识问题研究 ………………………………… 赵新宇 / 366

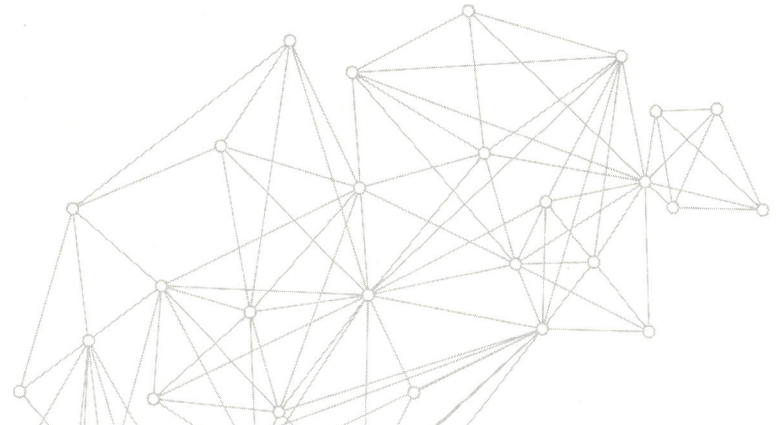

央行法定数字货币理论研究

◇ 理解央行数字货币：一个系统性框架

◇ 数字货币与银行账户

◇ 关于央行数字货币的若干思考

◇ "去现金化"与现金的未来

◇ CPK 户币———法币的数字化

◇ 数字基础货币：来自欧洲央行的评估

◇ 数字货币对央行货币政策调控的影响

◇ 国际电信联盟数字法币网络基础设施焦点组工作草案

理解央行数字货币：一个系统性框架

姚 前

摘要：当前，法定数字货币的研发正引起政策制定者、监管机构、产业界、学术界的广泛兴趣，但对于它的具体形态，尚未有清晰的概念和蓝图。本文建立了一个系统性框架，从价值内涵、技术方式、实现手段、应用场景四个全新的维度，剖析了法定数字货币的本质和内涵。研究认为，法定数字货币在价值上是信用货币，在技术上是加密货币，在实现上是算法货币，在应用场景上则是智能货币。与现有的私人数字货币和电子货币相比，法定数字货币将呈现出全新、更好的品质。让货币价值更稳定，让数据更安全，让监管更强大，让个人的支付行为更灵动，让货币应用更智能，不仅能很好地服务大众，同时又能为经济调控提供有效手段，还能为监管科技的发展创造坚实的基础，这些优秀品质是中国法定数字货币所追求的目标。

一、引言

近几年来，数字货币发展迅速，正成为大家热议的焦点，其中关于法定数字货币（Digital Fiat Currency，DFC）的研发，更是引起政策制定者、监管机构、产业界、学术界的广泛兴趣。目前，各国中央银行更多关注的是如何将分布式账本技术（Distributed ledger technology，DLT）应用于资金批发市场的实时全额支付（real-time gross settlement，RTGS），而对于法定数字货币的具体形态，尚未有清晰的概念和蓝图。

早在2015年，国际清算银行下属的支付和市场基础设施委员会（Committee on Payments and Market Infrastructures，CPMI）将法定数字

货币定义为加密货币（crypto-currency）[1]。随后，中国人民银行行长周小川提出数字货币可分为基于账户和不基于账户两种[2]。继 Broadbent[3] 提出央行数字货币（Central Bank Digital Currency，CBDC）的概念后，中国人民银行副行长范一飞[4]指出央行数字货币主要属于现金（M0）范畴。中国人民银行数字货币研究所所长姚前[5]则提出了基于账户（account-based）和基于钱包（wallet-based）的数字货币概念，并设计了一个基于银行账户和数字货币钱包分层并用的架构[6]，以使法定数字货币可以有机融入"中央银行—商业银行"二元体系，复用现有成熟的金融基础设施，避免狭义银行化影响。与之相似，Koning[7] 根据是否基于央行账户，将法定数字货币区分为央行数字账户（Central Bank Digital Account，CBDA）和央行数字货币（CBDC）。Bordo 和 Levin[8] 将法定数字货币区分为 CBDC 账户和 CBDC 代币。而 Bech 和 Garratt[9] 则提出央行加密货币（Central bank crypto currencies，CBCCs）的概念，并从发行者（央行或其他）、货币形态（电子或实物）、流通范围（全局或局部）、流通机制（中心化或去中心化）四个角度对 CBCC 的特性进行了阐述。

上述各种提法既相似也有一些微妙的不同，法定数字货币前所未

---

[1] Committee on Payments and Market Infrastructures. Digital currencies. Report. 2015.

[2] 周小川. 专访周小川——央行行长周小川谈人民币汇率改革、宏观审慎政策框架和数字货币. 财新周刊，2016，6：52-61.

[3] Broadbent B. Central banks and digital currencies [cited 2016]. Available from: http://www.bankofengland.co.uk/publications/pages/speeches/2016/886.aspx.

[4] 范一飞. 法定中国数字货币的理论依据和架构选择. 中国金融，2016，17：10-12.

[5] 姚前. 中国版数字货币设计考量. 中国金融，2016a，12：26-27.

[6] 姚前. 数字货币和银行账户. 清华金融评论，2017a，7：63-67.

[7] Koning JP. Evolution in cash and payments: comparing old and new ways of designing central bank payments systems, cross-border payments networks, and remittances. R3 reports. 2017.

[8] Bordo M D, Levin A T. Central bank digital currency and the future of monetary policy. NBER Working Paper No. 23711. 2017.

[9] Bech M, Garratt R. Central bank Cryptocurrencies, BIS Quarterly Review. 2017.

有，畅想它的未来形态，需要有更丰富的想象力和更广阔的视野。不同于已有研究，本文建立了一个系统性框架，从价值内涵、技术方式、实现手段和应用场景四个全新的维度，剖析了法定数字货币的本质和内涵。本文研究认为，法定数字货币在价值维度上是信用货币，从技术上看应该是加密货币，从实现方式来看则是算法货币，从应用场景来看是智能货币。理想中的法定数字货币应具备全新的品质，从而超越现有的私人数字货币和电子货币。

二、法定数字货币在价值维度上是信用货币

法定数字货币是由中央银行发行，采用特定数字密码技术实现的货币形态。与实物法币相比，数字法币变的是技术形态，不变的是价值内涵。本质上，它仍是中央银行对公众发行的债务，以国家信用为价值支撑。这使其天生就具有私人数字货币无法比拟的优势。

（一）法定数字货币有价值锚定，能够有效发挥货币功能

相比交易媒介功能，货币作为计价手段的功能是第一位的，而作为计价功能，货币价值的稳定性至关重要。对于货币的价值贮藏功能，更是如此。货币需要有价值锚定，才能有效发挥货币功能。

回顾历史，各种货币形态均有价值锚定。商品货币、金属货币的价值锚定来源于物品本身的内在价值。金本位制度下，各国法定货币以黄金为价值锚定。布雷顿森林体系崩溃以后，各国法定货币虽不再与黄金挂钩，但是以主权信用为价值担保。到了法定数字货币时代，这一最高价值信任将继续得到保留和传承。

反观以比特币为代表的去中心化类私人数字货币，其价值来源在哪里？是自由主义者对货币发行非国家化的乌托邦情怀，还是挖矿消耗的计算资源？是市场对未来区块链技术发展的乐观预期，还是短期投机暴利下的非理性诱惑？从目前来看，应该是投机因素居多。从公

共经济学视角看，比特币等私人类数字货币不具备提供"清偿服务"和"核算单位价值稳定化服务"等公共产品服务的能力，在交易费用上也不具有明显优势，这些缺陷决定了其难以成为真正的货币。

（二）法定数字货币有信用创造功能，从而对经济有实质作用

在非信用货币时代，人们眼中的货币是无意义的。李嘉图、门格尔、瓦尔拉斯等古典经济学家们倾向于认为，商品货币、金属货币等非信用货币对经济是中性的，它们只是覆盖在实物经济上的面纱，对经济无实质性作用，仅会引起价格的变化。

而在信用货币时代，货币本身就是信用，实质上是发行主体信用的证券化，具有金融属性，货币创造过程即是一种信用创造过程。凯恩斯主义者、货币主义学派、理性预期学派以及金融加速器理论从不同角度分别论证了各种情况下货币非中性的微观机理和宏观表现，支持了货币在经济中的关键作用。

事实也表明，货币的信用创造功能对于现代经济至关重要，尤其是金融危机时刻的流动性救助，对于防止危机传染、助推经济快速复苏有着重要的意义。典型的例子是2008年国际金融危机爆发后，美联储主动创设多种流动性支持工具，将援助对象由传统的商业银行，扩展到非银行金融机构、金融市场和企业，迅速阻止了危机的进一步传染和恶化，这正是当前美国经济能够在全球率先复苏的关键因素。

从完全放任自由的市场到中心化机构的出现，是市场自然而然演化的结果。具有讽刺意味的是，以自由市场为圭臬的市场原教旨主义者，竟然不相信自由市场的选择。诸如比特币等，按照算法设计，每四年产生的数量减半，最高上限为2100万个，其实是货币的"返祖"，相当于重新披上了商品货币和金属货币的面纱，对经济没有实质意义，仅起到克服物物交换困难的便利交易作用。在日益复杂的信用经济时代，若以比特币为货币，无疑是一场灾难。

除了上述两个优势，与传统法币相比，法定数字货币还有一个优势是，有助于改进法币的价值稳定。

以国家信用为价值支撑的法币，在不同人眼里有着不同评判，有人认为其具有最高价值信任，也有人认为它只是利益再分配的工具。比如自由主义者认为，国家有着财政赤字货币化的冲动，由其垄断货币发行权，容易导致通货膨胀，因此他们宣扬自由市场的力量，建议废除国家货币发行垄断权，实行货币自由发行和竞争，以维持价格稳定。此外，中央银行制定货币政策规则时，通常会设定2%的目标通胀水平，也经常被解读为通胀倾向。

对于前者，可以通过提高中央银行独立性来解决。目前，在政府治理机制比较完善的国家中，财政赤字货币化行为已得到很好的抑制。而对于后者，则可通过引入法定数字货币，来降低货币政策规则上设定2%目标通胀水平的必要性。数字货币环境下，有效负利率政策将成为可能，中央银行可能不再需要设定目标通货膨胀率缓冲，理论上中央银行的目标通货膨胀率可降至0。从这角度看，法定数字货币或有助于法定货币的价值稳定。

三、法定数字货币在技术维度上是加密货币

法定数字货币是数字经济发展的基石。未来的数字经济一定是加密数字经济，而不是明文数字经济。就此而言，法定数字货币的技术本质，理应是加密货币。加密技术是法定数字货币实现技术安全和可信的关键要素。

具体而言，在法定数字货币本身的设计上，需要运用密码学理论知识设计法定数字货币特定的表达形式，保障数字货币的可流通性、可存储性、不可伪造性、不可重复交易性与不可抵赖性等；在法定数字货币交易过程中，需要运用加密技术、分布式账本技术、可信云计算技术和安全芯片技术来保证端到端的安全，防止被窃取、篡改、冒

充;在法定数字货币的用户体验上,需要结合隐私保护技术与分布式账本技术,在为用户提供不同于传统电子支付的点对点支付体验的同时,通过隐私保护技术确保用户数据的安全,避免敏感信息的泄露,且不损害可用性;在法定数字货币监管方面,利用数字货币"前台自愿,后台实名"的特性,通过安全与隐私保护技术来管理相关数据使用权限,确保大数据分析等监管科技有用武之地。

近几十年来,加密货币理论创新与实践进展迅速。在理论上日渐成熟。Chaum① 最早提出一种具有匿名性、不可追踪性的电子现金系统。Dai② 提出了一种名为 b - money 的匿名的分布式电子现金系统。Jakobsson 和 Juels③ 提出工作量证明机制。Szabo④ 发明了 Bitgold。Nakamoto⑤ 发表经典论文《比特币:点对点的电子现金系统》,提出了一种去中心化的完全通过点对点技术实现的电子现金系统。实际上比特币的区块链技术融合了当时各种加密技术的最新进展。

加密货币理论在实践上成果丰富。自比特币问世以来,各种替代加密货币层出不穷。截至 2016 年,共有 600 多种数字货币。这些加密货币进一步利用各种数字货币技术,对比特币进行了扩展与变型,很多试验进展具有较强的学术创新性。

加密货币理论研究和实验成果为法定数字货币提供了丰富、有益的参考。目前,一些国家的央行也都基于分布式账本技术进行央行数

---

① Chaum, D. Blind signatures for untraceable payments. Advances in Cryptology, proceedings of Crypto, 1983, 82: 199 - 203.

② Dai, W. B - Money [cited 1998]. Available from: http://www.weidai.com/bmoney.txt.

③ Jakobsson M, Juels A. Proofs of work and bread pudding protocols. Springer US, 1999, 61: 53 - 56.

④ Szabo, N. Bit Gold unenumerated: an unending variety of topics. [cited 2008]. Available from: http://unenumerated.blogspot.com/2005/12/bit-gold.html.

⑤ Nakamoto, S. Bitcoin: a peer - to - peer electronic cash system [cited 2008]. Available from: https://bitcoin.org/bitcoin.pdf.

字货币试验，如加拿大央行的 Jasper 项目①、新加坡金管局的 Ubin 项目②、香港金管局的 Lionrock 项目③。欧洲中央银行和日本央行联合开展的 Stella 项目④则对分布式账本技术是否能够取代实时全额结算系统（RTGS）进行研究。现在看，DLT 取代 RTGS 还为时尚早，应将数字货币和区块链"松绑"。法定数字货币对区块链技术的借鉴，应根据实际业务需求在改造的基础上灵活应用。就此而言，Danezis 和 Meiklejohn⑤ 提出的 RSCoin 系统的设计理念值得参考，该系统站在中央银行视角，不拘泥于区块链技术，力图实现一种受中央银行控制的、可扩展的加密数字货币。

Koning 把账户（Account）和（代）币（Currency or token）这两个最重要的概念拎了出来，非常有趣。从演化路径看，央行发行法定数字货币其实是从账户（Account）向央行代币（Token）延伸的过程；而加密货币从最开始的公有链到后续的联盟链、私有链，则可看作是从代币（Token）往账户（Account）方向的推进。在这里账户、代币、币之间其实是你中有我、我中有你的关系。所以，央行发行法定数字货币，采用 CBDA、CBDC、CBCC 混合的思路或更为稳妥。

说到 Token，很自然就会想起 Tokenization 技术，比如支付标记化（Payment Tokenization）技术。这是由国际标准化组织 EMVCo 于 2014 年正式发布的一项支付技术。支付标记化技术采用标识符号替代了传统银行卡卡号和有效期，从根本上杜绝敏感信息泄露的可能，降低了

---

① Project Jasper. A Canadian experiment with distributed ledger technology for domestic interbank payments settlement. Report. 2017.

② Monetary Authority of Singapore . The Future is here – Project Ubin：SGD on distributed ledger. Report. 2017.

③ Hong Kong Monetary Authority. Whitepaper on distributed ledger Technology. Report. 2016.

④ European Central Bank and Bank of Japan. Payment systems：liquidity saving mechanisms in a distributed ledger environment. Report. 2017.

⑤ Danezis G, Meiklejohn S. Centrally banked crypto – currencies［cited 2016］. Available from：http：//www. cs. ucl. ac. uk/staff/G. Danezis/papers/ndss16 currencies. pdf.

欺诈交易的发生概率，并可以通过域控功能限定交易场景（如交易类型、使用次数、交易金额、有效期、支付渠道、商户名称等），使支付更加安全。探索中国法定数字货币的表达方法，进一步研究数字货币基础数学模型，包括属性、发行者、所有者、使用权限、使用范围、数字签名、加密、防伪等，并建立其识别和描述模型，无疑是必要的①。支付标记化技术对便利性、隐私性和安全性的平衡处理，以及采用的域控设计理念，值得法定数字货币借鉴。

随着可信云计算、安全芯片与隐私保护等加密技术的成熟，法定数字货币将以用户为中心来管理，这将大大减少货币运营中的诸多中间环节，央行也可以直接穿透到最终用户，为经济调控提供一种全新的手段。

四、法定数字货币在实现维度上是算法货币

在实际的货币业务中，法定数字货币是算法货币，包含三层意思。一是在法定数字货币的设计上，可以采用各种加密算法来保障安全可信的同时，如哈希算法、Fitzer 加密算法、盲签名、环签名等，为将来的新兴算法也预留了一些特殊字段。二是在货币发行环节，法定数字货币设计上有可执行脚本的考虑，将来可以使用预设可靠的算法规则来进行发行。说起发行算法，很自然就会想起比特币的 POW 共识机制，比特币煞有介事地通过挖矿的算法机制来进行发行，但这种规则与交易手续费捆绑在一起，机械僵化，根本上脱离了社会经济发展的实际，无法适应现代宏观经济调节的需求。法定数字货币发行的算法规则，理应是一套能在保持币值稳定的前提下，让货币供给充分适应宏观经济多变量环境变化的智能规则。以目前的技术水平看，有可能是一套精致的、基于机器学习算法的人工智能（AI）模型。三是可以

---

① 姚前. 中国法定数字货币原型构想. 中国金融, 2016b, 17: 13–15.

运用大数据,对货币的发行、流通、贮藏等进行深度分析,了解货币运营规律,为货币政策宏观审慎监管和金融稳定分析等干预需求提供数据支撑。

一直以来,货币经济学家们对货币政策规则展开广泛而深入的研究,试图为中央银行的货币供给提供理论指导,泰勒规则、弗里德曼的单一规则、芝加哥学派的货币主义等货币学说,在方法论上从定性扩展到定量研究,建立了计量经济学和实验经济学,以期为中央银行理解和把握现实经济世界提供精准的工具。某种意义上来说,经济学家们为中央银行构建的货币发行决策模型,其实是初级的 AI 模型。

遗憾的是,由于数据搜集、存储和计算能力受限,这些 AI 模型尚未能在大规模的机器学习中得到优化和改进,仅是中央银行货币决策的辅助工具。比如,模型学习的数据维度小,频度低,时滞长,导致模型学习的知识量不足,过度参数化,预测误差大;模型计算能力有限,无法遍历各种决策空间,决策逻辑相对单一,难以实现决策全局最优。这就决定了目前的央行货币发行更多依靠专家决策,专家的学识、智慧和经验当然值得推崇,但人脑决策难免存在误差,甚至有可能失误,这正是现代货币政策备受诟病的原因之一。

目前货币运行相关数据基本通过后验式统计与估算形成。这样就使得货币在现实流通中存在较大不确定性,即当货币发行以后缺乏实时有效的监控手段,在流通中实际发挥交易手段、流通手段的货币到底有多少?这些货币被应用的主要场景有哪些?货币流通速度怎么样等问题,都很难找到确切的答案。以至于有的国家央行官员不无调侃地说,我们真不知道目前实际发挥流通手段、交易手段的纸币规模到底有多少,这是一个黑盒子。

但数字货币的出现改变了这一局面。尤其是对法定数字货币而言,其货币的创造、记账等都是由央行或者央行组建的联盟中心来完成的,央行是造币者、发行者,一些关键核心节点是记账者,普通节点是运用数字货币进行交易的经济主体，在这一技术体系中，央行拥有最高的决策和业务权限。因此，在这一角色定位下，在数据适当脱敏的情况下，大数据分析就有了用武之地。

法定数字货币从系统设计之初，就需要在法律许可的范围内，重点考虑大数据顶层设计及相关的基础设施建设。从系统设计上，要注重大数据基础设施的鲁棒性和拓展性，根据数据层、接口层、服务层和应用层划分，保证数据收集、分析模型、应用接口都具有良好的安全性、灵活性和一定程度的开放性。从时域上，要提取数字货币发行、流通、交换、贮藏、回收的全生命周期关键基础数据，为进一步的模型构建、仿真、分析和调控夯实基础。从空间域上，构建数字货币运行分布云图，清晰勾画法定数字货币运行的规模、地点、时间，并进行空间标注，形成数字货币运行分布的实时云图，清晰地了解数字货币的运行区域和投放重点域，为精准施策作好支持。

基于上述情况，中央银行科学遴选相关数字货币分析指标体系，从可观性、可控性、相关性和稳定性维度，测度关键的数字货币总量型指标和价格信号类指标，进一步仿真分析数字货币调控工具类指标的影响，从而为货币政策制定与实施提供有益的决策参考。

当前技术以摩尔定律在不断地发展。随着自动搜索、网络爬虫、自动分类等数据搜集技术的持续发展，传感器、信息识别、生物识别等数据捕捉工具的不断丰富，现代高性能计算集群的计算性能和存储功能的快速提高以及通信技术的更新换代，基于大数据分析，将机器学习算法和人工智能技术应用于货币政策，探索开发完备先进的货币发行 AI 模型，是否可以先行先试？我们认为这是可能的，我们已对法定数字货币发行的 AI 模型和学习算法展开了研究，探索性地提出具体框架，包括模型设计和学习算法，并基于通过外汇市场开展货币投放的简单场景，进行了初步的试验。结果表明，虽然存在一定的识别误差，但模型的整体效果还不坏。

总之，预计未来，在法定数字货币环境下，通过预设、可靠的程序算法规则，在保证币值稳定的前提下，由经济系统自发、内生地决策货币供应量，自动地发行和回收货币，将成为可能。中央银行的角色或许将不仅仅是货币发行量的决策者，而且还是货币发行算法规则的设计者。

五、法定数字货币在应用维度上是智能货币

法定数字货币不仅是简单地将货币进行数字化和网络化，更重要的是可以让货币变得更加智能化。与信用卡、银行储蓄卡、支付宝、微信支付等传统电子支付工具相比，法定数字货币将会呈现出全新、更好的品质。

（一）法定货币的用户体验将变得更加智能

当前，智能科技技术正在快速地融入人们的生活。移动芯片中包含人工智能单元正成为主流，硬件终端的智能化将与各个软件系统的智能化形成交互，从而创造出全新的智能化世界。在这智能化的世界里，需要有智能化的货币。智能合约执行自动且可信，可以在技术上提供降低合同违约和信用违约风险的新手段，是法定数字货币发展的一个方向。

姚前[1]研究了数字货币在跨行调款场景中的应用，发现通过数字货币的条件支付功能，能够很好地解决交易双方的信任问题，以及交易过程中资金流与交易流的同步问题。徐忠和姚前[2]研究了基于区块链技术的数字票据交易平台方案，并结合数字货币的清算结算功能，设计了一个由智能合约管理的流动性节约机制（LSM），结果表明央行数字

---

[1] 姚前. 数字货币在跨行调款场景的应用研究. 金融电子化, 2017e, 5: 16–19.
[2] 徐忠, 姚前. 数字票据交易平台初步方案. 中国金融, 2016, 17: 31–33.

货币的引入可以大幅简化票据交易流程。

此外，去中介化的点对点支付，也将带来很多全新的用户体验，它能给数字货币插上翅膀，让用户支付的能动性大大提高，并在货币的支付功能上延伸出更多智能化的功能，从而创造各种智能化的商业应用。

从现状看，很多国家研究更多是超级央行、CBDA 的思路，类似于构建一个央行层面的超级支付宝。而在中国，由于支付宝、微信支付等私人支付工具非常发达，"无现金社会""无现金城市"等词语频频出现，最近讨论的货币市场基金是否推高融资成本的问题，其实质意义还在滥觞。私人支付工具的发达及其日益垄断的局面，一定会倒逼监管机构有所行动；商业银行也必须严肃思考狭义银行以及退步为资金批发商和系统后台的可能性。按常理，零售端的支付工具本该由央行数字货币为主来实现，但私人部门已经捷足先登，一方面私人部门的创新能力值得称道；另一方面央行必须奋起直追。无论如何，在数字资产的世界里，央行数字货币不能缺位。中央银行发行零售端数字货币，对于健全社会支付体系、维护金融稳定以及加强央行的货币地位，具有重大而深远的意义。

应该说，用户已经体验到了私人支付工具的便利性，对法定数字货币的用户体验心存疑虑。实际上相比传统货币，无论是实物货币，还是电子支付工具，法定数字货币对持币者的好处是可以专门探讨的。传统纸币，有发行机构的信息，但不会有持有人登记的概念，更不会保存流转过程中全生命周期的信息，而且这些信息的主导权，还在持币者的手中。这样一种根本性的差异，使得法定数字货币的持币者，对于自己资金的自主可控，有了一个质的飞跃。

（二）货币政策执行将变得更加智能

目前，学者们已经敏锐地感知到，货币形式的数字化对于提高货

币政策有效性能可以发挥积极作用。如 Stiglitz[①] 研究了电子货币系统的宏观经济管理。我们对这个思路进行详细论证时发现，法定数字货币的可追踪性和可编程性将会让货币政策执行变得更加智能、更加有效。进而，我们尝试着提出了一个称之为"前瞻条件触发（forward contingent）"的货币生效设计。通过这一设计，目前困扰中央银行的传导机制不畅、逆周期调控困难、货币"脱实向虚"、政策沟通不足等货币政策困境，有可能得到很好的解决。

比如通过"时点条件触发（time contingent）"的货币生效设计，让货币只有在商业银行放贷时才能生效，从而减少货币政策传导时滞，并避免货币空转；通过"流向主体条件触发（sector contingent）"的货币生效设计，限定商业银行贷款流向部门和主体，精准定向货币投放，实施结构性货币政策，减少货币空转，提高金融服务实体经济能力；通过"信贷利率条件触发（loan rate contingent）"的货币生效设计，让商业银行信贷利率满足关于基准利率的函数，从而实现基准利率向贷款利率的有效实时传导；通过"经济状态条件触发（economic state contingent）"的货币生效设计，根据宏观经济状态，逆周期调整商业银行对中央银行的资金归还利率，从而减少商业银行风险特征及其贷款行为的顺周期性，实现经济的逆周期调控。

同时，由于法定数字货币在发行时即内置了这些条件设定，并能被商业银行公开获知，而这些条件设定恰是央行货币政策逻辑和意图的反映，因此法定数字货币兼具了前瞻指引（forward guidance）功能。

六、结论

对于货币持有者而言，他们最关切的货币品质不外乎有两点：一

---

① Stiglitz J E. Macro-economic management in an electronic credit/financial system. NBER working paper 23032. 2017.

个是不能"假"了，另一个是不能"毛"了。前者是对铸币技术的要求，后者是对货币背后的价值支撑的要求。这种关切对数字货币来说也是概莫能外。前文所阐述的法定数字货币四个维度，即在价值上是信用货币，技术上是加密货币，实现上是算法货币，应用场景上是智能货币，完全可以落到这两个根本点上来，只不过数字货币技术的应用，使得法定数字货币还会有更多的安全便捷智能等方面的特性要求。

考虑到中国的支付环境非常发达，中国的法定数字货币，必须在品质上超越现有的各种私人支付工具。让货币价值更稳定，让数据更安全，让监管更强大，让个人的支付行为更灵动，让货币应用更智能，不仅能很好地服务大众，同时又能为经济调控提供有效手段，还能为监管科技的发展创造坚实的基础，这应是中国法定数字货币追求的目标。

中国有句古语"取法乎上，仅得其中；取法乎中，仅得其下"。我们建立了一个系统性框架，剖析了法定数字货币的四个维度，目的就是为了取法乎上，树立一个远大的理想和目标。但我们也清醒地认识到，这个远大目标的实现不可能一蹴而就，需要根据现实情况分步实施。

目前，各国探索的法定数字货币，主要还是为了提高支付效率，而中国在电子支付方面已经非常发达。在当下，我们的弊端似乎不是效率有问题，而是需要兼顾效率和安全，既提倡创新也注重风险防范，在弥补零售端数字法币缺失的同时做好私人支付工具的监管，然后再逐步探索法定数字货币品质的进一步提升，应该是比较稳妥的路径选择。这也契合当前技术发展的进程，比如数字货币的可编程性有很大的想象空间，这个方向的探索也非常重要，但很可能是下一阶段的工作。

数字货币与银行账户

姚 前

摘要：基于银行账户与数字货币钱包分层并用的设计，可以在最小化影响商业银行核心系统的前提下，充分利用商业银行的账户实名认证、电子渠道、现金运营体系、产品服务体系，对于数字货币在商业银行对公业务推广中起决定性作用，从而也可顺利延伸到零售业务中。账户与钱包既是一体的又是相对独立的，一体的情况下可以高度复用银行现有的电子渠道做几乎所有的业务，相对独立的情况下可以通过发钞行实现点对点现金交易。

基于账户和不基于账户

数字货币能否发挥其成效，技术路线、风险防控手段及安全保障措施固然是基础，但应用是关键。只有被公众和市场接受的、好用的法定数字货币才有生命力，才能真正实现对传统货币的补充甚至是替代。虽然纯数字货币系统可以不与银行账户关联，但由于我国的货币发行遵循中央银行到商业银行的二元体系，而且当前社会经济活动主要基于商业银行账户体系开展，如可以借助银行账户体系，充分利用银行现有成熟的IT基础设施以及应用和服务体系，将大大降低数字货币推广门槛，提高使用便捷性和灵活性，有助于最广大的客户群体使用数字货币。数字货币在融入现有的应用基础之上将拓展出更加丰富和多元化的场景，数字货币的自身服务能力和竞争力也将进一步增强。

借助账户体系，最直截了当的办法是扩展中央银行资产负债表的接入范围。事实上，商业银行和一些其他金融机构以央行存款形式持有的中央银行求偿权已经数字化。但中央银行是否应该向更广泛的对手方提供此类服务？包括居民家庭在内的非金融部门是否可以在中央银行持有账户？这个问题引起了广泛的讨论。英格兰银行、欧洲央行和瑞典央行已经就此问题作了相关的研究。英格兰银行副行长本·布劳德本特道出了商业银行的担忧：那会引发存款从商业银行转移到央行，导致整个银行体系缩窄，成为"狭义银行"。实际上，这种担忧目前在监管层面具有一定的代表性。

对此，中国人民银行行长周小川也早就发表了自己的观点："数字货币的技术路线可分为基于账户和不基于账户两种，也可分层并用而设法共存。"这是非常原则而又精辟的表述，分层并用的思想显然要比直接在中央银行开户的方式考虑得更深。但在如何实现的具体手段上，这段话似有不同解读，本文试图谈谈个人的一点理解，抛砖引玉，欢迎批评指正。

商业银行传统账户体系＋数字货币钱包属性

为缓冲单独设立数字货币体系给现有银行体系带来的冲击，也为了最大限度地保护商业银行现有的系统投资，在具体设计上，可考虑在商业银行传统账户体系上，引入数字货币钱包属性，实现一个账户下既可以管理现有电子货币，也可以管理数字货币。电子货币与数字货币管理上有其共性，如账号使用、身份认证、资金转移等，但也存在差异。数字货币管理应符合央行有关钱包设计标准，类似保管箱的概念，银行将根据与客户的约定权限管理保管箱（比如必须有客户和银行两把钥匙才能打开等约定），保留数字货币作为加密货币的所有属性，将来利用这些属性可以灵活定制应用。

这样做的好处是沿用了货币发行二元体系的做法，数字货币属于M_0范畴，是发钞行的负债，在账户行的资产负债表之外。由于账户行依然还在实质性管理客户与账户，不会导致商业银行被通道化或者边缘化。不同于以往的圈存现金，数字货币不完全依赖银行账户，可以通过发钞行直接确权，利用客户端的数字货币钱包实现点对点的现金交易。

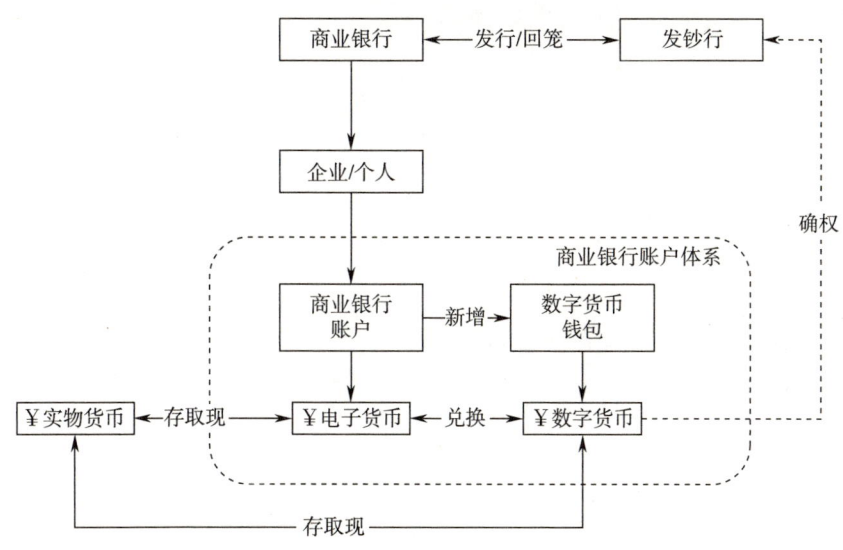

图1 商业银行账户体系支持数字货币发行

在中央银行集中统一发行数字货币的环境下，商业银行银行库中的数字货币属于商业银行的资产，中央银行的负债；商业银行客户账户中的数字货币则属于客户的资产，中央银行的负债。客户之间点对点交易数字货币，由央行数字货币发行系统进行交易确认与管理，央行承担交易责任；交易电子货币，则和现有流程一致，通过央行跨行支付系统、商业银行核心业务系统完成。

在分布式发行法定数字货币的环境下，商业银行银行库中的数字货币属于商业银行的资产，发钞行的负债；商业银行客户账户中的数字货币则属于客户的资产，发钞行的负债（发钞行不见得就是账户行）。客户之间点对点交易数字货币，由法定数字货币发钞行进行交易确认与管理（谁发行谁管理），央行承担监管责任；交易电子货币，则和现有流程一致，通过央行跨行支付系统、商业银行核心业务系统完成。需要特别说明的是，发钞行和中央银行以及发钞行之间的互联互通,将由央行来做顶层设计,该顶层是否可以迁移至分布式账本的架构之下,将是业界面临的重大课题。

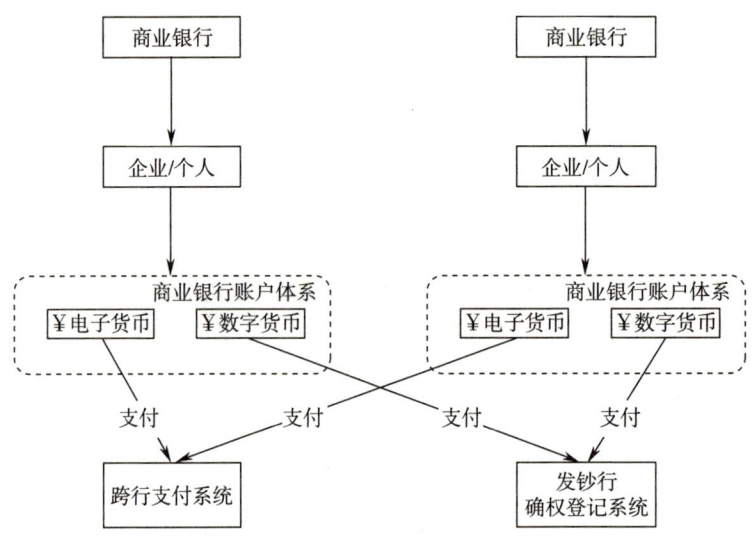

图2 不同类型货币不同交易渠道数字货币钱包的设计思路

在分层并用的具体实现手段上,延续商业银行以客户为中心的思路,在银行基本账户增加数字货币钱包ID字段。钱包起到保管箱功能,不参与日终计提等业务,最小化影响现有银行核心业务系统。数字货币的确权依托发钞行,传统账户与数字货币结合,可以极大地增强银行KYC与AML的能力。

在钱包设计上,所有的数字货币钱包需符合央行提供的规范。银行端的数字货币钱包较轻,仅提供安全管控以及账户层相关的必要属性,侧重于数字货币的管理;应用服务商提供的客户端的钱包较重,其功能会延伸至展示层与应用层。在客户端,智能合约的应用可以尽情施展,这也是应用服务商的核心竞争力之一。

举例来看:某部委发放专项补贴款,逐级下发至获取补贴款的企业或个人。如果要跟踪补贴发放的实际到位情况,传统模式下难以实

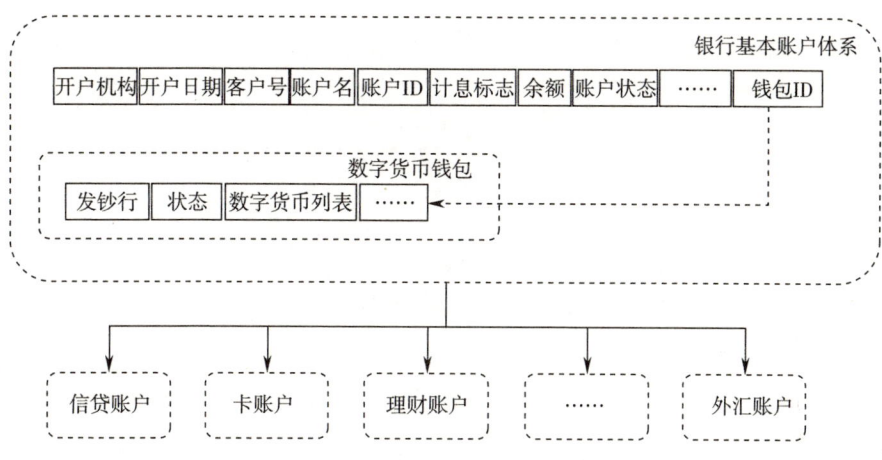

图3 数字货币钱包与银行基本账户体系应用场景示例：专项补贴款发放

现，往往需要逐级汇总报送上来，信息流和资金流不能做到完全匹配，执行中各地存在落实不到位、以拨列支等现象。依托数字货币的可跟踪的特性，辅助一定的智能合约权限管理，部委将可以不依赖其他业务参与方，直通式掌握各级补贴发放情况，避免下级机构挪用补贴的风险，实现专款专用。

如果不在银行账户体系中植入数字货币钱包属性，势必要各级机构、各补贴受益人开通和使用数字钱包，不仅需要考虑数字钱包物理载体的选择，而且还涉及众多参与方，央行将直接面对终端用户，推广难度大。而基于商业银行账户体系，应用部分在商业银行后台即可改造解决。对各级终端用户来说，利用现有账户，操作上和之前日常习惯一致，通过银行柜面、网上银行、手机银行等现有渠道就可以完成该项服务。

结语

在全面数字化的世界里，不能因为表面上、形式上都是数，就混淆数字背后的经济金融内涵。此数字与彼数字尽管都是数，但它们有

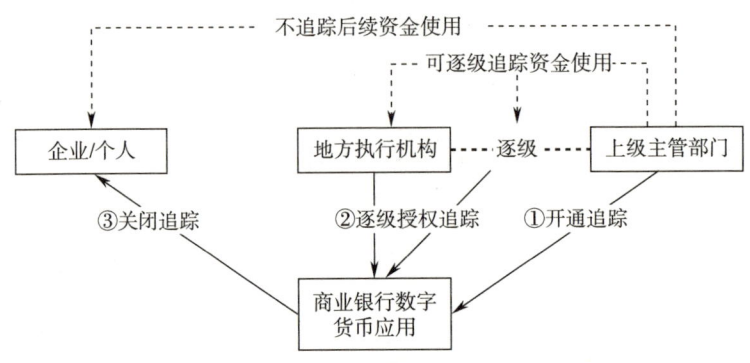

图 4　专项补贴资金精准追踪

可能代表不同类型的资产，这是在考虑数字货币设计的时候必须牢记在心的。实物货币转化为 M1 或 M2，天然就有实物和数字的区隔，但数字 M0 极易让人忽略这种区隔。普遍的观点是数字资产之间的转换速度加快了，但这并不意味着不同类型的数字资产间的差异消失了。

人民银行副行长范一飞曾撰文指出："法定数字货币必然受到现有支付体系、信息技术的影响，但也需要与现有支付体系适当区分，以专注于自身服务领域，发挥其替代传统货币的功能。从理论上说，支付体系主要处理的是广义货币中的活期存款部分，而数字货币则主要属于现金（M0）范畴。"

通过在商业银行账户体系中新增数字货币属性的方法，法定数字货币不仅可以有机融入"中央银行—商业银行"二元体系，复用现有的成熟的金融基础设施，更重要的是，此一处理，因特殊考虑了数字 M0 在商业银行体系中的"安身立命"问题，既可使之独立开来，又可分层并用，发钞行只需对数字货币本身负责，账户行承担实际的业务，应用开发商落实具体的实现，各司其职，边界清晰，若辅之以其他手段（比如可以酌情收取保管费，实质上等同于负利率），或可降低狭义银行出现的可能性。

增加数字货币属性也是对商业银行账户体系的创新，商业银行不仅可以利用现有账户系统继续为本行客户提供数字货币服务，还可以利用数字货币的新特性积极拓展新型业务，进一步加强自身的服务能力与竞争力。

本文的探讨只是一个开始，进一步需要细致考察的问题还有：

1. 如何设计差异化的货币使用成本和资产价格政策来保证转轨期的纸币、法定数字货币和商业银行存款之间的动态平衡。

2. 如何在此设计之上构建良性的中央银行、（发钞行）、商业银行、钱包服务提供商、支付服务提供商、数字货币使用方之间的应用生态。

关于央行数字货币的若干思考*

姚 前

编者按：本文是对《中国金融》2016年17期《中国法定数字货币原型构想》一文的展开论述。分布式发行可以集思广益，并在人才、资金、创新、资源等方面做到群策群力。主要考虑的是法定数字货币的内涵与外延、数字货币的设计原则与标准规范、数字货币系统的安全规范探索等。作为前期研究的阶段性材料，希望本文可以为下一步研发工作起到抛砖引玉的作用。

随着信息科技的快速发展，移动支付、可信云计算、区块链等新技术的推出，中央银行发行的传统纸质货币面临着许多新的挑战，数字货币可能成为未来货币发行、支付模式的发展方向。

一、数字货币的概念与特性

1982年，David Chaum提出了一种具备匿名性、不可追踪性的电子货币系统，那便是最早的数字货币理论。现在看来，Chaum当时建立的模型还是传统的"银行—个人—商家"三方模式，但正是Chaum的理论和他研发的E-Cash货币激发了研究者们对数字货币的兴趣。在近四十年的发展历程中，数字货币理论已经在Chaum的基础上融合了包括群盲签名、公平交易、离线交易、货币的可分割性等在内的新概念。

2008年，中本聪发表经典论文《比特币：一种点对点的电子现金系统》，提出了一种全新的电子化支付思路——建立完全通过点对点技

---

* 本文为中国人民银行数字货币研究所所长姚前于2016年9月19日在北京大学互联网金融讲座课上的演讲，经由校方整理，并经本人审核。

术实现的电子现金系统。据此，数字货币原有的三方模式可以减去一环，变成了两方交易，在更深的内涵上又回到了原始的点对点交易模式。以前人们隔着万水千山做不到点对点的交易，现在通过先进的技术手段，可以不依赖银行这个中介而仅靠分布式账本就实现了。

支付从三方模式到两方模式是本质性的变化，这样一种本质性变化，使每个人在支付行为的自主性上大大加强，所以对整个社会具有极大的影响。

理想的数字货币与传统的电子货币并不相同，它以精巧的数学模型为基础，模型中包含了发行方、发行金额、流通要求、时间约束、甚至智能合约等信息。具体来讲，理想的数字货币应具备以下特性：

第一，不可重复花费性。这是最重要的一项，即不能"双花"。理想的数字货币不能像数字电影那样被反复拷贝，即使被重复花费，也可以被系统迅速查出。

第二，匿名性。即与传统纸币类似，若非持有者本人意愿，即便银行和商家相互勾结也无法追踪数字货币的交易历史和用途。这一点目前尚存争议，其实质是在用户隐私和打击违法犯罪行为之间找到一个平衡点。

第三，不可伪造性。众所周知，伪造人民币是犯罪行为，但在数字货币领域，这还是法律空白地带。

第四，系统无关性。数字货币应能够在多种交易介质和支付渠道上完成交易，具有更好的普适性和泛在性，可以复用现有的金融基础设施，能够为未来的数字经济提供有力支撑。

第五，安全性。用户在交易时无法更改或非法使用数字货币。数字货币的安全性不能只靠物理上（硬件上）的安全来保证，必须通过密码技术来保障超越物理层面的货币安全。从这个角度看，比特币倒是具备了这一特性，它并不需要以物理硬件系统的安全来保证自身安全。

第六，可传递性。数字货币可以像普通商品一样在用户之间连续转让，且不能被随意追踪。

第七，可追踪性。数字货币的可追踪性应该是用户自身的权利，而不是商家或者是银行的特权。作为监管者，在司法允许的条件下，可以获得这个权利，但不能滥用。这是一把"双刃剑"，必须界定约束各方的权责。

第八，可分性。数字货币不仅能作为整体使用，还应能被分为更小的部分使用，只要各部分的面额之和与原数字货币面额相等，就可以进行任意金额的支付。比如十块钱可以分割为十个一块钱、两个五块钱等。

第九，可编程性。数字货币应可附加用户自定义的可执行脚本，为基于数字货币的数字经济提供智能化助力。基于此能力的数字货币自身的定义与用户敏感信息收集等功能尽可能由发行方控制，而一些支付路径和支付条件等应用功能应尽可能交给市场做，但底层得做相应的支持并设定一系列的应用规范。

第十，公平性。支付过程是公平的，要么保证双方交易成功，要么回退，双方都没有损失，防止某一交易方在交易中占有不恰当的优势。

显然，数字货币是以数学理论为基础，运用密码学原理来保证货币的上述特性。其用到的主要加密算法有对称性密码算法、非对称性密码算法及单向散列函数（哈希函数）等，常用的技术有数字签名、零知识证明和盲签名技术等。

David Chaum 的不可追踪的密码学匿名现金系统，它的两项关键技术是随机配序和盲化签名：随机配序产生的唯一序列号保证数字现金的唯一性；盲化签名确保银行对该数字现金的匿名背书。

比特币的出现是数字货币技术应用的新飞跃。比特币是一个互相验证的公开记账系统，具有总量固定、交易流水全部公开、去中心化、交易者身份信息完全匿名等特点。其特色是把通常意义上的集中式簿记分拆为约每十分钟一次簿记，簿记数据按时间顺序链接起来并广播全网，簿记的权利由全网竞争选取，以达到"去中心"之目的。比特币的簿记系统相当于央行的会计核算系统＋商业银行核心业务系统（这两者当然也有区别，比如一个是UTXO，另一个是账户余额），任何节点均可同步网络上的全部簿记记录，任意节点均可投入计算资源参与簿记权的争夺，因此如果不掌握全网50%以上的计算资源，就无法攻击这套簿记（链接）系统。

我们的目标是强化数字货币"中央"的集中统一管理，因此，可以反其道而行之。但集中式簿记系统的日益庞大与高效运转和安全可控需要有效的技术应对手段。某种意义上看，比特币的底层技术也可借鉴，比如可考虑集中统一之下的分布式处理。

作为经典系统，E–Cash和Bitcoin就像是一枚硬币的正反两面，有些关键特性可以参照研究。比如E–Cash每次交易都要对数字现金序列号的唯一性进行认证，而每个使用过的序列号都会被存储在数据库中，这样数据库就会变得越来越庞大，认证过程也会越来越困难。Bitcoin的UTXO库简直就是为了解决E–Cash这一关键数据库无限膨胀问题的绝佳设计。已花费的数字货币与未花费的数字货币，两种思路遥相呼应。个人以为将来更为完美的数字货币系统设计，一定是升级版E–Cash和Bitcoin的混合体。

数字货币当以移动互联网为基础，也需考虑未来的物联网。据IC Insights发布的报告，到2015年，全球手机用户量将首次超过全球人口总数。随着未来生物识别技术、安全芯片、人工智能等各种新技术的应用，手机移动支付前景被广泛看好。

数字货币技术已历经近四十年的研究，并成功应用于现代电子支付系统中。随着近年来第三方支付等业务的兴起，大众已经初步培养出非现金交易的习惯。因此，央行发行法定数字货币在技术手段和支付环境上都具有较好的可行性。

二、中国法定数字货币的构建思路

如何构建中国法定数字货币？我们借鉴了现有电子和数字货币系统（如 E－Cash、M－PESA、GDM、游戏币、第三方支付、比特币、BitMint 等，它们有的仅是试验系统，但具学术参考价值）的设计理念和应用成效，总结了四方面需要重点考虑的问题：

第一，便捷与安全。便捷性是获得市场认可的一个重要因素，安全性则是整个体系能够健康运行的基础。在权衡便捷性与安全性时，我们需要意识到商业机构可能更偏向便捷性，只要它们的利润可以覆盖安全风险方面的损失就可以了，但作为监管方的央行就需要优先强调安全性以防范系统性风险。不过，是否可以因为安全问题就一票否决设计方案？这一点仍然需要斟酌。

第二，实名与匿名。数字货币可以实行实名制，也可以实行匿名制，也可以是两者结合。我国法定数字货币设计考虑的是"前台自愿，后台实名"。在大数据、云计算环境下，交易安全已不完全依赖传统的身份认证体系，通过客户行为分析保障交易安全、规避风险已经成为趋势。因此我的观点是，在宏观或中观上数字货币可以做脱敏的大数据分析，但微观上不可侵犯合法用户的隐私。

第三，简化交易环节。目前运营的电子货币系统主要基于银行账户，用户发送支付指令以后，后台账户就会产生资金划拨，而纯数字货币系统是否可以不与银行账户关联，或者通过其他方式简化清算环节，降低交易成本。

第四，技术的融合与创新。区块链技术是下一代云计算的雏形，备受各方瞩目，但成熟的企业级应用案例尚不多见。"私有云＋高性能数据库＋移动终端"与"私有云＋区块链＋移动终端"，有可能是两个既关联又有区别的思路。让中央更强大，让数据更安全，使终端更智能，让个人的支付行为更能动，一定是未来央行数字货币追求的目标。

如果将区块链技术应用于央行数字货币的研发，是否可以对其进行必要的改造？面对大规模交易的速度和效率问题，区块链技术自身如何实现实质性突破？

还有些问题，比如在线与离线，原先是很重要的课题。但由于网络的速度、可靠性、覆盖率等都在大大提升，这个问题的实际意义被弱化了。无处不在的网络使得离线的问题仅具学术研究价值，目前实际运转的较受欢迎的系统大都是在线模式。

虽然上述问题还需要深入思考并加以权衡，但这并不妨碍我们对央行数字货币体系的设计原则和核心要素进行探索。

目前的设计原则主要有四点：

第一，管控中心化，技术架构分布式。法定数字货币的币值稳定是其最基本的属性，必须有中心机构来强制约束。中心化管控可以获取货币发行全方位的信息，有利于货币管理。历史上来看，货币刚开始被用于取代物物交换时，是非中心化涌现的，然后逐渐过渡到中心化管理，这是一个自然的过程。同样，数字货币时代依然还需要中心机构来主导发行，并做好管控。

但任何物理上或技术架构上的中心点都是高价值目标，既是性能瓶颈也是安全弱点。分布式架构可以提供更高的安全性和整体可用性，尤其是超大型的基础设施，比如互联网自身。

第二，易于携带和快捷支付。现在人们已经习惯了使用移动终端的便捷支付，这是非常好的基础，希望未来离线、在线均可完成便捷支付。

第三，匿名性。我们希望尊重个人的隐私，在系统中达到可控的匿名。

第四，安全性。安全问题怎么强调都不为过，作为中央银行必须审慎考虑技术系统和业务系统的安全性和容灾性。这是上述几条的基础。

抽象来讲,央行数字货币体系的核心要素主要有三点,即"一币、两库、三中心":

"一币"即由央行负责数字货币的"币"本身的设计要素和数据结构。从表现形态上来看数字货币是央行担保并签名发行的代表具体金额的加密数字串,不是电子货币表示的账户余额,而是携带全量信息的密码货币。这个币的设计一定要把我们前面提到的理想数字货币应具备的特性考虑进来。在2016年科技部的国家重大科研项目中,有关数字资产的数字表达方式的研究就是一个很重要的课题。新的货币必须具备全新的品质,以支撑全新的商业应用模式。

"两库"即数字货币发行库和数字货币商业银行库。数字货币发行库指人民银行在央行数字货币私有云上存放央行数字货币发行基金的数据库。数字货币商业银行库指商业银行存放央行数字货币的数据库(金库),可以在本地也可以在央行数字货币私有云上。

发行库和银行库的设计让人觉得是对实物货币发行环节的模拟,但设计目标考虑更多的是给数字货币创建一个更为安全的存储与应用执行空间。这个存储空间可以分门别类保存数字货币,既能防止内部人员非法领取数字货币,也能对抗入侵者的恶意攻击,同时也可承载一些特殊的应用逻辑,这才是数字金库的概念。极端情况下,比如管理员的密钥被盗取,或者是服务器被攻击、中毒或者中断链接,如何启动应急程序,保护或者重新夺回资金,保障业务的连续性是设计的重点。

认证中心:央行对央行数字货币机构及用户身份信息进行集中管理,它是系统安全的基础组件,也是可控匿名设计的重要环节。我们可能做两到三层的认证体系,针对不同用户有所区分。举例来讲,金融机构用户、高端用户的认证方式可能会用PKI,低端用户的认证方式可能会用IBC。

PKI体系可以很好地解决密钥管理、密钥修改的问题,但是该体系烦琐复杂，部署成本大。IBC（Identity – Based Cryptography 标识密码算法）是传统证书体系的发展，2007 年国家密码局组织了《国家标识密码体系 IBC 标准规范》的编写和评审工作，该算法于 2007 年 12 月通过评审，正式获得国家密码管理局的商密算法型号：SM9（商密九号算法）。SM9 算法采用具有唯一性的身份标识（如手机号码、电子邮件地址、身份证号、银行账号等）作为公钥，通过密钥中心下发给用户对应公钥的唯一私钥。IBC 算法解决了用户间传递加密信息必须事先获得公钥证书，加解密必须与管理中心在线交互通信的问题，大大降低了管理中心的负担和管理成本。

当然 IBC 私钥托管要求目前存在合规性问题，据专家说已经有了解决的办法，所以将来可能会将 PKI 和 IBC 融合改进。

登记中心：记录央行数字货币及对应用户身份，完成权属登记；记录流水，完成央行数字货币产生、流通、清点核对及消亡全过程登记。登记中心可能做两套，一套基于区块链，另一套基于传统集中式方式，优先考虑后者。因为我们还不确定区块链技术是否能经受得住人民币海量实时交易的冲击。比特币的底层技术就是区块链，它通过加密算法、共识机制、时间戳等技术手段在分布式系统中实现不依赖于单一信用中心的点对点交易、协调与协作，可以为中心化机构普遍存在的数据安全、协同效率、风险控制等问题提供解决方案。

登记中心可谓是全新理念的数字化铸币中心，传统的纸币有发行机构的信息，但不会有持有人登记的概念，更不会有流转过程中全生命周期的信息。这是技术进步的结果，当然反过来也会对技术系统提出很高的要求。这种理念的落地，还需要在实践中摸索，不可能一步到位，可以分层分级，有分中心，但它们之间如何高效交互是个需要深入研究的大课题。

大数据分析中心：反洗钱、支付行为分析、监管调控指标分析等。

整体而言，法定数字货币的设计要点包括：第一，遵循传统货币的管理思路，发行和回笼基于现行"中央银行—商业银行"的二元体系来完成；第二，币本身的设计，运用密码学理论知识，以安全技术保障数字货币的可流通性、可存储性、可控匿名性、可追踪性、不可伪造性、不可重复交易性与不可抵赖性；第三，货币的产生、流通、清点核对及消亡全过程登记，可参考区块链技术，建立集中/分布相对均衡的簿记登记中心；第四，充分运用可信云计算技术和安全芯片技术来保证数字货币交易过程中的端到端的安全；第五，充分运用大数据分析技术，不仅可以进一步保障交易安全，还可以满足反洗钱等业务需求；第六，数字货币的用户身份认证采用"前台自愿、后台实名"的原则，既保证用户隐私，又规避非法交易的风险；第七，数字货币本身的设计应力求简明高效，数字货币之上的商业应用尽可能交给市场来做，同时把技术标准与应用规范做好；第八，构建由央行、商业银行、第三方机构、消费者参与的完整的均衡有序的数字货币生态体系，保证数字货币的发行、流通、回收全生命周期闭环可控。

三、区块链技术

探索央行数字货币，不可能不对区块链技术进行研究，尽管区块链只是央行数字货币的可选技术之一。

区块链源于比特币，但又超越了比特币。现在学术界还没有给出区块链的标准定义。狭义来讲，区块链是一种将数据按照时间顺序组合成特定数据结构，并用密码学算法保证数据不可篡改和不可伪造的去中心化共享总账（Decentralized Shared Ledger），适合存储重要的、高价值的、简单的、有先后关系的、能在系统内验证的数据。广义的区块链技术则是利用加密技术来验证与存储数据，利用共识算法来新增和更新数据，利用运行在区块链上的代码——智能合约，来保证业务逻辑的自动强制执行的一种全新的多中心化基础架构与分布式计算范式。

尽管这里给出了定义，但我们一定要明白，定义本身也是枷锁，考虑到技术在进步，个人以为上述定义还得经受冲击，所以不要拘泥于现在的区块链结构，理念上一定要放开，要给区块链以后的发展留出空间。

目前，区块链技术的基础架构包括数据层、网络层、共识层、激励层、合约层、应用层。其中的每一个零部件都很常用，我们只是没有像区块链一样把它们组合起来。区块链的数据架构非常精巧，块与块之间的数据强相关，不能轻易更改。但这样做的缺点是修正区块链上的内容将非常困难，从而导致升级修复机制较差。

区块链分为公有区块链和许可区块链。公有链意味着所有的节点都可以加入，任何有计算机且有网络接入的地方都可以加入。公有链多采用 P2P 网络，节点数量庞大，节点可以随时加入或退出，导致数据被广播到全网耗时较长。但其优点也是显而易见的，由于网络的参加者数量庞大，使公有链非常不易被封锁。同时公有链具有极强的容错性，一旦开启要关闭几无可能。公有链使用由众多节点构成的无中心的分布式系统来记录交易信息，任意节点都可以完整获取所有的交易记录，保证了信息的公开性、安全性、可信赖性。

对于金融机构而言，其系统的用户往往都是实名的，系统的数据往往涉及商业或个人隐私，需要有完备的数据访问控制，公有链的系统架构并不适合。因此，金融行业需要的通常是许可链，区别于公有链的关键点在于，接入到系统中时，是否需要授权，授权可能来自于一个中心节点，也可能来自于许可链中原来的部分节点的共同授权。除了加入系统需要授权，许可链仍然保留了公有链的大部分特征。即便在许可链中，也不存在某个单一用户拥有对系统的绝对控制权。如果允许存在，那么这个超级用户就和通常数据库或者服务器的管理员一样，拥有随意删除或者修改许可链的数据的能力，这样的许可链与传统中心化数据库相比没有提高安全性，而使用这样的链也就没什么特别的好处。由于许可链节点可控，数量较少，节点可以使用大型服务器、高速网络，因此，许可链可以达到的性能上限要远远超过公有链。

区块链与传统的分布式数据库有很大的差异，传统的分布式数据库的核心在于数据储存和数据查询，优势是通过分布式系统架构保证服务的稳定性及系统的容错性，提升系统性能。在分布式账本中（区块链中），其主要属性为不可更改性、可追踪性及数据存储的可靠性，这些固然是优点，但分布式账本也有自身的局限性，比如无法通过增加节点数量来提升性能，交易延迟长等。当然许可链在效率方面可以做实质性提升。另外，传统分布式数据库不考虑也不能够拜占庭容错，而区块链系统通常能做到这一点，至少也会进行考虑。个人理解，这是因为我们的 IT 系统从封闭走向了开放，需要考虑的问题（尤其是抗攻击容错的能力）自然就多了。

现在区块链还很年轻，还不到 10 岁，还在成长过程中，技术上会有不断的改进思路，比如分层、分片等。为了解决性能瓶颈问题，"闪电网络"是一个可能的发展方向，即主链下沉成为 RTGS 级别的应用，微小的支付上浮为闪电网络；"State Channel"则是对"闪电网络"在支付场景之外更通用的技术思路。在算法实现层面，也有不少手段可以使用。最容易想到的是通过硬件来提升加解密以及验签的速度，此外根据使用场景的不同，通过选用合适且经过优化的共识算法，可以提高许可链的处理能力。

可以说，区块链引发了一些全新的问题，比如智能合约，给人又智能又受法律保护的印象，但 The Dao 事件使人们看到目前所谓的"智能合约"既非智能又非合同的缺陷。所以真要名副其实也许还有一个过程。目前能写合约的人不了解代码，而能写代码的人未必懂合约，这是一个显而易见的问题。就安全而言，如何编写一个没有漏洞的智能合约？通过一些形式化验证的手段，将来或许可以做到程序的实现没有 bug，但这并不能避免逻辑漏洞或者业务漏洞。而一旦智能合约出现漏洞，则会导致数字资产的损失，若在公有链上，则较难采取补救措施。

区块链还有隐私难题，如何在一个共享的透明的账本上记录商业秘密，需要借助于密码学的最新研究成果或者新的突破，比如零知识证明，比如同态加密。因此，需要新的密码方案、传统信息安全领域的关键技术与区块链技术融合，齐头并进，协同发展。如果设计一个传统数据库与区块链结合的混合数据库，对链上链下数据区分处理，充分发挥各自优势，对于区块链系统的普及意义重大。

当越来越多的数字资产迁移到区块链上进行跨链操作时，不同区块链间的互联互通也将成为必然。监管者面临的任务则更加艰巨，需要同步考虑制订相应的法律法规与技术标准，以加强监管，防范风险。

我们关注区块链，是因为数字货币系统以及前端应用的建设必须基于难以篡改和不可伪造的铸币（登记）中心，需要有高效率、高弹性、高安全性、层级化的铸币（登记）分中心，需要有货币流通全生命周期的全息记录，并在此基础上支撑全新的智能化商业应用……在这里，如何实现各铸币分中心所服务的商业网络之间的数据一致性需求，区块链尤其可以给我们提供全新思路的借鉴，比如共识算法。智能合约则是另一个方向的大趋势……但我们必须明白，这种借鉴是"拿来主义"，不可能生搬硬套，且不说技术本身还有个成熟度的问题，得根据实际业务需求在改造的基础上选择应用。这也是我们高度关注区块链技术进展的主要原因。

另外，我们还需要关注其他的安全技术、可信技术，比如可信可控云计算，特别是芯片技术。网络上对我们最重要的就是我们的密钥，归根结底就是私钥。密钥的安全管理存储对于终端交易安全至关重要。现在的密钥管理方式包括：纯硬件、纯软件以及软硬件结合的方式。无论是手机集成商、移动运营商，还是芯片厂商、终端厂商、商业银行,都希望能掌控这个产业链真正的话语权,所以这个领域目前还处在竞争之中,到底如何,我们也在看。技术在进步,竞争迟早也会有个结果。

总之,央行数字货币在后台云端利用可信技术,前台利用芯片技术,传输过程采用信道安全技术,从而实现数字货币交易过程中的端到端的安全。需要特别说明的是,尽管我们重点剖析了某项具体的技术,但作为系统建设者一定不要拘泥于任何技术,要有长期演进的技术理念。

附录:现场问答

问:数字货币与传统支付方式有什么区别?

答:举个例子说明一下。我去楼下的小卖部买包10块钱的烟,典型的支付方式有几种:一是拿10块钱纸币给店主,然后我把烟拿走;二是使用银行卡刷卡;三是通过扫商店里的二维码用支付宝或者微信支付;四是用数字货币,从我的手机上把数字货币传到对方终端上。这几种支付方式的区别在哪里呢?用银行卡支付,意味着资金从我的发卡行通过后台到了小卖部的收单行。如果是微信和支付宝,则是从我的第三方支付账户到小卖部的第三方支付账户,而这个第三方支付账户的背后还得依靠商业银行账户,其实质是从我的开户商业银行的账户上减掉10块钱,再把减掉的10块钱转到小卖部的开户银行的账户上。如果是数字货币,背后就没有这些动作了。数字货币本身就是货币,是M0,传递的就是价值本身,这意味着其流转可以把后台清算、结算的很多环节都省掉。这可以降低整个社会的交易成本,大大提升整个社会的交易效率。

数字货币可以不依赖于银行账户。你看比特币就是个现有金融的体外循环,可以不依赖于商业银行。数字货币的存储媒介可以是手机、卡以及电脑等电子设备，支付方式可以是当面付、联机支付和脱机支付。从安全的角度看，数字货币是密码货币，它本身有密码算法来保护，前端在移动终端利用芯片技术，后台云端利用可信技术，传输过程加密，其安全性极高。数字货币交易系统的安全，一方面依赖于传统的电子支付安全技术；另一方面可依赖区块链、可信云计算的系统保障。用户隐私方面，既要保护，又要规避非法交易。

实物货币从发行到流通会经历一个相对长的过程，从设计到原始印刷底板、印制、清分、到发行基金库、再从发行库到商业银行库，原料经历了所有这些才真正成为流通中的纸币，它的生产与发行及流通似有一个区隔。但是数字货币的信息流和资金流高度统一，其物流也虚拟化了，逻辑上它有发行库，由于数字货币的生产与发行高度关联，因此可以实现零库存。实物币的运营成本比较高，比如国内仅运钞车运输产业市场就有 350 亿元。2010 年欧元区旧币回收，耗资 1000 亿欧元替换了 58 亿张纸币。如果是数字货币，这些成本就可以大大节省了。所以说数字货币对整个实物货币的流通环节和运营体系的影响非常大，它会在很大程度上优化现有货币的运营体系。

问：中国法定数字货币目前处于怎样的发展阶段？

答：现在正处于原型研发阶段。我们会找一些相对封闭的场景来做沙箱实验，严控风险。

问：数字货币自己的价值是如何体现的，会不会产生货币乘数的问题？

答：我们说的"数字币"是实物币的数字化，不要把它想成是在现有体系外再发货币。数字货币的产生有两种方式，一种就是制定发行计划；另外一种就是通过回收实物币，对等替换成数字货币。这样它跟实物币就是一样的。现在用第二种方式做，当然也可以是第一种方式，但是第一种方式意味着原来的发行计划不会在总量上有突破。总体来看，数字货币的发行只是造成 M0 的构成结构上发生变化。

数字货币的发行与流通会造成货币乘数变动的问题，直觉和学术研究的结论是货币乘数增大，具体得做定量分析。

问：为什么央行不直接对个人进行数字货币的发放，而要通过商业银行？

答：中央银行直接面对个人客户提供服务，理论上可以探索，实践中不容易做到。某种意义上说，分层是为了现有的体系，也是为了能把事情做起来。从业务的角度来说，将发行货币的功能和经营货币的功能分开是必要的，可以发挥中央银行和商业银行各自的优势，降低整体货币管理和货币运行成本。从技术的角度来说，如果不做分层处理，可能处理不了这么大的交易量。以中国13亿人口计算，每人每天5笔交易，折算成每秒钟要处理的量是非常大的，这还没算B端用户的量。

我们考虑问题得实际点。

问：数字货币是高度依赖于密码技术的，如果现行的密码技术被攻克，数字货币怎么进行防护？

答：纸币也会有假钞，攻和防的矛盾也许是永恒的话题，攻的能力进步了，防的能力也不会故步自封，也会相应提高。所以不必杞人忧天，这两者是相互促进的。

我们需要考虑的是：一是要用国产密码算法，要用国家队的技术。二是这件事还涉及网络安全、数据安全、系统安全、应用安全等方方面面，必须注重技术手段、机制设计和法律法规三个层次的协调统一，必须构建一个兼具安全性与灵活性的简明、高效、符合国情的法定数字货币发行流通体系。

安全问题总是存在的，作为做实际工作的人，每天都会面对它。我们原来管征信系统，尤其是互联网查询系统，每天都会面对攻击，我们的技术团队戏称"无过就是功"。要尽可能屏蔽掉大概率发生的事件，预防小概率发生的问题。

"去现金化"与现金的未来

孙 浩 赵 欣

摘要：虽然目前世界范围内的现金流通总量一直在坚实地增长，现金的支付频率也高于其他支付工具，但是本轮金融科技创新正在驱动全球支付方式产生巨大变革，支付工具多元化和支付生态多样性的特征日渐明显，这对实物现金的流通和使用造成了较大冲击。"无现金"为时尚早，但逐步的"去现金化"可能已是大势所趋。

"去现金化"会对中央银行的货币管理职能、货币政策实施、普惠金融推进以及"铸币税"收入造成影响，需要加强研究并审慎应对。发行法定数字货币可以弥补实物现金在成本和安全技术方面的不足，更加符合数字经济的需要。法定数字货币需要吸收实物货币和非现金支付工具两方优点，接受市场检验，从而有效降低社会交易总成本，助力国家经济运行的提质增效。

一、现金依然重要

纸币和硬币构成的现金在当今社会经济运行中依然发挥着重要作用。

在绝大多数国家，现金需求和现金流通量都在持续增长，增速基本上可比或者超过 GDP 增速。2016 年，我国现金流通量增速约为 8%（如图 1 所示），欧元区现金流通量增速约为 5%（如图 2 所示），都高于自身 GDP 增速。美国、英国、澳大利亚、加拿大等国的现金增速也都在 5%～10%。

从支付频度上看，现金仍是全球最主要的支付工具。按照凯恩斯的货币需求理论，持币动机中的交易动机对应消费性货币需求，预防动机和投机动机对应投资性货币需求。从消费性需求来看，现金仍然

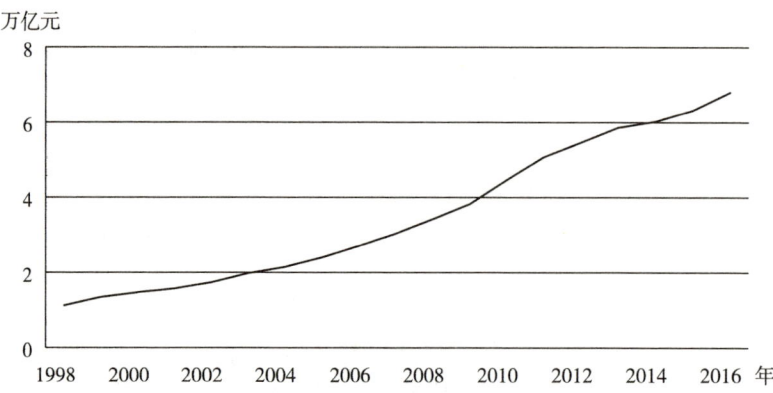

数据来源：Wind 资讯。

图1　我国现金流通量一直在增长

占据主要地位，由万事达卡2013年组织的调查显示，全球大约85%的交易（发生次数）使用的是现金。

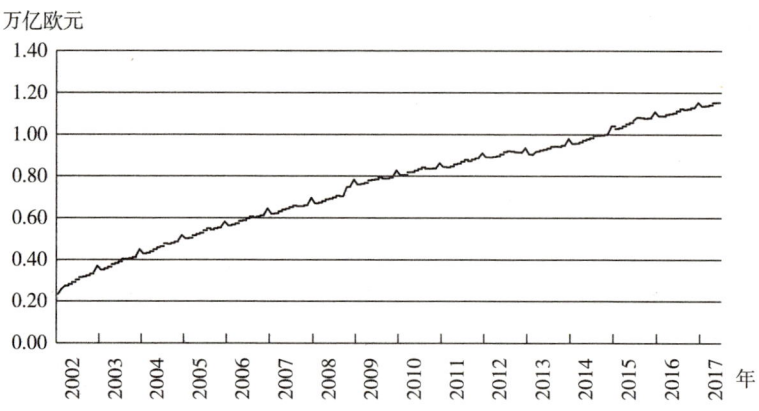

数据来源：欧洲中央银行网站。

图2　欧元区现金流通量一直在增长

长期的现金使用习惯使得现金依然具有强大生命力。公众习惯将现金作为（至少是一部分）价值贮藏工具，尤其在社会经济不稳定时期。支付习惯是人们使用货币时非常重要的考虑因素，也是一种社会习惯。社会习惯隐含着网络效应：即一个人使用现金是因为其他人也使用现金或者习惯接受现金支付，这种乘数效应很难建立，也很难破坏。改变现金使用的社会习惯绝非一朝一夕之功。

公众把贮藏现金作为一种储值方式。一个典型的例子是面值100的美钞在美国境外的持有量远高于美国境内[①]，公众将国际储备货币作为一种相对稳定的价值工具来贮藏和投资。2008年国际金融危机以来，各国普遍实行非常规的低利率货币政策，甚至考虑负利率政策选项，激发公众持有现金的动机。

归根到底，现金的需求来源于其所具有的很多独特优点，主要有以下四个方面：

一是现金提供匿名性。持有者在使用时无需提供自己的身份信息，完全获得隐私保护。

二是现金使用无需依赖第三方机构。交易双方可即时结算，方便快捷，无额外交易费用。

三是现金使用不依赖数字化设备。一方面，在老少边穷地区现金能够实现普惠通用。根据调查，我国电子支付的使用群体主要集中在中青年（如图3、图4所示），50岁以上人群对于电子支付的使用并不熟悉。现金被中老年人群广泛使用。另一方面，意外灾害可能造成电力通信等设施无法运转，依旧需要现金支撑金融交易。

四是现金的防伪技术已经比较成熟。利用先进科技，使现金的伪造门槛增高，识别难度降低，使用相对安全可靠。

目前来看，这些优点使得现金在很多场景中暂未找到完美替代物。未来很长一段时间我们可能依旧要生活在一个现金社会里。

---

① Judson, Ruth (2012). "Crisis and Calm: Demand for U. S. Currency at Home and Abroad from the Fall of the Berlin Wall to 2011," International Finance Discussion Papers 1058. Board of Governors of the Federal Reserve System (U. S.).

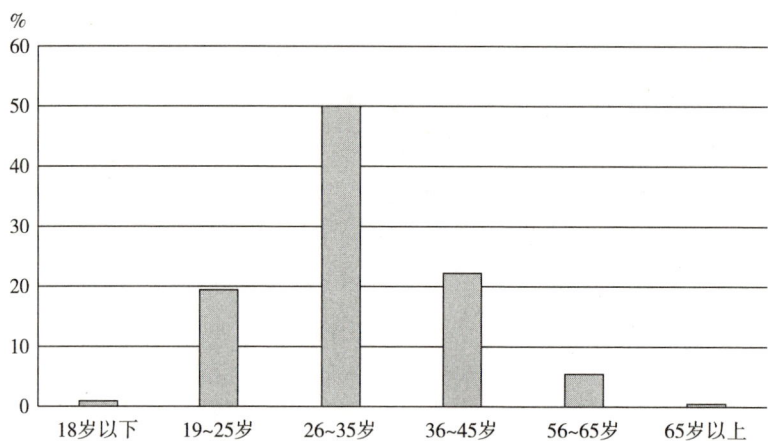

数据来源：艾瑞咨询《2015年中国电子支付用户报告》。

图3 电子支付用户集中于中青年人群

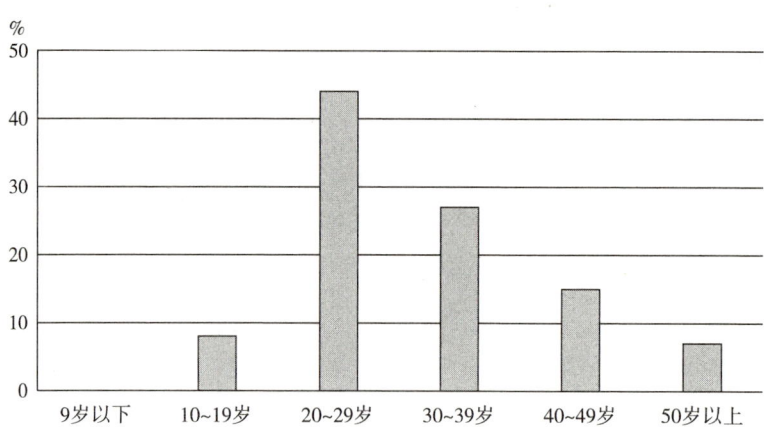

数据来源：蚂蚁金服。

图4 支付宝用户集中于中青年人群

二、从"无现金社会"到"去现金化"

另一组数据显示,北欧几个国家的现金流通量和现金使用频率都在下降(比如瑞典,如图 5 所示),成为为数不多的现金正在减少的发达经济体。这是否可以表明无现金社会距离我们越来越近呢?

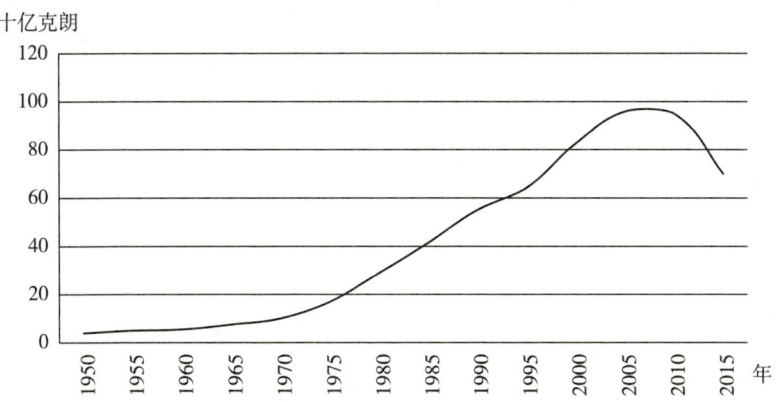

数据来源:瑞典央行网站。

图 5　瑞典现金流通总量在下降

(一)"无现金社会"概念的由来

"无现金社会"(Cashless Society)当前的含义是指经济体中的金融交易不再使用纸币和硬币,现金完全退出经济体中的货币流通,取而代之的是各种电子支付工具与手段,如电子转账(EFT)、银行卡等。

实际上,"无现金社会"的概念起源于 20 世纪六十年代的美国。管理学家 Bernardo Batiz－Lazo[①] 专门研究了"无现金社会"概念的起

---

① Bátiz－Lazo B, Haigh T, Stearns D L. How the future shaped the past: The case of the cashless society [J]. Enterprise & Society, 2014, 15 (1): 103-131.

源与演变，研究表明咨询公司当时顺着工业自动化的逻辑，提出在银行业也要推行自动化和信息化，认为传统支付交易的处理能力已经过载，"无现金社会不仅可行，而且必要"。这个宏大叙事的概念固然有商业理念的冲击力，可在当时的含义基本等同于金融信息化。

"无现金社会"的背景是整个金融体系的数字化转型。经过几十年的演化，目前经济体中流通的广义货币（M2）大部分都已经数字化，现金在广义货币中的占比很小，如图 6 所示，我国现金在广义货币供给中的比例不足 5%，美国和欧元区也只占 10% 左右。从总量结构来看，现金在货币中的重要性确实在降低。

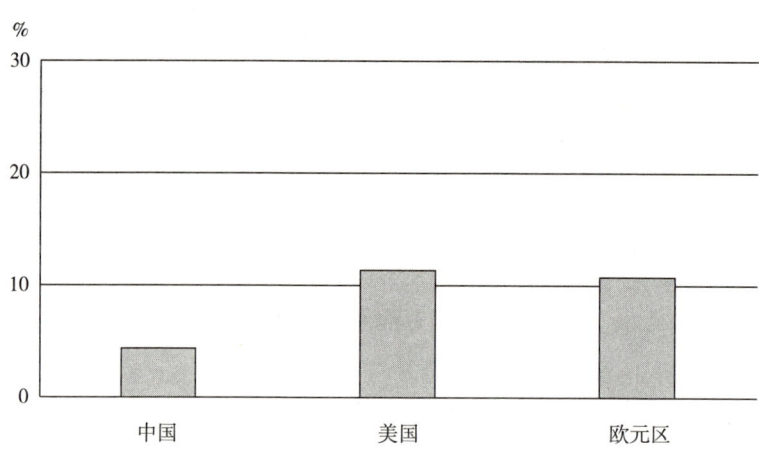

数据来源：Wind 资讯。

图 6　现金在广义货币供给中的比例较低

支付工具多元化对现金的使用形成了一定的"挤出效应"，无现金交易越来越普遍。如图 7 所示，随着信息通信技术的发展，信用卡、借记卡、支票等支付工具逐渐得到普及，尤其是数字经济的迅猛发展，使得非银行支付机构提供的在线支付获得了场景、客户和数据。非银行支付机构携带优势通过二维码等受理环境创新切入到零售支付场景，逐渐改变了公众的支付习惯，也为公众的日常支付提供了更多选择。

据估计，美国2016年无现金交易规模高达6170亿美元，而瑞典等北欧国家几乎实现了日常支付无现金化。

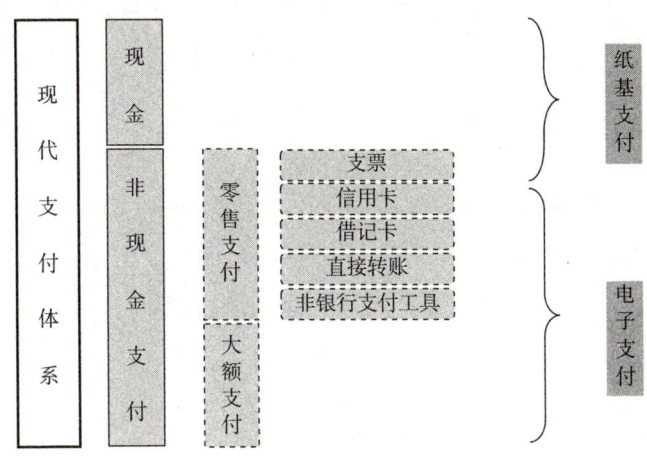

图7　多元化的现代支付体系

现金的未来似乎充斥着左右互搏的力量。从绝对数量来衡量，现金在增长；从货币总量结构来衡量，现金在减少；从支付使用广泛性上看，现金占主要地位。但同时，现金的"市场"又面临多种非现金支付工具的挤压。从提出开始，一直有观点认为"无现金社会"的实现为时不远，但是历史已经证明并非如此。

（二）废除现金理由并不充分

最近，以哈佛大学肯尼斯·罗格夫①为代表的学者开始研究并提出"政府废除现金"的激进政策选项。总体来看，支持"废除现金"的理由主要有两大类：

第一类出于社会治理方面的考虑。认为现金会被用于偷税漏税、非法经济活动和恐怖主义融资，造成政府的管制困扰；

---

① Rogoff K. The curse of cash [M]. Princeton, 2016.

第二类出于货币政策方面的考虑。认为现金的存在会使得非常规货币政策无法顺畅地调节到负利率区间，造成"零利率下限"困扰。

但是兹事体大，需要我们仔细审视和考虑。以社会治理困扰为由提出废除现金难免有"因噎废食"的嫌疑。非法经济活动和诸如恐怖主义融资行为的反社会活动主要还是依赖电子化手段，包括金融科技支撑的反洗钱措施和 KYC 手段、拥有部分现金特点的电子支付工具。然而这些电子化手段更容易被应用于反社会活动中。

货币政策方面的考虑也需要仔细推敲。虽然低利率确实让央行的价格型政策工具施展空间收窄，但是全球央行也开发了一揽子非常规货币政策工具箱，负利率只是其中的一项工具。负利率政策作为一种非常时期的非常之举，除非经济陷入长期增长停滞，否则非常规货币政策终将需要逐步走向正常化，所以这也无法成为支撑废除现金的依据。

（三）"去现金化"

为了分析和解释现金这种吊诡的形势，2017 年国际货币基金组织的研究人员提出了一个新概念"去现金化"（de - cashing）①：即注意到现金仍在被广泛使用，但是无现金交易也呈越来越重要的趋势。"去现金化"指的是现金逐渐退出流通领域，由可转让存款替代。可转让存款可以与现金进行平价、无限制的交换。电子货币也属于广义化的可转让存款，公众可以使用商业银行存款或者非银行支付机构里的备付金余额实现电子支付，省去了存取和携带现金的环节。"去现金化"不仅对于社会公众生活有影响，也可能对宏观经济、货币政策、财政政策、国际收支等产生深远影响，其利弊需要进行仔细评估衡量。

在这个概念体系里，研究人员特别强调"去现金化"是一个随着

---

① Kireyev A. The Macroeconomics of De - Cashing [J]. IMF Working papers. 2017.

经济发展的自然过程，不是一蹴而就的，是一项长期工作，政府和货币当局在这个过程中要加强研究和协调。

三、中央银行与现金

现金发行与流通管理一直是中央银行的重要职能。

现金是中央银行与社会公众之间唯一的直接交互方式。货币发行工作是中央银行的一项基本职责，流通中现金的管理直接关系到公众生活质量和切身利益。公众对商业银行或对私营机构的信任无法取代对中央银行的信任，现金是公众唯一可以使用的，由中央银行信用保障的主权货币。

现金是中央银行感知经济运行情况、调整货币政策的一项指标工具。现金的投放和回笼是中央银行的一项基本工作，在节假日等特殊时段现金投放和回笼会出现较大波动。从机理上看，现金发行增加会减少银行体系流动性（超额备付金），需要央行相应给予补充，由于现金发行和超额备付金都记在央行资产负债表中的基础货币项下，进而会导致央行资产负债表的"扩表"；节后现金回笼，会补充银行体系流动性，由此央行可以相应减少流动性投放，表现为央行资产负债表的"缩表"。这种剧烈变动需要配合其他货币政策工具的使用来对冲，保持货币金融环境的稳定。另外，通常在经济出现波动（比如金融危机）之前，出于预防性动机，公众会大幅增加现金持有量，这也会对中央银行的金融稳定工作带来预警效应。

现金对中央银行铸币税有贡献。现金是中央银行对非银行部门的无息负债，对应到资产端产生的收益属于传统说法铸币税的范畴，这部分收益对于保障中央银行运作和履行公共服务职能有支持作用。如图 8 所示，在我国、美国以及欧元区，现金在央行资产负债表的负债端的比重并不低，如果现金被银行存款或者非银行支付机构的备付金取代的话，铸币税收入也会遭受损失，可能不利于中央银行职能的履行。

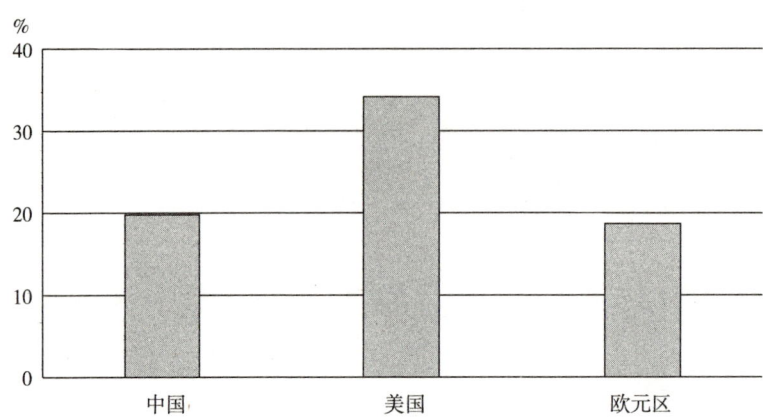

数据来源：Wind 咨询；美联储网站；欧央行网站。

图 8　现金在中央银行总负债中仍占一定比例

现金完全被非银行支付服务或者其他电子支付方式（如私人加密数字货币）所取代，会出现什么样的后果？初步来看，切断了央行和公众交互的唯一直接联系，中央银行对于货币金融运行的感知会钝化，铸币税收入也会有损失。公众无法获得主权货币的使用渠道，对普惠金融推进和金融稳定维护造成潜在威胁。对此，中央银行应该持审慎态度，进行前瞻性研究，让现金的未来满足经济发展和科技进步的自然需求，货币当局需要顺势而为。

四、现金的未来："数字货币社会"

实际上，因为担负着货币发行和流通管理职能，货币当局一直在关注现金发展趋势和货币体系数字化的问题。从最近披露的中央银行数字货币研究计划的情况来看，世界主要央行都在严肃关注数字货币的话题，尤其是深入研究中央银行发行的法定数字货币。

当然，法定数字货币需要过市场检验的这一关，只有被社会和市场接受的法定数字货币才有生命力。现在来看，法定数字货币如果能够充分发挥两方面的支撑作用：一是借鉴吸收当前信息技术的各项创新；二是依赖专业化的货币管理机构（中央银行）来发行、流通、运行和管理，这样法定数字货币的比较优势还是值得期待的。在公众逐渐习惯于使用数字货币来行使货币的三大职能：交易媒介、价值尺度和价值贮藏以后，数字货币可以与实物现金相互共存乃至逐步替代，数字货币与多元化的非现金支付工具也能做到有效区分和功能互洽，这对社会交易总成本是巨大的节约。在这种情况下，中央银行使用金融科技和监管科技来管理新一代货币，社会经济运行和公众日常生活（包括在线环境和现实环境）都能够使用到有主权信用保障的法定货币，金融服务机构在这个生态系统中各安其位、开拓创新，数字货币就能够充分履行数字经济时代的"硬通货"职能。

或许，"去现金化"的准确表述是"去实物现金化"，跨越千年的现金在数字经济时代以崭新面貌继续安身立命于古老的职能，人类进入"数字货币社会"？当然这还有待于现实的努力和未来的检验。

CPK 户币——法币的数字化[①]

南相浩

摘要：本文是基于自己发明的 CPK 公钥体制提出的数字化法币构想，这种数字化法币的实现依赖于账户，所以称为"户币"。户币通过数字签名技术实现对账户信息的防伪验证，从而实现账户货币价值的数字流通。我们理解这一思路更像是支票的数字化，可为 M0 数字化提供借鉴。在具体账户信息的防伪验证方式和 CPK 签名机制的安全及效率方面，有待进一步研究和验证。

一、引言

货币是商品的等价物，也是价值的一般代表，是物质财富的体现。因此，货币的增量与社会物质财富的增量是紧密联系的。与社会物质财富无关的货币只能是游戏货币、投机货币、赌博货币，不产生正能量。在几个世纪的发展中，货币从物物交换到铜板，从铜板到纸币，形式不断变换。虽然人类的文明经历了从农耕文明到工业文明的变化，但货币的属性和本质没有发生过变化。现在，人类的文明正进入智能化时代，货币将要从物理的厂币变为数字化的户币，但可以预计，货币的本质不会发生变化。现在通用的货币是造币厂印制的纸币，将造币厂印制的纸币简称厂币。在网络经济迅猛发展的今天，作为法币的厂币暴露出很多弊端。数字化的法币，将克服厂币的缺陷，在保持原有法币功能的同时增加了很多必须的新的功能。由于数字化的法币，可由各账户生成，简称户币。下面将现行造币厂印制的厂币、现行的

[①] 本文作者南相浩是军委联合参谋部研究员，中国第一台电子密码机、国防网络安全保密系统、银行卫星清算网安全系统的主要设计者，目前担任数字货币研究所安全技术委员会的顾问。

电子票据，由账户打印的户币之间的安全性比较如下：

表1　　　　厂币、电子票据、户币三者的安全性比较

实体和事件	厂币	电子票据	户币
银行真实性证明	防伪	无	银行签名
钞票真实性证明	防伪	无	银行签名
账户真实性证明	无	数据	银行签名
数据真实性证明	定额	数据	账户签名
去向真实性证明	无	数据	账户签名
数据真实性证明	无	数据签名	无需

从表1可看出，厂币只能用物理防伪的方法保证钞票的真实性，因此成本很高，但仍不能制止假钞的出现，也不能应用于网上交易；又由于不能提供账户真实性证明，钞票的丢失直接造成账户的损失。同样，现行纸质票据也只能用物理印章保证票据的真实性，在网络上失去保证作用，因此不适用于网上的应用。电子票据虽然可应用于网络中，但只能对打包数据提供真实性的证明。所有这些缺陷均能在户币中得到弥补。

户币首先解决人民币的数字化问题，即将所有物理印章改为数字签名，将所有物理的防伪措施改为逻辑的防伪措施。一旦实现了数字化，户币可以以电子形式存在设备中，直接用于网上交易，也可以打印出来，以纸质形式存在于线外，直接用于面对面的市场交易。

户币中的所有签名是由CPK组合公钥体制提供的。CPK是基于标识的公钥，标识（Alice）通过Hash变换和组合矩阵（$R_{i,j}$）或（$r_{i,j}$）的变换，分别得到公、私钥对。如Alice的公私钥分别是

公钥:Hash (Alice) → (i,j) → $\sum (R_{i,j})$ → $ALICE$

私钥:Hash (Alice) → (i,j) → $\sum (r_{i,j})$ → $alice$

CPK具有数字签名和密钥加密功能。数字签名也有标识签名和数据签名功能。其中，标识签名是证明实体标识（如姓名、账号等）真

实性的签名,目前在国际上只有CPK才能解决。在户币的支付系统中,来往的数据包也可以加密。加密所用对称密钥随机产生,密文只需指定的收方才能脱密。

户币的发行和管理由银行统一进行。就现行钞票而言,当资金放置在银行时,银行则有保存权,但没有完全杜绝支配权,因此银行断绝不了内部作案的可能性;而就户币而言,资金总是放置在银行中,而银行只有保存权,没有支配权,从而防止了内部作案的可能性,因为只有账户才有动用资金的权利和确定资金走向的权利,因此户币的丢失不影响安全。

户币的支付系统在自主可控虚拟网络上运行。虚拟网络是标识到标识互联的鉴别网络,简称I to I鉴别模式。支付系统所用的标识是账户(付款方)、银行和商号(收款方),在标识之间自行形成可证虚拟网络。标识一定满足唯一性、公认性和可证性。虚拟网络具有独立性和溯源性。独立性将网络和网络互相独立,将事件和事件互相独立,阻断任何信任关系的转移,防止系统权利的被接管,保证对网络的自主可控,同时直接防止非法接入。

二、户币

户币由两个部分构成:一是发行行发行的户币模板;二是账户在户币模板上开具的有值户币。

(一)户币模板

户币模板由银行发行。

1. 户币模板的申请

由账户向银行提出申请,其申请只提供账号真实性证明即可。账户真实性证明是账户对时间的签名。

$$\text{SIG}_{client1}(\text{time}) = (s, c) = \text{sign}$$

那么，申请信件为：

$$msg = \{client1, time, sign\}$$

2. 银行验证真实性

$$VER_{CLIENT1}(time, s) = c'$$

上式中，SIG 是签名函数，VER 是验证函数，client1（小，斜）是账户私钥，CLIENT1（大，斜）是账户公钥。

如果 $c = c'$，则验证通过，可发行户币模板。

3. 银行下发户币模板

户币模板内容由发行银行（bank1）、账户（client1）构成。由银行提供发行行真实性证明。发行行真实性证明是银行（bank1）对时间（time）的签名；账户真实性证明是银行对账户（client1）的签名：

$$SIG_{bank1}(time_1) = (s_1, c_1) = sign_1$$
$$SIG_{bank1}(client1) = (s_2, c_2) = sign_2$$

户币提供二维码 QR1，可以以电子形式存在于线内，也可以以纸质打印形式存在于线外，且任何人都可以进行在线的或脱线的方式验证其真伪：

$$QR1 = \{bank1, time_1, sign_1, account, sign_2\}$$

户币模板实例如下：

户币模板			
发行银行		Bank1	
发行时间	2016－12－06 22：22：20	Sign1	yEkgfl0dRmTOOMR/30QzRtpJ/albHiqn/6LwuNT2I6U=
账户	Client1	Sign2	PGYbEFhRWpNsRhUCZnT8WqX+2d4CdBPxb5j8+M/zKwE=
发行账户			
开票时间			
序列号			
金额			
接受账户			

由验证方验证发行银行真伪、流水号的真伪以及账户的真伪：

$$\text{VER}_{BANK1}（\text{time}_1, s_1）= c_1'$$
$$\text{VER}_{BANK1}（\text{client1}, s_2）= c_2'$$

如果 $c1 = c1'$，则证明发行方为真，如果 $c2 = c2'$，证明账户是该银行的合法账户。

模板只申请一次，反复使用。

（二）有值户币

有值户币由账户（client1）、序列号（serial）、金额（amount）、去向（firm）构成，由账户提供真实性证明。因为有值户币的制作是在户币模板上进行的，所有账户只提供金额真实性证明以及资金去向真实性证明即可。

$$\text{SIG}_{client1}（\text{time}_2）=（s_3, c_3）= \text{sign}_3$$
$$\text{SIG}_{client1}（\text{serial}）=（s_4, c_4）= \text{sign}_4$$
$$\text{SIG}_{client1}（\text{amount}）=（s_5, c_5）= \text{sign}_5$$
$$\text{SIG}_{client1}（\text{firm}）=（s_6, c_6）= \text{sign}_6$$

有值户币提供二维码 QR2，因此有值钞票可以以电子形式存在于线内，也可以打印的纸质形式存在于线外，任何人都可以采取在线或脱线的方式验证其真伪：

QR2 = {client1, time_2, sign_3, serial, sign_4, amount, sign_5, firm, sign_6}

有值户币实例如下：

有值户币			
发行银行	Bank1		
发行时间	2016 - 12 - 06 22：22：20	Sign1	yEkgf10dRmTO0MR/30QzRtpJ/ albHiqn/6LwuNT2I6U =
账户	Client1	Sign2	PGYbEFhRWpNsRhUCZnT8WqX + 2d4CdBPxb5j8 + M/zKwE =

续表

发行账户	Client1		
时间	2016－12－06 23：18：59	Sign3	YtgUhwnzdi5ovLZPOCxhkhnZ8914-QoErrjQxpK5n1iY =
序列号	0001	Sign4	AuWchRpwnb7PKAj6oWbhjQ1ZJ-Us6fCXB9cwBkLAxcZ4 =
金额	512$_{RMB}$	Sign5	6n3G7ddB1wUCP05MvV01OCRlo-nxIqWNyvoLybL8WNrE =
收方账户	Firm	Sign6	ORBarae34siuKPGITNI6ywWz2gy-xBHOUhNYiR96QECc =

有值户币的验证是在户币模板的真实性验证的基础上再验证账户的真伪、金额的真伪、资金去向的真伪。

$$VER_{CLIENT1}(time_2, s_3) = c_3'$$

$$VER_{CLIENT1}(serial, s_4) = c_4'$$

$$VER_{CLIENT1}(amount, s_5) = c_5'$$

$$VER_{CLIENT1}(firm, s_6) = c_6'$$

如果 $c_3 = c_3'$，则证明账户为真，如果 $c_4 - c_4'$，则证明序列号为真，如果 $c_5 = c_5'$，则证明金额为真，如果 $c_6 = c_6'$，则证明资金去向为真。

由于本户币的收款账户为 firm，因此本户币只对 firm 有意义，对其他账户则没有意义，因此不怕被复制、利用或丢失。

三、户币的远程付款

户币无论是电子的在线户币还是纸质的脱线户币，都与现行钞票或电子票据一样具有流通功能。以支付为例，账户 client1 到商号 firm 花销了 500 元人民币，其远程交款流程分账户交款过程和银行结账过程。

（一）账户交款过程

当进行远程收款或付款时，收款方的收款通知由以下六个步骤进行。

第一步，商号 firm 与账户 client1 建立可证连接：建立可证连接的方法是收款方发送其真实性证明：

$$SIG_{firm}(time) = (s, c) = sign$$

将收方验证其真伪：

$$VER_{FIRM}(time, s) = c'$$

如果 $c = c'$ 则继续，否则终端通信。

第二步，firm 通知 client1 付款金额，如 500 元人民币。通知的方法是提供 firm 真实性证明和金额真实性证明：

$$SIG_{firm}(time) = (s_i, c_i) = sign_i$$
$$SIG_{firm}(500_{RMB}) = (s_j, c_j) = sign_j$$

商号 firm 将 data1 发给账户 client1。

$$data1 = \{firm, time, sign_i, 500_{RMB}, sign_j\}$$

Data1 可以加密发送：

$$rG = key$$
$$E_{key}(data_1) = code_1$$
$$ENC_{CLIENT1}(key) = \beta$$

firm 将 $code_1$ 和 β 发送给 client1 即可。

其中，E 是对称加密函数，ENC 是非对称加密函数。

第三步，账户 client1 验证商号 firm 和金额的真实性，如果是加了密的，则先行脱密：

$$DEC_{cilent1}(\beta) = key$$
$$D_{key}(code_1) = data_1$$
$$data1 = \{firm, time, sign_i, 500_{RMB}, sign_j\}$$

其中，D 是对称脱密函数，DEC 是非对称脱密函数。

账户检查商号的真实性和金额的真实性：

$$\text{VER}_{\text{FIRM}}(\text{time}, s_i) = c_i'$$

$$\text{VER}_{\text{FIRM}}(500_{\text{RMB}}, s_j) = c_j'$$

第四步，付款账户制作户币，付款账户只要有了金额和收方账户，就可以制作户币。

首先调出一张户币模板 QR1，户币模板上已有银行真实性证明、序列号真实性证明以及账户真实性证明，如：

$$\text{SIG}_{\text{bank1}}(\text{time}_1) = (s_1, c_1) = \text{sign}_1$$

$$\text{SIG}_{\text{bank1}}(\text{account}) = (s_2, c_2) = \text{sign}_2$$

付款账户只要提供账户真实性证明、金额真实性证明、收款方真实性证明，就可以构成有值户币，并提供二维码 QR2：

$$\text{SIG}_{\text{client1}}(\text{time}_2) = (s_4, c_4) = \text{sign}_4$$

$$\text{SIG}_{\text{client1}}(500_{\text{RMB}}) = (s_5, c_5) = \text{sign}_5$$

$$\text{SIG}_{\text{client1}}(\text{firm}) = (s_6, c_6) = \text{sign}_6$$

账户做成数据包：

$$\text{data}_2 = \{\text{QR1}, \text{QR2}\}$$

账户将 Data2 交给 firm 即可，Data2 可以是线内电子的或线外纸质的。Data2 可以加密：

$$rG = \text{key}$$

$$E_{\text{key}}(\text{data}_2) = \text{code}_2$$

$$\text{ENC}_{\text{FIRM}}(\text{key}) = \beta$$

Client1 将 code_2 和 β 发送给 firm 即可。

第五步，商号对付款方的户币进行验证。

如果付款方的数据是加了密的，则现行脱密：

$$\text{DEC}_{\text{firm}}(\beta) = \text{key}$$

$$D_{\text{key}}(\text{code}_2) = \text{data}_2$$

$$Data_2 = \{QR1, QR2\}$$

收款方验证户币（QR1，QR2）的真实性：

首先鉴别户币模板：

$$QR1 = \{bank1, time_1. sign_1, account, sugn_3\}$$
$$VER_{BANK1}(time_1, s_1) = c_1'$$
$$VER_{BANK1}(account, s_2) = c_2'$$

其次鉴别有值户币：

$$QR2 = \{client1, time_2, sign_4, 500_{RMB}, sign_5, firm, sign_6\}$$
$$VER_{CLIENT1}(time_2, s_4) = c_4'$$
$$VER_{CLIENT1}(500_{RMB}, s_5) = c_5'$$
$$VER_{CLIENT1}(firm, s_6) = c_6'$$

第六步，如果户币为真，则开出收据。收据包括商号的真实性和金额的真实性：

$$SIG_{firm}(time_5) = (s_{10}, c_{10}) = sign_{10}$$
$$SIG_{firm}(512_{RMB}) = (s_{11}, c_{11}) = sign_{11}$$

收据提供二维码 QR3：

$$QR3 = \{firm, time_5, sign_{10}, 512_{RMB}, sign_{11}\}$$

收据的实例如下：

收据			
开具商号	Firm		
开具时间	2016 - 12 - 06 23：33：20	Sign10	IxkSgwPJin88KcMcGKGZFjt0ahbl-0HEgnUE9G9M + BaU =
金额	512_{RMB}	Sign11	8TkdfgUDpgRmn7ZeHg/NAUj + 7w8FJ2mKuFwfC58cYvI =

至此，支付过程结束。

(二) 银行结账过程

银行结账过程包括以下五个步骤：

第一步，商号和银行建立可证通信连接。通信过程如下：

1. 商号发送本账户真实性证明，即账户标识对时间的签名：

$$SIG_{firm}(time) = (s, c) = sign$$

银行检查账户的真实性：

$$VER_{FIRM}(time, s) = c'$$

如果 $c = c'$ 则继续，银行向 firm 发送一个随机数 r，否则中断本次交易。

2. 账户 Firm 对 r 签名，作为银行询问的回应：

$$SIG_{firm}(r) = (s, c) = sign$$

Bank1 检查对 r 的签名：

$$VER_{FIRM}(r, s) = c'$$

第二步，商号发送户币，银行对户币进行重账鉴别和真伪鉴别。

首先鉴别户币模板：

$$QR1 = \{bank1, time_1.sign_1, account, sugn_2\}$$
$$VER_{BANK1}(time_1, s_1) = c_1'$$
$$VER_{BANK1}(account, s_2) = c_2'$$

其次鉴别有值户币：

$$QR2 = \{client1, time_2, sign_3, serial, signa_4, 500_{RMB}, sign_5, firm, sign_6\}$$
$$VER_{CLIENT1}(time_2, s_3) = c_3'$$
$$VER_{CLIENT1}(serial, s_4) = c_4'$$
$$VER_{CLIENT1}(500_{RMB}, s_5) = c_5'$$
$$VER_{CLIENT1}(firm, s_6) = c_6'$$

第三步，银行结账、记账，保留证据。证据包括银行提供的证明和账户提供的证明。如：

银行开出的证据（户币模板）：

Bank1 真实性		账户真实性	
Time1	Sign1	Client1	Sign2

账户开出的证据（有值户币）：

Client1 真实性		序列号真实性		金额真实性		流向真实性	
Time2	Sign4	serial	Sign4	500_{RMB}	Sign5	Firm	Sign6

由于户币模板的证据是本行开具的，经验证后可以不保留。

第四步，银行结账结束后，准备结账通知书，构成 data3。

$$SIG_{bank1}(time_4) = (s_8, c_8) = sign_8$$

$$SIG_{bank1}(500_{RMB}) = (s_9, c_9) = sign_9$$

$$data3 = \{bank1, time_4, sign_8, 500_{RMB}, sign_9\}$$

data3 可以加密：

$$rG = key$$

$$E_{key}(data_3) = code_3$$

$$ENC_{FIRM}(key) = \beta$$

银行将 code3 和 β 发送给 firm 即可。

第五步，银行向商号发出结账通知。

1. 银行和商号建立可证连接。

$$SIG_{bank1}(time) = (s, c) = sign$$

$$VER_{BANK1}(time, s) = c'$$

如果 $c = c'$ 则继续，否则中断本次交易。

2. 银行发送交易成功的通知，即发送 data3。

四、户币的当面支付

（一）付款作业

1. 收款方告知付款方收款账户、金额、联系方式，以二维码明示

在屏幕上，具体如下：

收款通知			
收款账户	Firm		
时间	2016-12-06 23：33：20	$Sign_{10}$	IxkSgwPJin88KcMcGKGZFjt0ahbl-0HEgnUE9G9M+BaU=
金额	512$_{RMB}$	$Sign_{11}$	8TkdfgUDpgRmn7ZeHg/NAUj+7w8FJ2mKuFwfC58cYvI=
联系方式	1390		

2. 付款方扫一扫二维码，开出户币，按给定联系方式发送给收款方，交款就自动完成。

3. 收款方检查真伪，开出收据。

（二）结账作业

商号和银行的结账过程以远程交易过程进行：

1. 商号和银行建立双向通信鉴别。

2. 商号提交商号真实性证明和户币。

3. 银行发送结账通知。

五、户币的特点

一是户币在物理世界或网络世界直接流通，流通中始终保留所有证明关系，其证明不靠信任，而靠证据。

二是户币由账户生成，生成权受存款总额的限制。

三是户币系统的实现简单易行。CPK 卡可网购或配发，账户只需插到手机 TF 接口，再访问指定网站申请私钥即可。

四是户币提供账户真实性证明、金额的授权证明、资金去向的证明，任何人都可以验证真实性，有效防止银行内部或外部作案的可能性，包括洗钱。

五是户币真实性证明，均采用当场证明的方法，阻断了信任链的形成和信任的转移，防止了系统权利被接管的危险。

六是户币的支配权掌握在账户，户币的信息泄露、被复制、被丢失不产生危害，银行数据库是安全的。

七是银行也可作为一个账户，发行户币，即国库券等。

八是户币和厂币可兑换。

六、应用前景和意义

户币为各银行之间的交易，也为分散在账户的当面交易提供了另一种新途径。系统简单易行，符合公众化、网络化发展的需求，代表着银行业发展的新方向。

在银行系统来说，安全问题是至关重要的，而户币解决了关键的安全问题，即：货币的真伪、发行行的真伪、账户的真伪、金额的真伪、资金去向的真伪等均能在户币中得到证明，因此可以做到堵绝户币的丢失、被复制以及数据库信息的泄露，这些均不构成安全威胁。这对银行系统金融安全具有十分重要的意义。

自然，户币提出的新技术，将开辟广阔的应用前景。对现钞的数字化技术具有普遍性，不仅适用于人民币的数字化，也适用于美元、欧元、日元的数字化，也适用于各种票据。户币不破坏现行钞票管理制度，但不排斥将来成为独立币种的可能性。

户币的生成相对简单，容易实现，但是随着应用领域的扩大，会产生很多新要求。厂币有一套与之相适应的管理模式，户币也会有与之相适应的管理模式。这就需要创新，不能再走用新技术实现旧模式的老路。这个任务是艰巨的，需要各种力量的合作。

数字基础货币：来自欧洲央行的评估[①]

（2017 年 1 月 16 日）

欧洲央行执委会委员 Yves Mersch

孙　浩　编译　评述

我们生活在一个数字时代。互联网和移动上网设备彻底改变了我们使用和交换信息的方式，也改变了我们交易货币的方式。货币已经通过很多途径实现了数字化，比如说，我们可以在线转移银行存款，也可以使用电子货币支付。

今天，我的讨论聚焦在特定类型的数字货币[②]——中央银行数字货币，或称数字基础货币（Digital Base Money）。这种货币有两个特征：一是与流通的纸币一样，它是对中央银行的求偿权；二是与纸币不同，它是数字化的。

当然，数字基础货币其实已经存在。商业银行和一些其他金融机构以央行存款形式持有的中央银行求偿权就是数字化的。但中央银行是否应该向更广泛的对手方提供数字基础货币？包括居民家庭在内的非金融部门是否可以在中央银行持有账户？这个问题引起了越来越广泛的讨论。中国人民银行、英格兰银行和瑞典中央银行已经就此问题有了正式出版物，或表示他们正在进行相关的工作。

为什么会引发关于数字基础货币的讨论？我认为有两个主要原因。

---

① 译者注：欧洲中央银行执委会委员 Yves Mersch 于 1 月 16 日发表了题为"Digital Base Money – an assessment from the European Central Bank's perspective"的演讲，这是欧洲中央银行对于央行法定数字货币的首次发声。央行法定数字货币（Central Bank Digital Currency）在文中又被称为数字基础货币（Digital Base Money），代表数字化的对中央银行的求偿权。现将全文翻译并在文后进行评述，在扼要归纳演讲核心内容的基础上，总结近期主要央行对于法定数字货币的界定和关注的研究问题，为下一阶段研发工作提供借鉴。

② 译者注：这里原文是 digital money 而不是最近常用的 digital currency。

第一,电子支付已经越来越流行。金融业提供了多样化的电子支付产品,比如信用卡、借记卡和预付卡。但是这些电子支付产品都是基于商业银行货币(负债)的,而人们可能更愿意持有中央银行负债以避免商业银行违约的风险。从这个角度来看,可能会增加对数字基础货币的需求。

第二,技术的进步使得现在发行数字基础货币可能比十年前更容易,并且成本更低。这其中包括分布式总账技术,或称 DLT,它的一个变种成功应用于比特币系统。

以上两点是开启数字基础货币研究、讨论实现的可选方式、以及评估其对中央银行履行职能影响等重要问题的缘由。在一些欧洲国家(如瑞典、丹麦),电子支付已经对现金使用产生了挤出效应。这为数字基础货币研究增加了额外动力。当然在欧元区我们还没有看到抛弃现金的趋势。相反,近年来欧元区现金需求的增长都超过经济总产出的增长。

因此对于欧洲央行而言,研讨数字基础货币是一个理论分析性课题。在考虑引入数字基础货币之前,欧洲央行要着重了解的是数字基础货币对我们的核心政策目标——物价稳定的正反两方面冲击。此外,对数字基础货币的任何价值判断都需要基于一系列高级别原则进行评估,即

(1)技术安全;

(2)效率;

(3)技术中性;

(4)用户对支付方式的自由选择权。

今天,我想勾勒出设计、发行和管理数字基础货币的一些可选想法,并讨论其潜在后果。这并不是一个完备列表,但它可以为开启这一复杂课题提供初步借鉴。

一、基于账户的（account-based）与基于价值的（value-based）数字基础货币

让我们从一个基本法律维度开始，来区分基于账户的和基于价值的数字基础货币。目前的数字基础货币是以商业银行在中央银行存款形式存在的而且是基于账户的。银行之间利用数字基础货币进行转款，当资金从付款方账户扣除并贷记到收款方账户的时候，就实现了支付终结。中央银行通过登记转账过程而直接参与其中。

现金则不同：它是基于价值而不涉及账户。当付款人将现金交给收款人时，资金支付就实现了终结。中央银行不登记现金转移过程，只记录最初的发行和最终的回笼。

非银行主体持有的数字基础货币在形式上既可以是基于账户的，也可以是基于价值的。在基于账户的形式下，中央银行需要为每个持有方设立账户。在基于价值的形式下，持有和使用数字基础货币需要配备电子钱包，数字基础货币的转款会在不需要中央银行参与的情况下，实现资金从付款人的电子钱包中扣除并贷记入收款人的电子钱包。

数字基础货币是基于账户还是基于价值的实现方式可能要取决于一些因素，让我先提示其中两个：

第一，基于价值和基于账户的数字基础货币可能需要完全不同的关键技术，考虑相应的安全属性和实现成本。分布式总账技术可能需要以不同方式来适应两种实现形式的要求。

第二，只有基于价值的数字基础货币才能实现对中央银行的匿名性。

这些因素会影响非银行主体对数字基础货币的持有需求，以及数字基础货币是否能进一步替代现金或银行存款。

二、提供数字基础货币的可选方式

在以上分类的基础上，让我进一步讨论将数字基础货币提供给非银行机构的可能方式。

一个直观方式是允许非银行主体将商业银行存款以 1∶1 的比率兑换为数字基础货币。因为银行账户永远允许存入现金，当然也就得允许实物现金兑换成数字基础货币。

可能会有争议认为这种方式会使得银行挤兑更容易发生并且传染更快。当听闻某个银行的风吹草动时，非银行主体们可以迅速将银行存款转换成没有违约风险的数字基础货币，而无需将现金取出来藏在床垫下。我们付出了重要的监管努力来平抑资金在不同投资类别之间转移带来的过度波动，而这些监管措施的效果可能会被数字基础货币抵消。

因为现在将存款从一个传出坏消息的银行迅速转移到一个公认安全的银行已经是很容易的事，所以我并不认为引入数字货币会增加额外的银行挤兑风险。但是在系统性银行危机发生时情况会有所不同。如果存款者认为整个商业银行部门都很脆弱，那么数字基础货币的引入会增加全部门范围内挤兑的可能性和烈度，从而对整个金融市场运行效率产生负面冲击。

数字基础货币对商业银行存款的逐步替代是可能的，当然这取决于数字基础货币对非银行主体的吸引力程度。这个过程对不同商业银行有不同的效应。例如，当经历数字基础货币诱发的存款外流时，拥有超额准备金的商业银行可能会降低准备金水平，这会提高这些银行的当期盈利能力，因为存款利率高于超额准备金利率。没有超额准备金的商业银行可能需要利用央行贷款来弥补存款。于是他们需要向中央银行提供更多抵押。而一般情况下，央行贷款的利率会高于客户存款的平均利率。因此这些银行的盈利能力可能受损，结果可能是银行贷款利率上扬。这些效应进而需要央行调整政策利率水平并且导致货币政策执行更加困难，直到最终达到一个新的稳定状态。

也可以考虑采用更具约束性的方式来提供数字基础货币。例如，中央银行可以仅通过资产购买方式向非银行主体提供数字基础货币。这意味着为了获得数字基础货币，非银行主体需要向中央银行出售某些资产，而不能将商业银行存款或现金直接兑换成数字基础货币。

采用这种更具约束性的方式，中央银行可以完全控制数字基础货币的发行总量。央行来决定需要购买多少资产，这样就不会诱发银行挤兑或者银行存款外流为数字基础货币。

然而这种方式将为中央银行制造新的政策难题：应该购买哪些资产？购买量是多少？以什么价格购买？如果数字基础货币的需求大于中央银行想要供给的数量，就会出现合格资产的两个不同定价：一是市场参与者之间交易该资产的市场价格；二是该资产出售给中央银行获取数字基础货币时的价格（低于市场价格）。这样的结果是数字基础货币会比现金和商业银行存款更加值钱，数字基础货币将成为一种新型货币。中央银行成为了两种不同货币的发行人，这一结果似乎并不符合欧洲央行的基本原则。

如果央行想要避免此种情形，则需要增加数字基础货币供给或者降低数字基础货币的吸引力，比如降低其利息回报，我稍后会探讨这个题目。

鉴于以上挑战，允许非银行主体以 1:1 的比率将银行存款转换为数字基础货币的直观方式似乎更有吸引力，条件是非银行主体使用数字基础货币的主要目的是代替现金而非银行存款。只要是以取代现金为主，数字基础货币的负面效应就可能忽略不计。因此至少在起步阶段，我们还是将数字基础货币定位成替代现金，直到获取更多的经验。

三、数字基础货币的报酬（Remuneration）

以上讨论给我们带来了下一个重要问题：中央银行应该向非银行主体持有的数字基础货币给予何种报酬？

对于欧元区而言，一种选择是和商业银行超额准备金利率相同（比如存款便利利率）。这意味着直接向非银行主体持有的资金实施政策利率（policy rate），可能会增强利率政策向经济系统的传导效用。

存款便利利率（deposit facility rate）目前为 -0.4%，这个利率水平使得数字基础货币的需求可能会很低。但在常态下存款便利利率是正值，让数字基础货币享有存款便利利率的回报可能会有风险，增加将商业银行存款兑换为数字基础货币的动机。这样的话，正如我刚才提到的，可能会对金融体系运行产生负面作用。

另一种选择是对数字基础货币实施零利率。这也是对于现金（钞票和硬币）采取的政策。零利率情况下，如果非银行主体的动机只是为了获得更好的投资回报，他们就不太可能将商业银行存款或现金转换为数字基础货币。因为即使在中央银行实施基准负利率的情况下，商业银行也很少对客户存款实施负利率。

即便如此，对非银行主体持有的数字基础货币采取零利率也并非没有政策风险。在负利率情况下，如果商业银行拥有大量超额准备金，它们可能会尝试各种手段（例如设立一个非银行类子公司）将其超额准备金兑换成为数字基础货币。这样的做法必然会抵消货币政策效果。

如果中央银行重视这些风险，可以考虑综合实施我刚才提到的两种可选方式。如果存款便利利率为正值，央行可以对非银行主体持有的数字基础货币实施零利率。如果存款便利利率为负值，央行可以对非银行主体持有的数字基础货币实施同等利率。但是这种方式下资金报酬是负值，可能会造成大量资金转出数字基础货币。此外，还有一个风险是如果对非银行主体的央行债权实施负利率，会显著削弱公众对中央银行的信心。

四、数字基础货币的技术

最后，让我讨论一下数字基础货币的技术维度。说过的，开启非银行主体使用数字基础货币课题讨论的一个重要原因就是技术进步让发行数字基础货币更加容易。这里尤其包括分布式总账技术（DLT）。DLT承载了巨大潜力，但它是否已经足够先进到让中央银行来实际应用？声誉对中央银行至关重要，我们承受不起在技术选择上犯错误。在中央银行向非银行主体提供数字基础货币服务之前，我们不仅需要确保数字货币不太可能产生负面经济冲击，而且要保证相关技术系统的运行也是高效和安全的。

当然我们也不应该是教条主义（dogmatic）的。如果能够找到更加高效并且绝对安全的技术来支撑中央银行业务运营，我们就应该引入它来降低中央银行和金融用户的成本，进而降低整个社会体系运行成本。

五、结论

为非银行主体提供数字基础货币的方式设计可以有很多种。不同方式都会有正反两方面的潜在影响，所以需要慎重研究和考量。只有当确定了数字基础货币的最优设计方案后，欧洲央行才会决定是否发行面向非银行主体的数字基础货币。欧洲央行最重要的关切是引入数字基础货币是否会影响我们履行职责的能力。如果非银行主体用数字基础货币取代商业银行存款的数量达到显著水平，其冲击可能就是负面的。更一般性地讨论，数字基础货币的任何实质化问题都必须基于四个原则进行评估：（1）技术安全；（2）效率；（3）技术中性；（4）用户对支付方式的自由选择权。

鉴于目前有一些猜测认为中央银行有废除现金的意图，请允许我强调一个与自由选择权相关的内容：如果央行引入数字基础货币，数字货币和现金将在可预知的未来长期共存。数字货币只是非银行主体持有资金形式的一个额外选项。对数字设备持怀疑态度的公众当然可以继续使用现金。

即使公众使用数字基础货币替代现金确实可以提高效率，也要同时确保数字货币实现技术满足运行可靠性和防攻击安全性的要求。央行对于数字基础货币的批准并不会简单取决于技术可行性或者成本考量的单一因素。

评述

本文主旨在于扼要归纳演讲的核心内容，并总结近期主要央行对于法定数字货币的界定和关注的研究问题，为下一阶段研发工作提供借鉴。

一、《数字基础货币：来自欧洲央行的评估》的核心内容

演讲梳理了发行管理数字基础货币的四个关键问题：数字基础货币的分类及其特点；数字基础货币发行的可选方式；数字基础货币的资金报酬机制；数字基础货币的技术选择。

文章将数字基础货币分为基于账户的（account-based）和基于价值的（value-based）两种类型，非银行主体持有的数字基础货币在形式上既可以是基于账户的也可以是基于价值的。提示了数字货币实现形式的差异会影响非银行主体的持币需求，以及影响数字基础货币是否能替代现金或商业银行存款。

文章提出了将数字基础货币提供给非银行主体的两种可能方式。一是直观方式：允许非银行主体将商业银行存款以1比1的比率兑换为数字基础货币。二是更具约束性的方式：例如，中央银行可以仅通过资产购买方式向非银行主体提供数字基础货币。在比较了两种方式的优缺点以后，该文倾向于直观方式，条件是非银行主体使用数字基

础货币的主要目的是代替现金而非银行存款；同时建议在起步阶段，央行应该将数字基础货币定位成替代现金，直到获取更多的经验。

文章提出中央银行向非银行主体持有的数字基础货币的资金报酬可以和商业银行超额准备金利率相同（比如存款便利利率），也可以实施零利率，但这两种政策都会有相应风险。为此，可以考虑综合实施政策工具：如果存款便利利率为正值，央行可以对非银行主体持有的数字基础货币实施零利率；如果存款便利利率为负值，央行可以对非银行主体持有的数字基础货币实施同等利率。

文章在技术维度表示了对于分布式账本技术的期待和疑虑，认为中央银行在技术选择上要审慎：一定保证相关金融科技系统是高效和安全的，但是在新技术采用方面的态度也不能教条。

二、关于法定数字货币的界定与研究关注

（一）法定数字货币的界定

对于研究对象的界定是研究的首要问题，也是一个认识不断深化拓展的过程。我们目前对于法定数字货币的认识是"由中央银行发行、国家信用支撑，采用特定数字密码技术，与法定纸币和硬币完全等价、完全法偿的货币形态"，主要目的是补充与替代传统纸质货币，界定属于现金（M_0）范畴。瑞典央行启动数字货币研究的动机是为了应对国内现金流通的萎缩，所以直接称呼为"数字克朗"，即数字现金[①]。英格兰银行的界定是"（央行）通过特定规则发行的、与法定货币等价并且生息的数字货币，授权了一种可以随时随地、电子化接入央行资产

[①] Skingsley, Cecilia (2016), *Should the Riksbank issue e-krona?*, Speech at FinTech Stockholm on 16-11-2016.

负债表的方式。"①欧央行在本文的提法是数字基础货币,当然目前基础货币中没有数字化的就是现金。加拿大央行的出发点是评估数字货币是否比现有零售支付体系更加高效和低成本,所以提出的定义强调其支付媒介属性:"以中央银行负债发行用于支付的数字化存储的货币价值"②。

对于法定数字货币的界定首先关乎货币供给的层次划分问题。法定数字货币的层次界定决定了其设计属性和发行机理,而发行流通以后也会对货币层次划分与管理造成新的影响。传统货币供给在结构上被划分为 M_0,M_1,M_2 等层次的依据是流通性的差异,但通过数字货币,用户可以实现不同货币层次工具之间更加迅速的转换,导致货币存在形态可能会高度不稳定。为此,需要在机制设计上统筹考虑,运用分层并用的设计思路为法定数字货币、电子货币(主要指数字化的商业银行货币 M_1)和传统纸币(M_0)带来适度区分。塑造货币需求动机不同维度上的比较优势,或许可以支撑法定数字货币和其他类型货币形成各自较为均衡稳定的货币应用区域。

对于法定数字货币的界定还关乎中央银行向更多对手方提供中央银行货币,扩大央行资产负债表接入范围的问题。具体要考虑的问题就是在发行流通机制上是一元化接入还是通过"中央银行-商业银行"二元体系接入?如果基于二元体系,如何设计中央银行和商业银行各自的功能行为边界?法定数字货币是通过货币直接兑换生成还是通过购买一揽子资产生成?对于法定数字货币的资金报酬机制如何确定?这也是中央银行需要在资产负债表范畴考虑的问题。

总之,法定数字货币对于中央银行未来的货币管理和调控提出了更高

---

① Barrdear, John and Michael Kumhof (2016), "The macroeconomics of central bank issued digital currencies", Staff Working Paper No. 605, Bank of England.
② Ben S. C. Fung and Hanna Halaburda (2016), "Central Bank Digital Currencies: A Framework for Assessing Why and How", Staff Working Paper, Bank of Canada.

要求。中央银行可以对不同货币采用差异化的激励政策和货币政策工具，动态调整每种货币的资产价值和使用成本，服务于自身的政策目标。

（二）法定数字货币研究的关注问题

从公开出版物来看，各中央银行对于法定数字货币的关注问题既有共通之处也各有侧重，问题可以划分为法律法规、机制设计和技术手段三个层次。

在发行必要性问题方面，各行的出发点和关注点会有差别。英格兰央行主要关注的是数字货币是金融科技前沿以及数字货币背景下的政策工具创新可能性，背景是英国正在打造以伦敦为世界金融科技创新中心和当前英国的超常规货币政策环境。瑞典央行主要关注的是瑞典已经跨入现金使用萎缩阶段，央行希望通过提供数字货币来确保央行货币仍然能够被民众方便有效地接入和使用，蕴含了普惠金融和央行支付结算主导权的考量。加拿大央行的必要性研究聚焦在法定数字货币体系是否比现有零售支付体系更有效率，以及央行是否需要自己提供数字货币而不是由私人部门来提供，所以先期开展的是成本收益分析。

在对经济运行影响方面，首要关注的是对于货币金融体系运行的影响以及由此带来的金融稳定考量。关注的核心基础问题是从货币层次划分界定引出的数字货币、现金、电子货币之间的共存及转换机制，以及由此带来的对于商业银行体系（如狭义银行问题）、信贷结构与成本、金融市场（例如货币市场）和金融基础设施运行的影响。从宏观经济层面，提出了当数字货币发行存量到达一定阈值时，会对于经济总产出的水平、增长以及波动性造成哪些影响？对于跨境资本流动和汇率是否也会有显著影响？[①] 从微观经济层面，关注问题包括法定数字

---

① One Bank Research Agenda, Bank of England. http://www.bankofengland.co.uk/research/Pages/onebank.

货币的推出会对支付市场的竞争效率和成本有哪些影响？央行法定数字货币体系较之私人部门数字货币体系是一种占优策略吗？法定数字货币推出以后会有哪些新兴商业模式崛起，哪些金融服务模式可能消亡？从政策工具层面，数字货币如何与货币政策、金融稳定政策以及财政政策互动？进一步如何成为一种新型政策工具？

当然，研究以上影响的落脚点都在于如何设计法定数字货币的本身属性以及发行流通体制机制以满足我们政策初衷的同时规避风险，当然更多可能性是在两者之间达到一个优化权衡。

在技术实现方面，由于央行对于技术选择与使用上的巨大信誉责任，必须保证支撑系统运行的技术是高效、安全、鲁棒以及容灾的。提出的问题类别包括：评估分布式记账技术是否是一种满足法定数字货币功能要求的可选技术？其他满足要求的可选技术有哪些？如何保证用技术手段实现数字货币系统的隐私性要求水平？如何保证系统的安全性和容灾性？如何保证系统运行的可扩展性、互联互通性以及互操作性？

以上这些研究问题，都是当前各国央行团队正在工作的内容，也为我们开启下一阶段工作提供了启发和借鉴。

附表

各国法定数字货币研究关注问题汇总

央行	研究关注
英格兰银行	1. 法定数字货币对于经济运行的冲击是什么？ 2. 法定数字货币对于金融体系的冲击是什么？如何影响金融稳定？ 3. 法定数字货币如何与货币政策、金融稳定政策以及财政政策互动？如何成为一种新型政策工具？ 4. 法定数字货币在技术上应该如何实施？技术上如何配置才能满足法定数字货币的功能需求？ 5. 法定数字货币的参与主体范围是哪些？主体的行为权限和边界怎么划定？如何保证主体行为是激励相容的？

续表

央行	研究关注
加拿大央行	基本问题： 1. 央行为什么要发行自己的数字货币？ 2. 如果必要，央行法定数字货币应该具备哪些特征？ 导出问题： 1. 法定数字货币可以提高支付体系运行效率吗？重点是评估发行与运行数字货币体系的成本收益。 2. 私人部门有可能在没有政府干预的情况下提供数字货币产品？ 3. 较之其他方式，央行直接发行法定数字货币是一种最优策略吗？ 4. 法定数字货币需要具备哪些设计属性？进入市场运行的最优方式是什么？对于金融体系有什么样的冲击？
瑞典央行	1. 发行法定数字货币的必要性有哪些？ 2. 能否找到足够安全、足够便捷的技术手段来发行法定数字货币？ 3. 法定数字货币是否会产生金融稳定方面的影响？ 4. 如何确保个人资产安全、隐私与社会资金用途安全的平衡？

数字货币对央行货币政策调控的影响

龚 浩　刘金浩　张红波　郝慧婷　黄 钦　范亚棋

摘要：约瑟夫·斯蒂格利茨于 2017 年 1 月在美国国家经济研究局发表论文 Macro–Economic Management In An Electronic Credit/Financial System，研究了电子货币体系中央行如何提高社会总需求管理能力；胡佛研究所在 2017 年 8 月发表论文 Central Bank Digital Currency and the Future of Monetary Policy，讨论了央行数字货币对未来货币政策的影响。本报告在综述两篇论文核心观点的基础上，进一步分析了现有货币政策的局限性，并阐释法定数字货币对货币政策及宏观经济管理带来的新影响，提出我国法定数字货币的设计设想。

一、相关研究概述

斯蒂格利茨和胡佛研究所发表的两篇论文，从不同的角度论述了数字货币给货币政策、宏观经济活动带来的影响，提出了四种可能应用场景。文章的基本框架如图 1 所示。

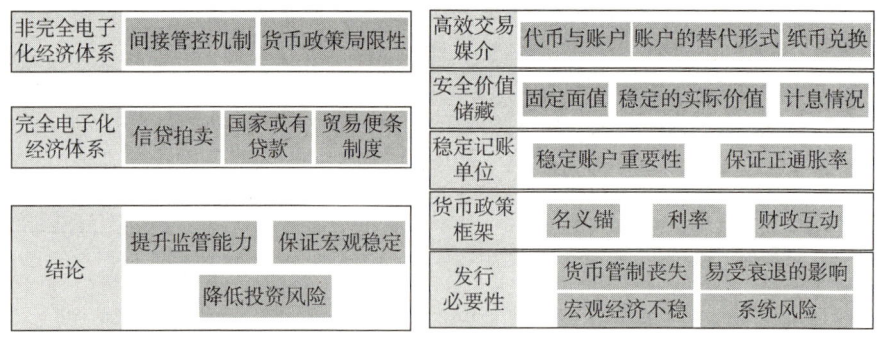

图 1　引用论文基本框架

（一）数字货币的设计目标

交换媒介、价值储存和记账单位是货币的三个职能。数字货币的出现，应有助于提升这三个货币职能。

1. 高效交换媒介

数字货币应是一种高效的交易媒介。一方面为了适应数字经济快捷、高效的特质。另一方面，应超越现有电子支付手段的支付功能，以适应市场的发展需要。

2. 安全价值贮藏

数字货币应是一种安全价值贮藏手段。在数字经济中，安全问题更加严峻，数字货币必须具备高安全性，才能充分发挥价值贮藏功能，吸引公众持有数字货币。

3. 稳定记账单位

数字货币应具备稳定的记账职能。作为一般等价物，货币是度量一切商品价值的共同尺度。央行数字货币是主权货币，由央行的信用背书，理论上可通过一定的货币发行管理机制保证货币价值的稳定。

（二）基于数字货币的应用场景

1. 信用拍卖

通过信用拍卖制度，政府可以借助数字货币体系控制信贷的供应和用途。主要有两种实现形式，一种是一元模式，由"超级央行"直接放贷，另一种是二元模式，由政府向商业银行拍卖发放新信贷的权利，中标人自主完成信贷发放。信用拍卖制度具有两个特点：一是不存在货币乘数，银行不能凭空创造信贷；二是存款和信贷功能分离，银行无法获得超额回报，促使银行必须作出正确的信贷决策和良好的贷款管理。

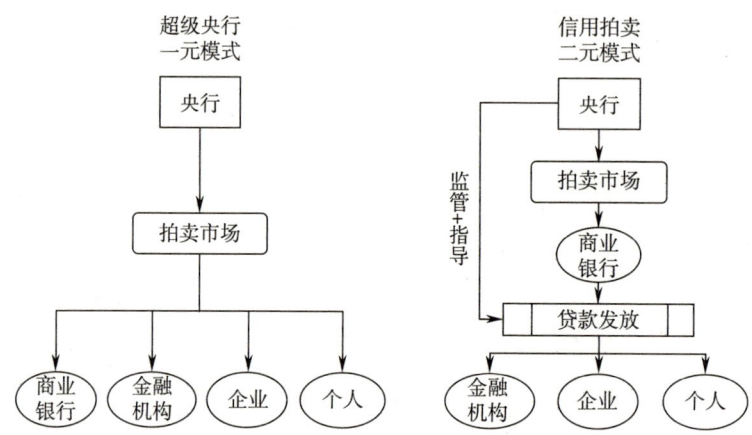

图 2　引文中信用拍卖的两种实现形式

2. 状态或有贷款

状态或有贷款可以解决商业银行风险偏好的顺周期性。状态或有贷款是指，政府通过拍卖将或有贷款投放给商业银行后，银行偿还金额依赖于贷款期间的经济状态。若出现严重经济衰退，商业银行的偿还金额减少，从而降低商业银行的风险厌恶程度，激励银行贷款供给的增加。在信用拍卖模式下，银行间充分竞争，因此，偿还金额降低的红利会更多地传递给借款人，进而增强市场信心并拉动消费和投资增长。

3. 贸易"便条"

引文设计了贸易"便条"制度，对市场化汇率进行更直接的控制。政府按照出口商品价值的比例，向出口商发放相应数量的"便条"。而进口商进口商品时，除支付商品价格外，还需支付等额的贸易"便条"。贸易"便条"可自由交易，需求和供应在市场上自动出清。如此一来，贸易"便条"可以自动调节贸易赤字，平衡进出口供需，达到稳定宏观经济的作用。

4. 负利率

利率调节是中央银行进行宏观经济调节的主要手段。数字货币时代，利率可以设定为任意的正负值，从而突破纸币零利率下限的约束。在经济下行的过程中，有可能需要实施负利率的货币政策，刺激宏观经济。为实现利率政策的充分传导，通过调节其他金融资产与数字货币之间的兑换费率，等价实现了数字货币的负利率。

二、数字货币对货币政策的影响

事实上，在现行的货币体系下，货币政策存在着一些局限性，其根本原因在于货币变量与经济活动之间的联系在减弱。采用数字货币，则可能会对现行货币政策带来一些积极的影响。

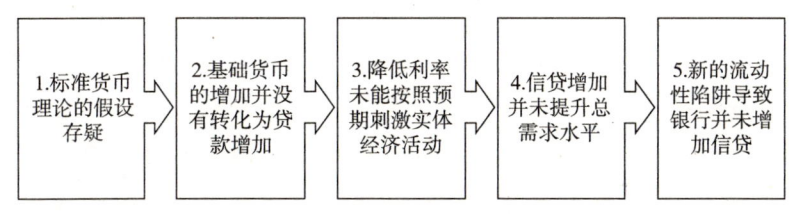

图3　现行货币政策的局限性

（一）提升宏观经济管理能力

货币政策是进行宏观经济管理的重要手段，数字货币有利于货币政策的执行，从而提升宏观经济管理能力。

一方面，数字货币有利于提升中央银行对经济运行情况的感知。以往中央银行对社会经济运行情况的感知是滞后的，而数字货币的出现则创造了一种全面、实时、微观的感知手段。中央银行可以将监控穿透到最底层，了解每一笔交易的发生，进而汇总分析当前经济实时运行状况。通过云计算、大数据等技术手段的运用，中央银行可以从微观出发对宏观经济动态进行预测和分析。

另一方面，数字货币有利于货币政策的执行。一方面，数字货币为货币政策提供了更多选择，负利率就是一个典型例子。另一方面，数字货币的可编程特性可以辅助货币政策的执行，提高自动化程度与执行速度。

(二) 增强货币政策传导

货币政策传导渠道主要有四个：利率、信贷、金融资产价格、外汇。其中利率是非常重要的传导变量，通过利率的调整可以引起其他三项指标的变化。数字货币能够突破利率零下限，实施负利率工具，有利于货币政策的有效运行与传导。

货币总量和利率通常被选取作为货币政策的主要操作目标。在长期的经济活动实践中，尤其是在金融危机中，基础货币投放、贷款、投资三者之间并未表现出一个良好的传导关系，即基础货币的增加并没有转换为购买力或对实体经济的投资。由于利率和经济活动之间的关系仍然很模糊，通过调节利率，从而调节货币供应量来实现宏观经济稳定，时延较长，作用有限。通常要求货币当局在制定调控政策时能够精准预测未来的经济发展方向，然而这种预测经常是不够准确的。

数字货币有利于实现对货币总量、使用和流向等情况的精准把握，大数据分析技术有助于央行对未来经济走势的预测，从而及时地采取措施应对可能发生的风险，保障国家宏观经济政策和货币政策的有效运行和传导，确保宏观经济的稳定。同时，数字货币的强监管使得央行能够获取信贷资金走向信息，及时打击和处理非法使用行为，减缓由信息不对称带来的消极影响。

(三) 减少系统性金融风险隐患

在央行未发行数字货币的情况下，整个支付系统可能会形成准垄断模式，从而对整个金融体系和宏观经济造成重大风险。IMF 相关报告指出，随着私人数字货币使用范围和规模扩大，私人数字货币体系风险演变为系统性风险的概率也将提升。

第三方支付网络会导致金融机构发展过快，市场趋于垄断，由于金融衍生品使用过度，又缺乏对系统性金融风险的预防，导致金融风险大量积累。与此同时，私人数字货币相关的法律和监管体系尚不完善，价格波动剧烈，其投机行为可能会引起社会财富的不合理转移，一旦遭遇终结破产，消费者所购买的私人数字货币将一文不值。

数字货币的发行可有效减少系统性金融风险隐患。数字货币兼具主流支付工具的特点，并拥有国家信用背书以及强监管特点，有助于央行掌握各金融机构的运营情况，从而减少系统性金融风险。

（四）增加政策选项

当前全球正常利率水平比以往低得多，小型开放型经济体的中央银行仍然可以通过汇率贬值来提供刺激经济，但这种做法对于较大的经济体来说可能是不可行的或无法维持的。各经济体政策选择空间减小，更易受经济衰退影响。

数字货币利率将成为货币政策主要工具，有两点理由：一是利率调整将突破下限约束；二是中央银行仍保留最后贷款人的职能。在严重的经济危机中，政府应具备将市场利率降低至负的能力，因此降低中央银行实施量化宽松或信贷宽松的必要性。

数字货币使得从中央银行到终端用户的穿透能力进一步增强。相较于传统的利率调节方式，借助数字货币可以将货币与信用分离，直接调控信用创造或货币供应。

数字货币使中央银行拥有更多的政策调控手段，从而有助于经济的加快复苏。

（五）数字货币与财政政策关联度上升

财政政策通过财政支出与税收政策的变动来影响和调节总需求，是宏观调控的重要手段。政府的支出与税收会对工资和物价产生重要影响。数字货币发行后，货币政策与财政政策之间的交互会变得更多。

从发行货币的本质出发，中央银行发行数字货币本质上讲是一种财政行为，增加了政府支配资源的能力，也就是所谓的铸币税，类似财政赤字货币化情形，中央银行发行附息数字货币是财政投放货币的一个新的路径。中央银行发行的附息数字货币，部分替代银行存款尤其是活期存款，意味着货币增长的部分收益（铸币税）从商业银行回到中央银行（政府）。政府可以用这部分收益推进结构性改革，比如减税，即用中央银行数字货币的发行来弥补结构调整带来的财政收入下降。

三、我国法定数字货币的设计思考

我国法定数字货币是支撑货币政策和宏观审慎政策双支柱调控框架的重要工具。基于法定数字货币的可流通性、可存储性、可离线交易、可控匿名性、不可伪造性、不可重复交易性、不可抵赖性等特点，本文对法定数字货币在货币政策调控中的应用及其相关设计展开了思考与设想。

（一）货币全生命周期管理

在法定数字货币系统中，国家可实现对法定数字货币的发放、使用、流向情况的精确认知。利用大数据分析技术，有助于政府对经济运行情况的精准把控。

在法定数字货币系统中，可准确获取经济实体的资金流数据，以此评估经济运行状况，为经济模型建立提供可靠的数据来源。大数据

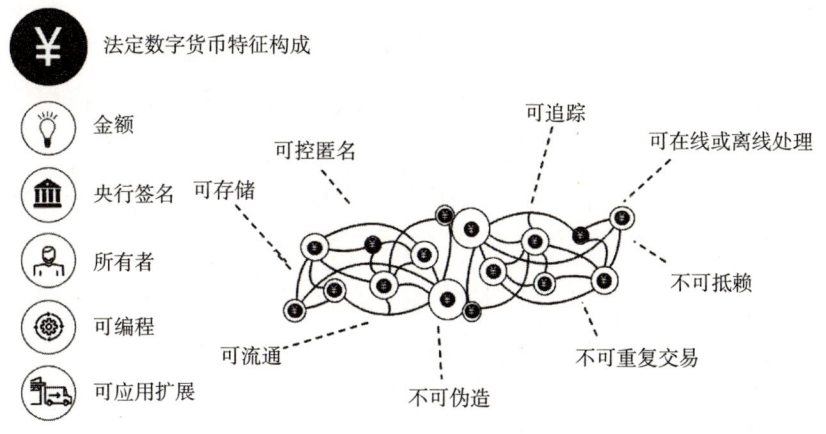

图4 法定数字货币特征构成

分析技术可以从海量数据中发现不同指标之间的关联关系，挖掘出有价值的信息，使得政府和中央银行能够更好地实时感知经济运行状况，有效预测未来经济走势，及时采取措施，确保宏观经济的稳定。

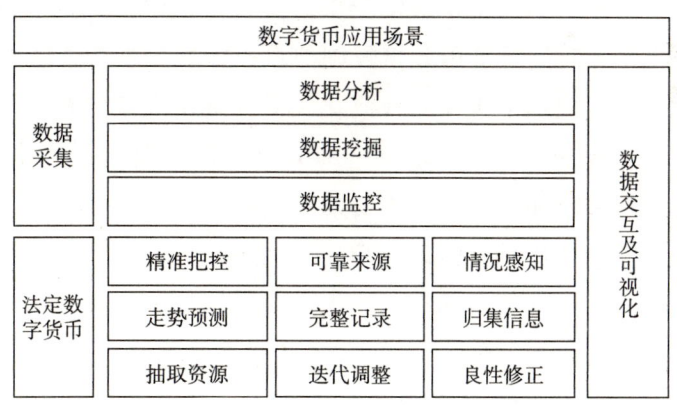

图5 法定数字货币生命周期管理

法定数字货币的使用有助于实现有效的信贷拍卖。信息收集和处理是信贷管理的基础，在法定数字货币体系中，资本流动和交易均有完整记录，意味着可以通过归集抽取交易数据（包括但不限于资金流节点、流向、用途、回报率、周转周期等），建立基于大数据分析构建具有多种维度（个人、实体、区域、行业、经济周期等）的信用评价与风险预警体系，从而更精准地进行信贷发放和风险管理。

法定数字货币的使用有助于优化贷款的还款策略。与常规贷款相比，或有贷款创造了一个更为灵活的还款机制，即还款金额与贷款期间经济状况相关。利用大数据分析技术挖掘还款金额和国家经济状况、产业结构调整政策之间的关联关系，构建或有贷款还款模型，以此制定和调整后续或有贷款还款策略，如延长还款期限、动态调整每期的还款额度等。同时，法定数字货币可将还款方案载入智能合约中，实现自动还款，提高贷款回收效率。

（二）穿透式货币调控

法定数字货币赋予央行对货币全生命周期调控能力，提升中央银行定向施策效果。通过法定数字货币可编程化技术，将发行目标、流通对象、批次、时间等货币政策规则信息，穿透式地嵌入法币发行和流通过程中，实现货币政策的代码化，提升货币政策的及时性、精准性和有效性，比如，央行指定某一部分资金是发放到某相关的账户，指定该部分资金只能进入此相关的账户中，那么这部分资金在任何情况下也不可能被挪用到其他的账户中。而且，货币政策的代码化，可以实现货币政策执行的自动化，减少人为干预环节，大大降低货币政策执行和传导的不确定性。

（三）数字货币的多维度应用

法定数字货币可以进行多维度的应用，包括基础维度、调控维度和监管维度。在基础维度，法定数字货币系统中记录着用户信息、账户信息、支付信息，能保障数据的真实可信，打破信任壁垒，极大降

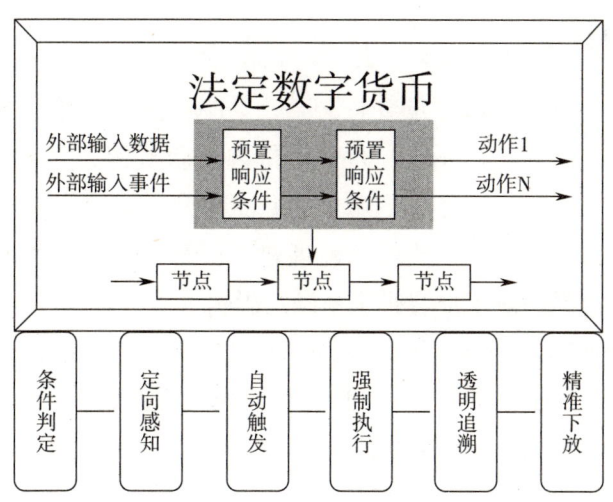

图6 数字货币穿透式感知能力

低了传统业务开展需要支付的信任成本，促进金融活动的高效开展，而且利用这些数据可进行有益的商业活动，能够活跃经济，增加社会福利。在调控维度，法定数字货币对商业行为，进出口贸易管理和货币总量的调控有着明显的优势。在监管维度，政府通过法定数字货币系统精确把握资金流向，从不同层次分析各类经济活动，及时地进行监管。

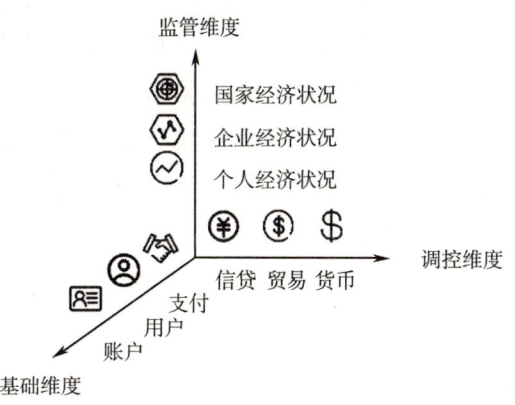

图7 法定数字货币应用维度

85

四、总结

法定数字货币的研发重要且必要。第一,数字货币可以显著地提升宏观经济管理能力。第二,世界范围内监管机构、金融机构、互联网行业等都已经投入到了法定数字货币或者私人数字货币研究开发过程中,相关理论、政策、技术的发展迅速。第三,私人数字货币的发展迅速,对金融市场可能会带来不确定影响。

作为全球第二大经济体的央行,面对中国庞大复杂的经济金融环境,更有必要提前部署,重点跟踪研究并在法定数字货币领域提出有建设性的理论和适合中国国情的技术解决方案。法定数字货币的早日推出势必可以澄清市场传闻,减少金融风险事件的发生,维护金融市场的稳定。

基于实现的难度和运营的复杂性,法定数字货币的推进须积极而又审慎。重点注意遵循以下几个原则:一是法定数字货币的设计目标要与我国货币政策、外汇政策的目标保持一致,并能为货币政策、外汇政策提供必要的技术支持;二是法定数字货币的设计建设要注意兼容复用现有金融基础设施,从而降低金融机构接受和推广法定数字货币的成本;三是法定数字货币的设计要从提升最终用户的体验出发,以充分发挥法定数字货币的优势;四是在隐私保护的基础上,法定数字货币要能提升金融监管的能力,促进法定数字货币的稳定运行。

我们坚信,法定数字货币将会在保障金融体系稳定高效运行,助推经济健康发展中发挥积极作用。

国际电信联盟数字法币网络基础设施焦点组工作草案

孙 浩　赵新宇　译

摘要：法定数字货币焦点组（FG – DFC，以下称焦点组）是联合国下属标准化组织国际电信联盟（ITU）专门成立的研究法定数字货币的工作组。其工作目标主要包括：研究法定数字货币对经济的影响，以及构建法定数字货币生态系统对普惠金融的推进作用；探索法定数字货币实施以及实现与现有支付系统兼容所需要的参考架构和流程要素；研究法定数字货币相关的安全、监管、消费者保护、反假反欺诈问题；研究法定数字货币涉及的主权安全以及技术透明性和可验证性问题。我所于 2017 年 6 月加入焦点组，参与并负责法定数字货币标准制定及参考架构的设计工作。本文介绍了焦点组的成立背景、工作目标以及期望成果等内容。

一、背景

移动支付和其他数字金融服务正成为许多国家的社会经济发展领域的电讯/信息通信技术（ICT）的主要成功案例之一。移动金融服务为强化经济增长和发展提供了新的契机。与此同时，移动金融服务为电讯/信息通信技术产业的发展奠定了基础。

数字法币是 ISO TC68/SC67 用于分配货币代码所使用的术语，在英国央行发布的白皮书中将其称为央行法定数字货币。国际电联电信标准化部（ITU – T）数字法币网络基础设施焦点组（FG – NIDFC）是前国际电联电信标准化部数字金融服务焦点组（FG – DFS）的自然发展和延伸，其旨在处理 FG – DFS 所定义的关键挑战，即数字法币（DFC）技术的互操作、监管合规和安全问题。DFC 技术并不是为了取代或者竞争现有的数字金融服务（DFS）技术。但 DFC 提供了基础设施水平的安全性和互操作性，优化了整个 DFS 生态系统，并且符合中央银行发布的全系统通用的安全数字标准。

与移动支付的簿记存储于移动支付提供商的私有账本中不同，数字法币是由央行发行的，通过密码学保护的数字对象，在法律上等价于纸币。由于簿记存储于私有账本，因此对移动支付来说账本内的交易才有意义。而数字法币的用户可以与移动支付供应商网络以及使用数字法币的银行中的任何人进行交易，这实现了无缝互操作、瞬时结算和防伪功能，并且符合国家现有法律。

包括美联储、英国央行和中国人民银行在内的多家中央银行已经表示它们正在进行央行发行数字货币的研发工作。与纸币形式的法定货币在过去和将来在金融包容性中的关键角色相同，数字法币必须对一个国家的所有公民可用，并且对数字金融服务中的互操作性起到催化加速作用。如今，电讯/ICT 基础设施为央行发行数字货币实现该目标提供了最佳平台。在未来，数字法币将需要 ICT 平台建设更加高效、安全且可以无缝协作的服务。

二、理念和范围

焦点小组将针对数字法币平台进行调研，重点关注平台的特点、特征和安全挑战，从而抵御数字形式的货币伪造，并克服与其他支付系统进行互操作的挑战。

FG – NIDFC 将与来自于央行、ICT 法规机构、金融机构、金融服务提供商、安全领域、类似全球平台组织和 IOS 等标准机构以及学术界的专家一同合作，致力于数字法币的管理、ICT 基础设施支持、安全方面的工作，并通过 ICT 项目和解决方案来增进金融普惠目前所取得的成果。

焦点小组将对基础设施服务领域的 ICT 方案和项目进行分析，了解安全和互操作性数字化工具以及它们的应用如何提升现有的普惠金融方案和项目。对于这些方案和项目所涉及的法规、安全、协议和过程等领域，ITU-T研究组可以进行规范化并形成最佳实践，促进这些方案在全球范围内实施。

三、目标

焦点组主要目标如下：

- 对于数字法币实现的普惠金融生态系统进行调研。
- 绘制具有功能网络参考架构和实现数字法币所需流程组件的流程图，结合现有支付系统以实现互操作性。
- 确定数字法币的使用案例、需求和应用。
- 增强对数字法币的安全、监管启示、消费者保护、诈骗预防和伪造方面的问题以及数字法币如何处理这些问题的了解。
- 为国际电联电信标准化部研究小组标准化确定新领域。

四、具体任务和交付成果

焦点组主要任务为：

- 创建数字法币法律、法规和政策方面文件的知识库，作为治理基础。
- 收集整理数字法币相关者现有计划的信息，包括开发中的用例、需求，以及世界范围内的数字金融服务相关标准。
- 分析现有ICT基础设施服务和无缝协作DFC解决方案所需要的基础设施之间的差距。
- 从现有通过整合传统支付系统与数字法币而获得不同支付系统间互操作性的工作中收集实践和经验教训。
- 对应用于数字法币的架构和ICT基础设施进行调研。
- 对在现有数字法币的实施过程中学习到的好处和经验进行评估，重点关注数字法币增强金融服务安全性和互操作性方面的影响，从而推进普惠金融。

• 对适用于 ICT 基础设施中不同组件的现有安全标准和其他标准机构以及工业联盟的最佳实践进行评估。

• 对数字货币现存标准工作进行调研,从而确定 ITU-T 进行标准化的范围。

• 焦点组应该在上级组进行会议的四周之前将交付成果发送给上级组。

焦点组的主要交付成果包括:

• 收集文档,为从中央银行和监管者的角度出发的数字法币治理提供参考依据。

• 对数字法币和其生态系统的术语和分类方法进行定义。

• 就数字法币生态系统作出报告,对利益相关者的角色和责任以及金融普惠用例进行描述。

• 就实施数字法币所能带来的互操作性场景作出报告。

• 开发用于数字货币实施的安全架构和参考模型。

• 就数字法币以及与现有支付系统的整合框架作出报告。

• 就数字法币中的大数据分析用例进行报告。

• 就数字法币以及合规保证框架的 ICT 安全和管理参考模型作出报告。

• 就 ITU-T 研究小组可以进行标准化的新领域作出报告。

• 举办专题研讨会和活动,从利益相关者收集信息。

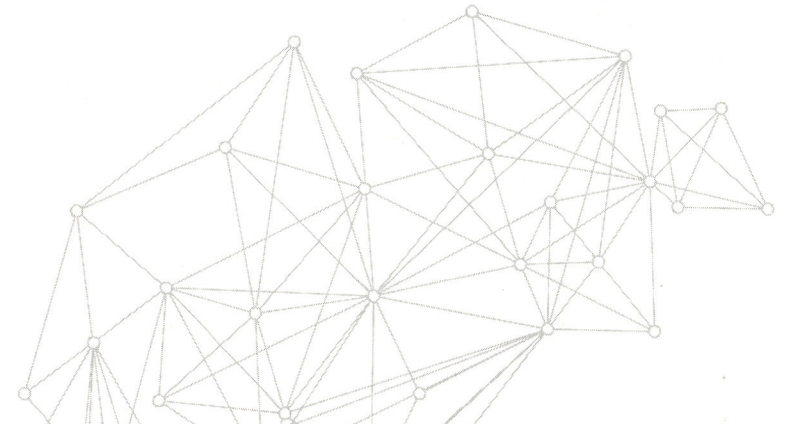

央行法定数字货币应用场景研究

◇ 数字货币在保理业务的应用
◇ 数字货币助力精准扶贫初探
◇ 数字货币在人民币跨境结算研究（一）：应用初探
◇ 数字货币在人民币跨境结算研究（二）：应用模式设计
◇ 数字货币在人民银行跨行调款场景的应用研究

数字货币在保理业务的应用

蒋国庆　彭　枫　姚　前

摘要：数字货币研究所目前的工作主线在于推进数字货币原型系统建设，开展数字货币应用场景研究及相应沙箱试验。在完成数字票据交易应用场景研究的基础上，按照体现行业代表性、范围可控性和数字货币优越性的原则，近期研究选择了金融服务、央行内部业务以及政府精准扶贫等应用场景，设计了相应场景中的数字货币业务模式，为后续开展沙箱试验做好论证支撑。

当前保理业务运作存在两个突出问题：一是支付方式多样化和账户体系分散化导致操作复杂、成本高；二是企业财务制度的约束导致应收账款无法直接支付给保理商，引发回款风险。研究发现，保理业务引入数字货币作为统一支付媒介可以简化操作、降低成本。研究提出的数字货币间接付款功能，即利用数字货币可编程特性解决业务中的资金流安全管控问题，可以让保理商通过定制支付合约实现资金的安全回收，有效降低回款风险。

保理业务针对供应链企业具有封闭性且保理商对业务过程控制力较强，比较适合数字货币试点。通过与有代表性保理商进行深入调研，了解其在现行金融基础设施中保理业务面临的挑战。引入数字货币作为保理业务统一支付媒介，设计基于支付合约对资金流进行管控的数字货币系统功能，助力保理业务。

一、研究背景

（一）数字货币环境下的金融服务模式

经研究发现，在数字货币环境下，数字货币经由"中央银行—商业银行"二元发行体系进入到流通环节。金融服务商（保理商等）基于商业银行提供的数字货币钱包服务，利用数字货币优越性来定制金融服务契约，实现金融服务创新（如图1所示）。

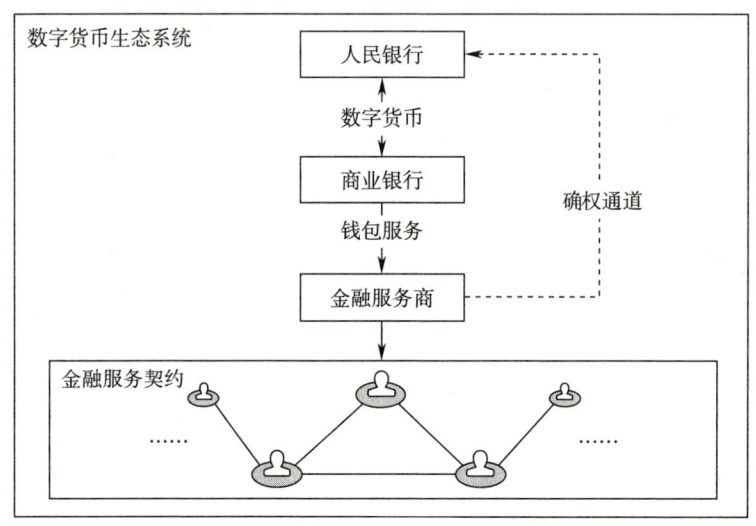

图1　数字货币环境下的金融服务示意图

（二）保理业务应用场景描述

保理业务是指卖方、供应商或出口商与保理商之间存在的一种契约关系。根据该契约，卖方、供应商或出口商将其现在或将来的基于其与买方（债务人）订立的货物销售或服务合同所产生的应收账款转让给保理商，由保理商为其提供贸易融资、销售分户账管理、应收账款的催收、信用风险控制与坏账担保等服务中的至少两项（如图2所示）。

二、保理业务的挑战

保理业务中保理商需要对卖方账户进行监管，同时还要能够支持

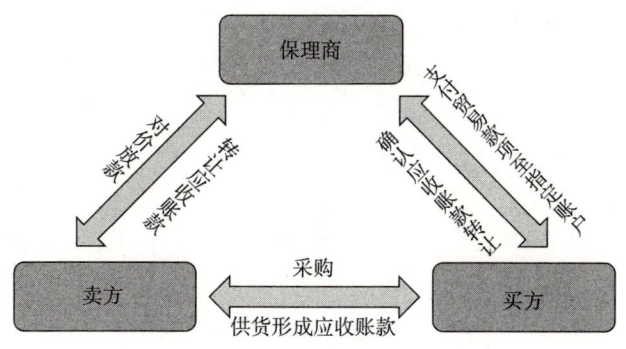

图 2 保理业务流程图

各种还款方式，主要面临的挑战如下：

（一）在买卖双方现有的业务模式和支付方式下，买方支付贸易款项的支付方式多样（电汇、第三方支付等），卖方账户分散在多家银行，保理商需要开发各种应用系统来对接，也需要增加人手核对和处理凭证信息以及异常情况。

（二）保理业务正常情况下要求买方直接还款给保理商（还款路径变更），但实际操作中，除保理商对接买方多样化支付方式的操作困难外，还有买方企业的财务制度要求买方付款对象必须和发票的出票方一致，使得一些情况下无法由买方直接付款给保理商。

如图 3 所示，在保理还款路径不变更的情况下，保理商的回款资金是由买方先付款给卖方再由卖方支付给保理商，这种模式下保理商就会面临卖方信用风险。

三、保理业务数字货币应用需求

基于保理业务场景分析，主要有以下两点数字货币应用需求：

（一）由于买方支付方式多样化和卖方账户分散化，导致保理商系统对接和操作处理成本高。

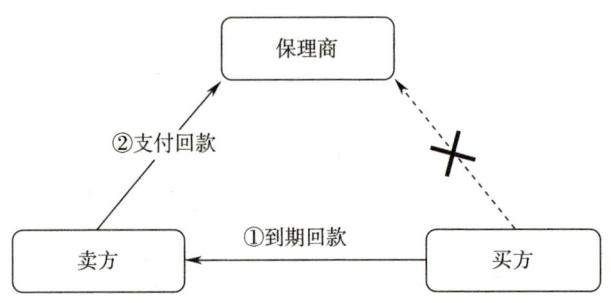

图 3　保理业务还款路径不变更

（二）在还款路径不变更的情况下，买方把本应支付给保理商的回款资金支付给卖方，存在卖方信用风险，需保证该资金最终支付给保理商。

四、应用数字货币的保理业务流程

针对保理业务场景需求设计数字货币应用如下。

（一）买方、卖方和保理商统一使用数字货币进行支付

保理商使用数字货币放款给卖方，买方使用数字货币支付贸易款项给保理商作为融资回款。各方统一基于数字货币付款，能够简化保理商系统对接和操作处理成本，便于保理商对卖方资金进行监管。

实现的过程为付款方发送付款请求（包含支付的数字货币、支付金额、接收方等），数字货币平台收到请求后作废用于支付的数字货币，按支付金额生成所有者为收款方的数字货币，发送数字货币给收款方，如果有余额，按余额生成新的数字货币发送给付款方。

（二）买方使用基于支付合约的数字货币间接付款功能进行回款

买方以数字货币向卖方支付货款，并通过数字货币的支付合约来限制和管控卖方将所收到的数字货币中属于保理商的金额付款给保理商，避免卖方信用风险给保理商带来的损失。具体流程如图 4 所示：

1. 卖方和保理商在签订保理合同时确定使用数字货币付款的规则，

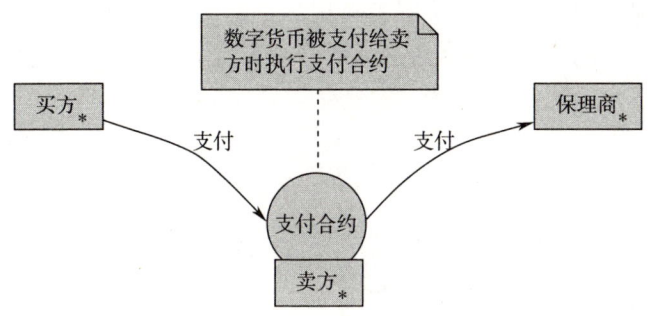

图 4　通过支付合约保障资金支付给保理商

约定卖方收到买方的贸易款后根据约定的规则转付给保理方。

2. 确定规则后，由其中任一方向数字货币系统提交支付合约，卖方签名申请开通支付合约。

3. 数字货币系统验证申请后，启用该支付合约。卖方在给买方的应收账款转让通知书中约定买方使用数字货币支付时使用该支付合约。

支付合约可以约定卖方收到数字货币后，相关金额数字货币只能支付给保理商，也可以约定卖方收到数字货币后，自动转付相关金额数字货币给保理商。

4. 买方以数字货币向卖方发起付款操作，并指定要使用的支付合约。该付款的数字货币按预先设定的支付规则执行，保证资金转付给保理商。在支付过程中卖方和保理商可以查询支付状态。

五、数字货币在保理业务场景应用评估和展望

（一）保理业务场景适合数字货币试点

保理业务操作成本和还款风险问题痛点明显，全行业需求迫切，在调研过程中客户表现积极；

通过选择有代表性的保理商，其对上下游企业控制力较强，能够

有效推动在保理业务中使用数字货币；

保理业务主要针对企业客户，不涉及个人，比较适合数字货币试点。

（二）数字货币在保理业务应用的抽象

场景抽象：付款方因某种原因无法直接付款给最终收款方，需要经过中间代收方但又要防止代收方的信用风险。

数字货币系统通过支付合约保证资金支付给代收方后在满足预设支付规则的情况下，一定能支付给最终收款方。

（三）数字货币在保理业务应用拓展和深化

充分利用数字货币可编程属性可管控资金流向，保障资金安全，基于试点可进一步拓展其他应用场景。

今后将进一步深入研究数字货币在资金流管控方面的应用模式，不断完善数字货币及支付合约的设计与实现，探索如何为人民银行提供新的资金监管手段。

数字货币助力精准扶贫初探

蒋国庆 彭 枫 姚 前

摘要：有效监控资金流向、提高资金使用效率一直是扶贫工作中的难点。通过调研选取了扶贫工作中具有代表性的医疗救助场景，尝试利用法定数字货币可编程特点，制定支付合约限定资金用途，实施定向支付；利用法定数字货币的可追踪性，通过央行授权方式，将扶贫资金流向追踪功能开放给扶贫主管部门，保障扶贫资金的合规使用。可以预见的是，上述两项功能尤其是可控追踪性会在未来具有广阔的使用前景。通过授权后的组织机构可以在其业务权限之内追踪数字货币的流转信息，实现资金的精准可控使用。与外界的想象略有不同，法定数字货币的可据追踪功能，与其说是向监管者提供的工具，不如说是面向用户的一项全新服务。

精准扶贫、精准脱贫是脱贫攻坚的基本方略。结合数字货币系统的应用特点，数字货币研究所针对精准扶贫医疗救助场景中的应用进行了初步探索。利用数字货币的可编程性和可追踪性，研究设计了数字货币定向支付和资金追踪功能，探索扶贫资金定向使用和可控追踪的应用模式。

一、医疗救助场景概述

（一）医疗救助基本内容

医疗救助场景是指：当符合条件的救助对象，在"一站式"即时结算的定点医疗卫生服务机构就诊时，其自费部分按比例得到扶贫补贴。当地民政部门定期申请医疗救助资金，并与当地医疗机构签订协

议，由医疗机构先垫付医疗救助资金，所发生资金由民政部门审核后，由民政部门与医疗机构进行结算。

(二) 医疗救助资金使用流程

在明确医疗救助对象后，实施救助时的资金使用主要包括两个阶段：

第一阶段为医疗救助费用核算和垫款（见图1）。首先，被救助对象在医疗机构就诊后进行费用核算。其次，医疗机构需通过卫计委系统计算其需要垫付的费用，并告知被救助对象经扶贫补贴后，个人需支付的款项。最后，由被救助对象进行付款结算。

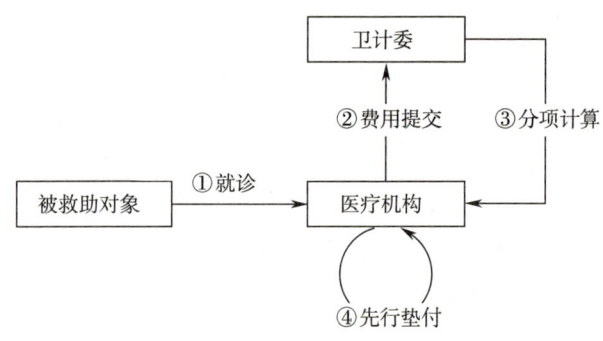

图1　医疗救助费用核算和垫款流程

第二阶段为医疗救助扶贫资金结算（见图2）。当地民政部门从上级民政部门定期申请扶贫资金拨款，并存放在商业银行。医疗机构定

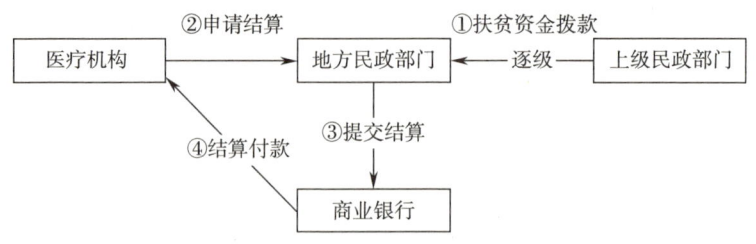

图2　医疗救助扶贫资金结算

期将医疗救助垫款明细发送当地民政部门申请结算，民政部门经过审核后，提交至商业银行以扶贫资金进行结算。

二、传统扶贫资金管理存在的问题

（一）不易控制资金流向

扶贫资金拨款后，上级民政部门难于有效控制资金流向，造成扶贫资金被挤占挪用。传统扶贫资金管理一般采用"专户运行、专账核算、专户管理"，但执行中存在落实不到位、以拨列支等现象。

（二）不便追踪资金去向

资金逐级划拨过程中，上级民政部门无法便捷追踪资金流向，难于跨越多个主体，进行层层追踪。

三、利用数字货币提高对扶贫资金的管理能力

法定数字货币具有可编程和可追踪的特点，通过设计针对扶贫资金管理环节的定向支付功能和资金追踪服务，为扶贫主管部门提供信息数据支持，进而提高对扶贫资金的控制和追踪能力。

（一）通过数字货币可编程性实现扶贫资金精准控制

上级民政部门使用数字货币进行扶贫资金拨款，根据扶贫资金使用的要求来设定支付合约，合约由数字货币系统自动程序化执行，数字货币按照指定资金路径使用。该定向支付功能保证上级民政部门可以自主控制后续扶贫资金的用途，达到扶贫资金专款专用和精准控制。

如图3所示，上级民政部门使用数字货币进行医疗救助专项资金拨款（实际拨款过程可以是多级），向数字货币系统发送付款指令并同时设定支付合约，该合约设置了数字货币的后续付款操作必须满足指

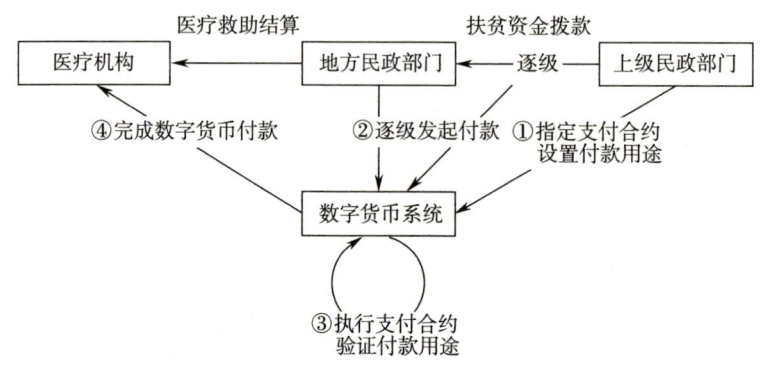

图3　数字货币支付合约实现扶贫资金定向使用

定用途。地方民政部门作为接收方收到该数字货币后，只能按支付合约指定的用途发起付款操作，如付款给定点医疗机构。数字货币系统验证通过后，将数字货币付款给医疗机构。上级民政部门可以定制更为复杂的支付合约，实现更加精准的资金用途，如验证付款结算清单符合医疗救助条件等。

（二）通过数字货币可追踪性实现扶贫资金精准追踪

数字货币的流转信息可通过央行授权方式，将扶贫资金流向追踪功能开放给扶贫主管部门，实现扶贫资金精准追踪。开通数字货币的追踪功能，主要包括三个基本操作：

1. 开通。需要启用追踪的数字货币所有者，在支付时开通数字货币追踪功能，数字货币系统即对该数字货币标记为可追踪。

2. 授权。后续收到数字货币的所有者，对有追踪标记的数字货币可进行追踪授权。在数字货币连续支付过程中，每个环节的所有者都进行追踪授权，就会形成一条可追踪的数字货币支付链条。链条上的数字货币所有者可以向下追踪数字货币的流向。

3. 关闭。数字货币的所有者在支付时可以关闭追踪标记，此追踪链断裂，保证后续交易的隐私。

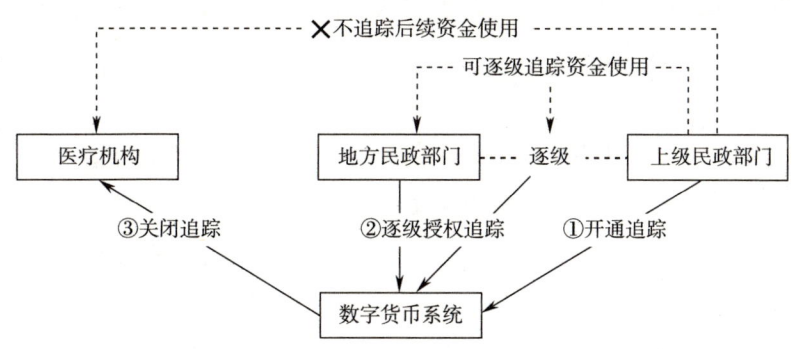

图4　数字货币实现扶贫资金精准追踪

如图4所示，在医疗救助场景中，上级民政部门使用数字货币进行医疗救助专项资金拨款，并开通数字货币追踪功能。后续逐级民政部门按上级要求在使用数字货币时进行追踪授权。上级民政部门需要查询资金使用情况时，提交之前拨款使用的数字货币以及代表所有者的私钥证书。数字货币系统接收到请求后验证证书和数字货币的关系，返回后继连续带有追踪标记的数字货币信息，包括金额、交易时间、所有者等。通过该追踪链条，上级民政部门可以跨主体层层追踪资金流向，实时了解资金使用情况。配合扶贫管理系统，还可以验证资金使用是否与预算和申请相符，从而使扶贫资金监控更加精准和高效。

数字货币在人民币跨境结算研究(一):应用初探

蒋国庆 彭 枫

摘要:全球跨境结算的效率和复杂性上仍然存在很大改进空间,通过创新来优化信息传输及资金汇划效率,是当前的一个研究热点。选取人民币跨境结算作为研究方向,以一种新兴技术驱动的信息清算模式(Next Generation Settlement Network,NGSN)作为应用场景,设计在 NGSN 现有网络基础上,引入数字货币来优化跨境结算业务。以简化结算流程,提高结算效率,降低结算风险。研究内容包括模式设计、流程设计和应用设计等。

NGSN 清算网络实现了跨境结算信息流的统一、高效,但结算资金流仍然存在流程复杂、效率低、清算行风险问题。利用数字货币信息流和资金流合一的特性,在 NGSN 清算网络中引入数字货币进行人民币结算,能充分利用 NGSN 转发报文平台的网络优势,提高结算效率,简化结算业务处理,解决清算行风险问题。

一、NGSN 跨境结算概述

(一)跨境清算网络简介

跨境资金汇划网络从清算模式上分为三种:中央清算网络、转接清算网络和中央对手方网络。

中央清算网络和转接清算网络在传统跨境结算中比较常见,并且二者在清算路径上常常结合在一起,如图 1 所示。

1. 中央清算网络有一个集中的清算机构,直接清算银行在清算机构开立有结算账户,并与清算机构系统对接实现报文传输。清算机构负责直接清算银行之间的清算报文处理和资金结算。

2. 转接清算网络以 SWIFT 为代表，该网络是依托银行之间的同业账户为基础进行结算，两家银行之间如果没有直接开立同业账户，则需要通过其他银行间接通过同业账户进行结算。

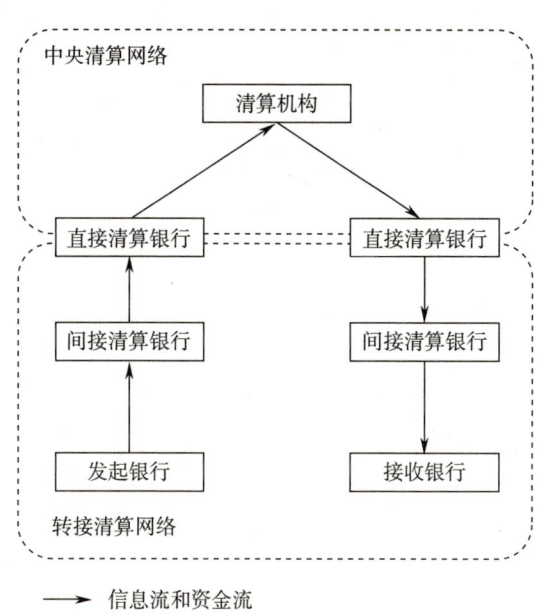

图 1　中央清算网络和转接清算网络逻辑示意图

中央清算网络的效率高但有准入门槛，相对封闭。转接清算网络则相对开放，银行之间可以自主通过同业账户进行连接，但存在结算路径较长，结算实效性低的问题。在跨境结算实际操作中，往往是将中央清算网络和转接清算网络结合起来，发起付款银行和接收银行可能都没有直接接入中央清算网络，需要通过间接清算银行中转，再由直接清算银行进入中央清算网络进行清算。

3. 中央对手方清算网络是由一个中央对手方在多家开户银行开立中央对手方账户，所有开户银行组成中央对手方的清算网络，如图 2 所示。发起方向接收方付款分为两步：发起方先支付给中央对手方，之后中央对手方再支付给接收方。

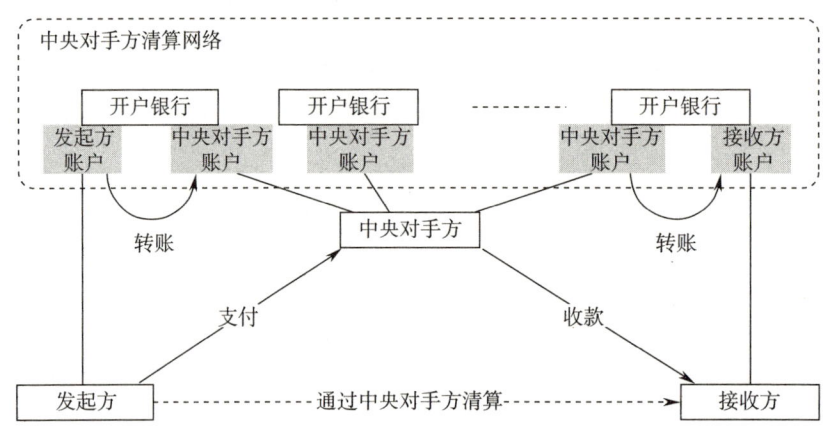

图 2　中央对手方清算网络

中央对手方清算网络，中央对手方除提供支付清算外，还能够为交易双方提供增值服务。例如为交易各方提供净额结算，在跨境结算中提供币种兑换等。

（二）NGSN 清算模式

传统跨境结算的效率还有很大提升空间，研究发现了一种新的技术驱动的信息清算模式 NGSN（Next Generation Settlement Network），该模式可以提供一种新的跨境清算信息服务。本文以 NGSN 表示这种清算模式。

NGSN 需要建立一个集中的清算报文转发平台。所有跨境结算的参与者可以直接接入 NGSN 网络，实现清算报文的互联互通。NGSN 支持多币种跨境清算，每个币种有一个区域处理中心，负责集中处理清算行在该币种下的交易。对于人民币跨境结算，参与行通过 NGSN 可以迅速找到人民币处理中心和它相应的清算行。NGSN 不直接处理资金结算，而是通过向清算银行发送清算报文，来指示清算银行之间完成资金结算，清算银行通过原有跨境清算网络进行结算。

NGSN 将发起银行和接收银行通过报文转发平台直接连通，并集中处理，使得清算报文的流转效率大幅提高。传统清算网络下报文是链式转发处理，从发起银行经过中间逐级的清算银行，最终到接收银行。由于报文传输路径长且不统一，经常需要中间清算银行手工转换报文，报文流转效率低下。NGSN 清算网络下报文经扁平化处理，各方直连 NGSN 报文转发平台，报文流转效率高。

如图 3 所示，以 NGSN 中具有代表性的一种清算流程举例。发起银行将支付报文发送至 NGSN 报文转发平台，NGSN 按一定规则选择清算银行并对交易进行处理。接收银行通过 NGSN 收到支付报文。清算银行按 NGSN 规则收到清算报文，并对发起银行和接收银行进行清算操作。清算银行之间按传统清算网络进行清算。

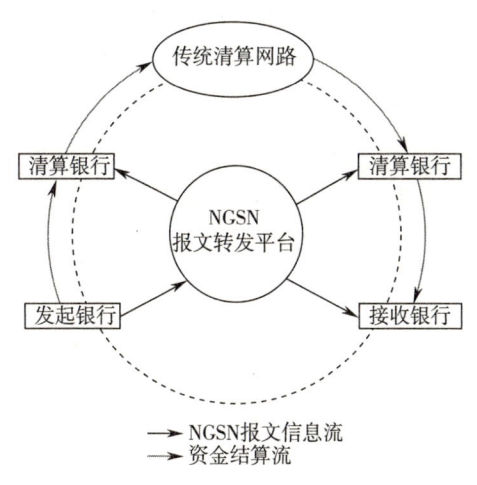

图 3　NGSN 清算流程示意图

NGSN 不直接处理资金结算，比传统中央清算网络门槛要求低，覆盖面广，能支持大量的参与者直连 NGSN。NGSN 是集中报文处理平台，相比转接清算网络报文处理时效性高。

二、NGSN 跨境结算的问题分析

（一）资金结算仍按传统模式进行，流程复杂、效率低

NGSN 很好的解决了跨境结算中清算报文的处理效率问题，但结算过程仍然依赖传统清算网络完成。因此从发起银行到接收银行清算报文处理完成之后，还需要中间参与的清算银行之间完成逐级的结算操作，包括转接清算网络下的同业账户结算以及中央清算网络下的集中账户结算。因此结算流程依然复杂，各结算环节处理方式差异性大，效率低。

（二）存在结算风险，防控风险机制复杂、成本高

NGSN 结算过程中，收款方银行存在结算风险。例如：收款方对应的清算银行，收到 NGSN 报文转发平台的清算报文后，先完成同业存款账户的入账，并等待付款方的清算银行付款。在此情况下，该清算银行就面临结算风险。NGSN 针对中央清算网络和转接清算网络各自特点建立了一套用于避免结算风险的额度管理机制。该机制运行较为复杂，银行为了获得额度还需要付出额外的资金成本，且不能完全杜绝风险发生。

三、利用数字货币简化跨境结算业务流程、消除业务风险

（一）利用数字货币信息流和资金流合一，通过 NGSN 报文转发平台直接完成数字货币结算

数字货币在形式上就是一串经过加密的字符串。发起银行通过数字货币付款，可以直接将数字货币通过数字货币系统转移给接收银行。整个支付的过程，信息流和资金流是合一的。

在 NGSN 中引入数字货币进行结算，可以基于 NGSN 报文转发平台，将原有分离的支付信息流和结算资金流统一，利用 NGSN 原有清算报文转发通道来完成数字货币支付操作，且无需后续结算流程。

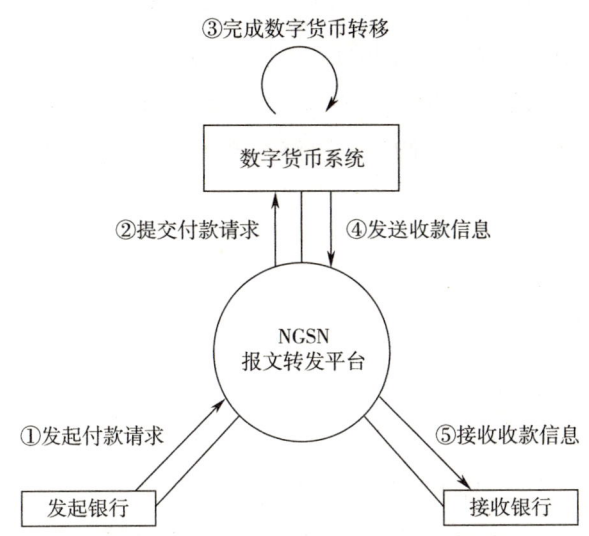

图 4　通过 NGSN 的数字货币付款过程

如图 4 所示，发起银行将数字货币付款请求发送至 NGSN 报文转发平台，经 NGSN 提交至央行数字货币系统，完成数字货币转移后，央行数字货币系统将收款信息发送至 NGSN 报文转发平台，由 NGSN 发送至接收银行，完成收款。整个过程充分利用 NGSN 连接的参与行网络和报文转发体系。

因为数字货币系统要依赖传统金融基础设施，在图 4 中的 NGSN 报文转发平台更像一个网络金融平台的抽象。数字货币的资金流和信息流可以跑在任何网络金融平台之上。

（二）NGSN 的人民币清算行转变为数字货币代理行，打通数字货币发行回笼机制

在 NGSN 网络中引入数字货币，可以基于现有 NGSN 人民币直接清算行来完成数字货币发行和回笼。人民币直接清算行是境内银行，能够以其在央行的存款准备金来请领和缴存数字货币，并作为数字货币的代理行，为其他 NGSN 网络中的银行提供数字货币兑换服务。

（三）数字货币结算体系引入中央对手方，提供更为灵活的结算机制

在 NGSN 网络中进行人民币跨境业务，如果银行广泛采用数字货币来结算，日间现金的投放和回笼波动会比较大，对现有现金统计口径会产生影响，值得货币当局引起重视。

为了提高数字货币的使用效率，在某种情况下也需要净额结算，引入中央对手方还是有必要的。同时在数字货币体系中，中央对手方可以省去传统在多家银行开户的复杂成本，充分发挥中央对手方的优势，为数字货币体系提供更为灵活的结算机制。

（四）NGSN 在现有网络基础上引入数字货币，可提高结算效率、简化业务流程、消除业务风险

NGSN 是建立在传统清算网络的基础上，实现了清算报文的集中统一处理，其不足在于依赖传统清算网络进行结算。而数字货币则是在 NGSN 现网络基础之上，实现点对点的直接结算，正好弥补了 NGSN 的不足。同时，数字货币可以充分利用 NGSN 现有的传统清算网络，来发挥数字货币的优势。

通过数字货币结算，可以减少对中间清算银行的依赖。如果发起

银行和接收银行都支持数字货币，双方可以直接通过 NGSN 进行数字货币付款，无需中间清算行。数字货币系统处理完成数字货币转移后，数字货币付款即完成，大幅提高了结算效率，消除了原有清算业务风险，也省去了额度管理的复杂操作和成本投入。

数字货币在人民币跨境结算研究（二）：应用模式设计

彭 枫 蒋国庆

摘要：人民币跨境结算参与的银行范围广，多种结算模式并存。NGSN 清算网络引入数字货币，需要设计与现有清算网络相结合的应用模式，才能灵活地在 NGSN 网络中加以推广和应用。从数字货币使用角度，将 NGSN 覆盖的银行分为代理行、参与行和非参与行，分别按数字货币发行回笼和流通环节，设计直接兑换数字货币、代理兑换数字货币、直接数字货币结算、间接数字货币结算应用模式，可以实现全部或部分跨境结算过程采用数字货币，最大化发挥数字货币在跨境支付结算中的作用。通过针对银行的应用研究，为后续探索面向终端用户的研究打好基础。

一、NGSN 现有清算模式概述

（一）NGSN 清算路径选择

NGSN 维护了一张基于报文转发平台的清算路由网络，用于发现从发起银行到接收银行的清算路径，并利用现有的中央清算网络和转接清算网络进行清算。所有加入 NGSN 网络的银行，将自己相关的清算网络信息提供给 NGSN，包括在清算银行开立的同业账户信息，以及直接连接的清算机构信息。NGSN 根据现有参与行之间的清算关系，为发起银行自动选择清算银行，并将清算报文提供给清算银行进行处理。

（二）NGSN 清算过程

NGSN 现有清算过程分为一次清算和二次清算。一次清算是在转接清算网络中，清算银行对发起银行和接收银行的资金结算，通过同业账户记账增减来完成，之后将会进行二次清算。二次清算是在清算银行之间进行资金结算，如果清算银行是在中央清算网络中，则通过清算账户划转进行结算。以下举例说明清算过程。

如图 1 所示，发起银行将支付报文发给 NGSN 报文转发平台处理，NGSN 选择了两家清算银行为发起方和接收方进行清算。发起银行和接收银行分别在对应的清算银行开立同业账户，清算银行在清算机构开立清算账户。经过以下一次清算和二次清算，完成全部资金结算。

1. 一次清算：NGSN 报文转发平台发送清算报文，指示发起方相关的清算银行扣减相应同业账户存款金额，指示接收方相关的清算银行增加相应同业账户存款金额，此时接收银行已到账，但清算银行之间存在资金债务尚未结算。

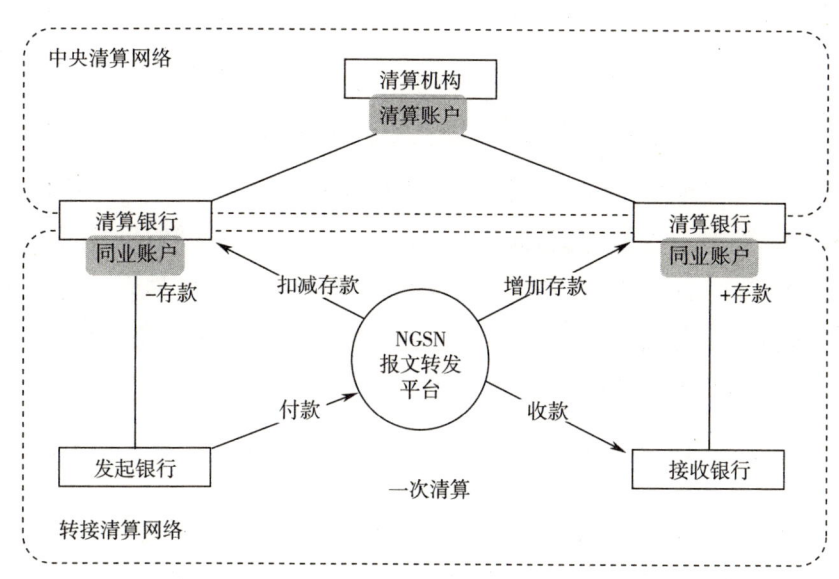

图 1　NGSN 一次清算流程

2. 二次清算：NGSN 报文转发平台发送清算报文，指示债务清算银行向清算机构发起清算付款操作，由清算机构完成清算账户的资金划拨。至此,清算银行之间的资金债务结算完成。

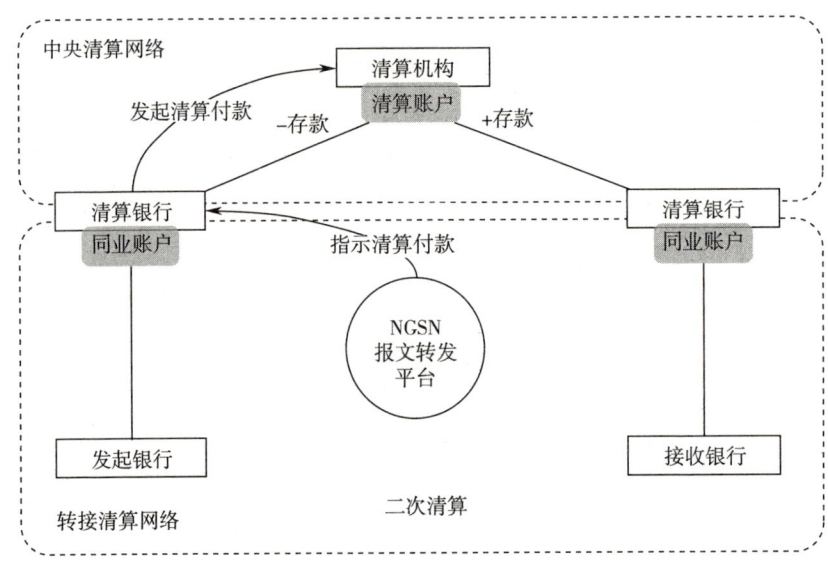

图 2　NGSN 二次清算流程

NGSN 有各种策略来安排一次清算和二次清算操作。一般而言,NGSN 会累计一定量的付款操作,将轧差的净额部分发起一次清算。同样,NGSN 也会累计一定量的一次清算结果,在一定条件下(清算银行待清算金额超过一定额度)才发起二次清算。这种安排能够优化清算效率、降低清算成本。

(三)NGSN 清算行风险管控

NGSN 通过一次清算和二次清算的安排,将原来银行之间的资金交割,由逐笔清算变成信用模式下的轧差清算,由此带来清算银行的信用风险。在一次清算之前,收款银行先完成对客户的入账,后收到清算银行的入账。同样,在二次清算之前,收款银行的清算银行先给收款银行入账,后等待对方的清算银行进行结算。这两种情况都存在银行收不到款的风险。

NGSN 分别用两种额度管理方式来解决一次清算风险和二次清算风险。对于一次清算风险，NGSN 要求同业存款账户预留 NGSN 专用额度，该额度内的资金，清算银行仅用于 NGSN 清算操作。对于二次清算风险，NGSN 要求清算银行向清算联盟申购授信额度，例如可以向有额度的银行以存款质押方式获得。NGSN 会控制债务清算银行待清算额度不超过清算联盟授予的额度。

二、NGSN 引入数字货币与现有清算模式相结合

（一）在 NGSN 网络中推广数字货币是一个渐进过程，大量清算还是依赖现有模式

NGSN 搭建了一套报文转发平台，并提供包括清算路径选择、报文信息处理、清算操作安排和风险管控等服务。该体系是依托在现有跨境清算网络基础上的补充和完善，因此适用范围广，易于推广。

在 NGSN 网络中推广数字货币，也遵循同样的思路。数字货币的引入，为 NGSN 网络新增了一种结算方式，并与现有跨境清算网络互补。参与跨境结算交易的银行，可以有选择地采用数字货币进行结算。在数字货币逐步推广的过程中，NGSN 网络中发生的大量的清算还是依赖现有模式进行。

（二）在清算过程，部分使用数字货币，可以利用现有清算模式扩大数字货币使用范围

在 NGSN 中采用数字货币进行结算，可以不必要求收款银行也接受数字货币，这样可以扩大数字货币的使用范围。具体方式是，找一家接收数字货币的银行为收款银行提供清算服务，在收到数字货币后等额为收款银行的同业账户入账。这样可以将数字货币与现有清算模

式有机结合，互为补充。

三、在 NGSN 中应用数字货币进行结算的流程设计

（一）对银行角色进行分类：代理行、参与行和非参与行

在 NGSN 中引入数字货币后，会存在三种银行角色。

1. 代理行：代理行是能够直接向央行请领和缴存数字货币的银行。代理行有一定门槛，NGSN 现有的人民币直接清算银行中的一部分可以作为代理银行。代理行为其他非代理行提供数字货币兑换服务。

2. 参与行：参与行是指从代理行获得数字货币，并参与数字货币流通的银行。参与行通过在代理行的同业账户，向代理行兑换数字货币。

3. 非参与行：非参与行是指暂时不使用数字货币的银行。

（二）直接和代理兑换数字货币模式设计

数字货币兑换作为 NGSN 新增的一种服务，NGSN 支持兑换报文转发，并还可以为参与行选择代理行。

1. 直接兑换：代理行向央行请领和缴存数字货币的过程。

如图 3 所示，代理行通过 NGSN 报文转发平台，向央行数字货币系统发起请领或缴存报文，该报文通过 NGSN 提交给央行数字货币系统，央行基于代理行存款准备金完成相应的发行和回笼操作，并将结果通过 NGSN 返回给代理行。

2. 代理兑换：参与行向代理行兑换数字货币的过程。

参与行向 NGSN 发起数字货币兑换报文，可以指定代理行，也可以由 NGSN 来选择代理行。

（1）用同业存款兑换数字货币

如图 4 所示，参与行通过 NGSN 向代理行发起申请兑换报文，

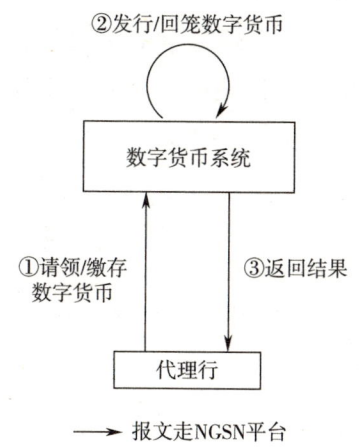

图3　NGSN中直接兑换数字货币流程

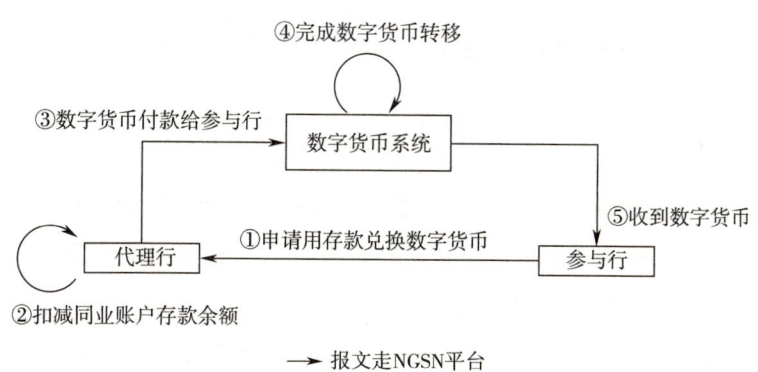

图4　NGSN中参与行用存款兑换数字货币的过程

用存款兑换数字货币。代理行先扣减参与行在代理行同业账户的存款余额，然后将等额的数字货币通过央行数字货币系统支付给参与行。央行数字货币系统通过NGSN收到代理行的付款请求报文后，完成数字货币转移，并将结果返回给参与行，参与行收到数字货币。

（2）用数字货币兑换同业存款

如图 5 所示，参与行向代理行申请用数字货币兑换存款。此时参与行要先将数字货币付款给代理行。代理行收到数字货币后，按收款金额增加同业账户存款余额，然后返回入账结果给参与行。

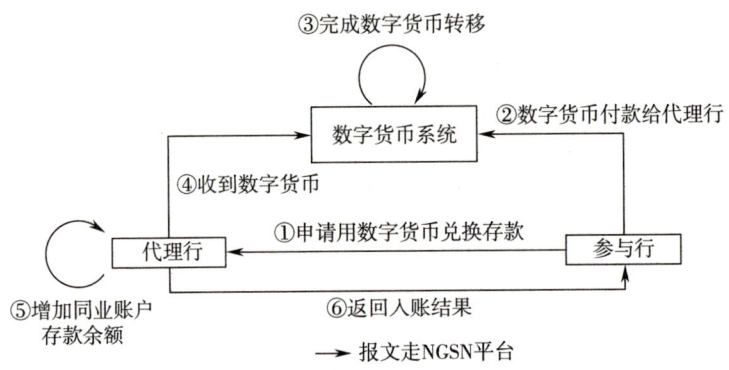

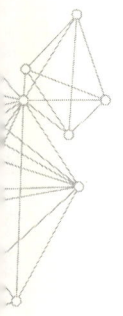

图 5　NGSN 中参与行用数字货币兑换存款的过程

（三）直接和间接数字货币结算模式设计

数字货币结算作为 NGSN 新增的一种服务，NGSN 支持相应的报文转发。在间接结算方式下，NGSN 可以为接收银行选择清算银行，将数字货币与传统清算网络结合起来使用。

1. 直接结算：发起银行和接收银行都直接采用数字货币进行结算。

如图 6 所示，发起银行向 NGSN 发起数字货币付款查询报文，NGSN 确认接收银行可以接收数字货币，发起银行向 NGSN 发起数字货币付款请求报文，数字货币收款方为接收银行。央行数字货币系统通过 NGSN 收到付款请求后，完成数字货币转移，并将结果返回给接收银行，接收银行收到数字货币。整个结算过程非常简便、快捷。

2. 间接结算：发起银行采用数字货币付款，接收银行采用同业账户收款，需借助清算银行实现间接结算。

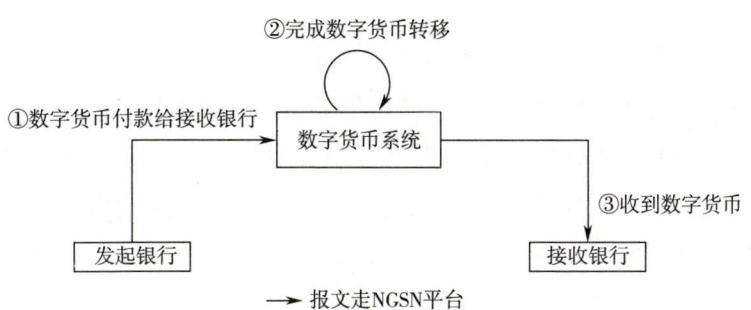

图 6　NGSN 中用数字货币直接结算的过程

如图 7 所示,发起银行向 NGSN 发起数字货币付款查询报文,NGSN 选择清算银行返回给发起银行,发起银行向 NGSN 发起数字货币付款请求报文,数字货币收款方为清算银行,最终收款方为接收银行。NGSN 首先将数字货币付款请求报文提交给央行数字货币系统,完成数字货币转移后,清算银行收到数字货币。然后 NGSN 向清算银行发送清算报文,由清算银行对接收银行的同业账户存款进行等额入账,并将入账结果返回给接收银行。

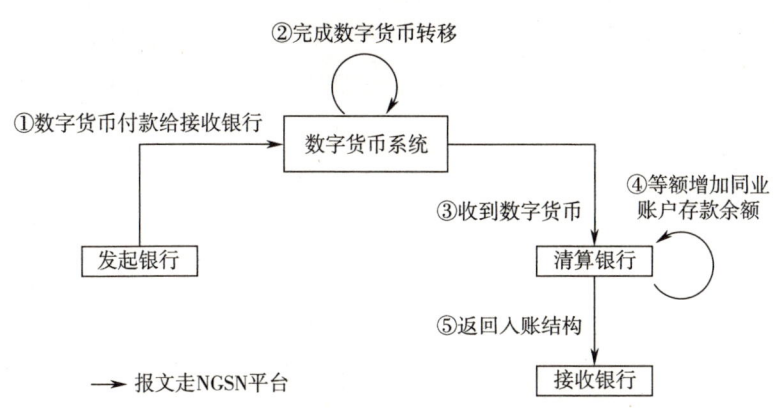

图 7　NGSN 中用数字货币间接结算的过程

四、小结

NGSN 作为一种新的清算模式,能够帮助跨境的银行间结算改善清算效率。研究在 NGSN 中引入数字货币,主要是探索人民币跨境结算场景中,基于二元模式从央行到商业银行这一层的发行流通机制,为后续进一步探索二元模式中从商业银行到终端用户这一层打好基础。

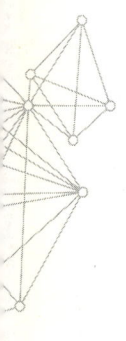

数字货币在人民银行跨行调款场景的应用研究

姚 前 蒋国庆 彭 枫

摘要：传统的人民银行跨行调款业务中，取款商业银行收到实物货币后，以转账支票方式到当地人民银行手工入账，引发资金在途成本并且操作效率不高。在跨行调款业务中引入数字货币，可以提高结算效率。利用智能合约，设计数字货币条件支付功能，能够在满足监管要求下优化业务流程，实现交款和结算同步进行。业务上可以实现日间多场次调款、准实时结算。基于冠字号码流程系统，数字货币条件支付功能可以应用到物联网环境，自动触发智能合约，实现数字货币现场结算。在电子商务领域，条件支付功能还可对第三方支付的担保交易模式产生替代效应。

在建设数字央行的目标下，利用金融科技对传统业务升级改造的契机，在人民银行内部寻找试点场景，深入探索和挖掘数字货币创新应用，既能快速开展试点，又能做到安全可控，不失为现阶段可以尝试的选择。人民银行跨行调款业务相对封闭、低频、可控，有利于进行创新试点。研究发现，基于冠字号码流通系统，传统跨行调款业务信息和实物的流转效率有了大幅提高[1]。在此基础上，引入数字货币，在原有三流合一的基础上，将结算资金流整合进来，可以进一步提高效率、优化流程，实现整个业务的闭环。

一、人民银行跨行调款业务场景概述

（一）跨行调款业务简介

商业银行（下简称商行）在管理实物货币头寸过程中，每日会出

---

[1] 张奎．人民币冠字号码流转试点与货币数字化应用场景的调查与思考——区块链技术应用[J]．金融纵横，2017（3）．

现剩余或短缺的情况，因此商行之间存在相互取现的需求。按现有实践，大多数商行之间不直接进行实物货币交易，通过人民银行来调剂。人民银行分支机构（以下简称"人行"）针对辖内商行开展跨行调款业务，主要分为两个阶段：

1. 生成调款任务。各商行每日向人行发起预约，申请次日交款或取款。人行进行配款，生成跨行调款任务并发送到商业银行。

2. 现金送款和支票入账。如图1所示，交款商行依据跨行调款任务，向取款商行进行实物货币送款。取款商行确认收款后，派专人送转账支票到人行。人行手工入账到交款商行存款准备金账户。交款商行派专人到人行取支票回单。

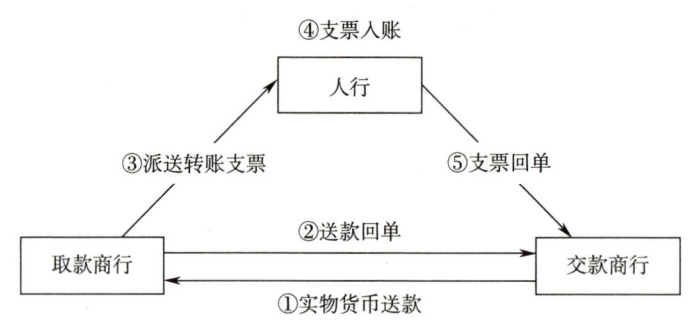

图1 人行跨行调款业务支票入账流程

（二）基于冠字号码流通平台的跨行调款业务模式

传统跨行调款业务现金送款过程，存在重复清分问题和冠字号码信息无法跟踪问题。当前出现冠字号码流通系统，从技术上提供了一种解决思路。

如图2所示，实物现金清分系统采用物联网技术，完成实物现金自动清分、扫描关联捆包号，将冠字号码文件上传至冠字号码信息平台。实现现金清分、打捆成包全过程线上线下联网完成，捆包号和冠字号码信息统一记录。其他银行凭捆包号下载冠字号码信息，避免重复清分。在实物现金转移过程中，通过分布式账本技术，在人行和商行之间建立共享账本，对现金捆包号的出入库信息进行同步登记，代表现金权属转移，实现实物现金信息流和物流的双流合一。结合冠字号码信息的共享，实现实物现金流转和冠字号码信息的同步跟踪。

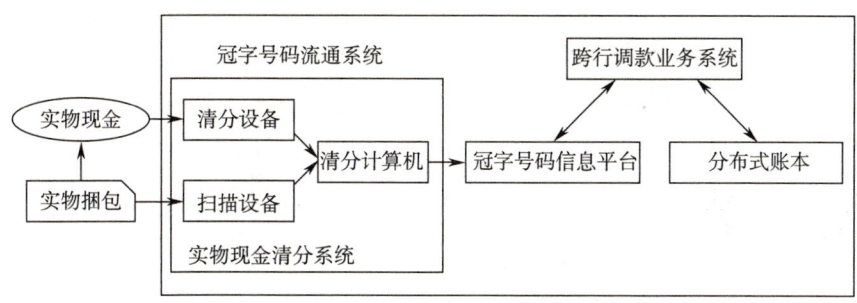

图2　冠字号码流通系统结构图

基于冠字号码流通系统，实现跨行调款业务系统，可以减少线下手工环节，并将业务流整合进来，实现三流合一。跨行调款业务系统作为冠字号码流通系统的上层应用，可以通过冠字号码信息平台获取冠字号码信息，同时通过分布式账本完成实物现金出入库的登记，跟踪实物现金交款过程。整个业务可以划分为以下步骤：

1. 线上生成调款任务。如图3所示，交款商行和取款商行通过系统提交请求，人民银行在系统上进行需求的匹配，并最终生成调款任务。商行通过系统查询调款任务信息。

2. 交款商行清分出库。如图4所示，交款商行根据调款任务，将实物现金通过清分系统自动扫描、打捆并组包，系统自动上传冠字号码文件和捆包号信息。交款商行通过跨行调款业务系统，完成出库确认操作，对应捆包号的出库信息在分布式账本进行登记。该笔待交款的实物现金信息，包括捆包号信息和冠字号码信息，对所有参与方保

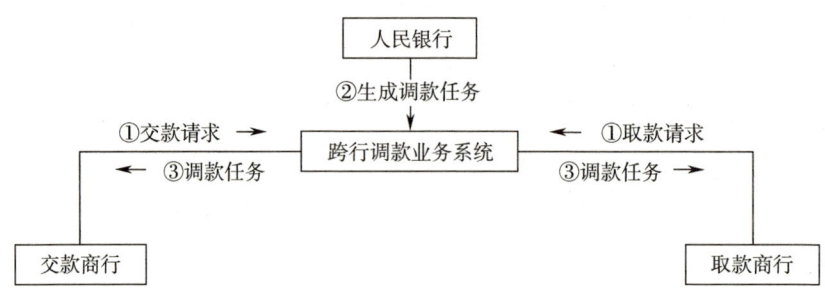

图 3　在线生成跨行调款任务流程

证一致。交款商行按现有流程，将登记出库实物现金交送至取款商行。

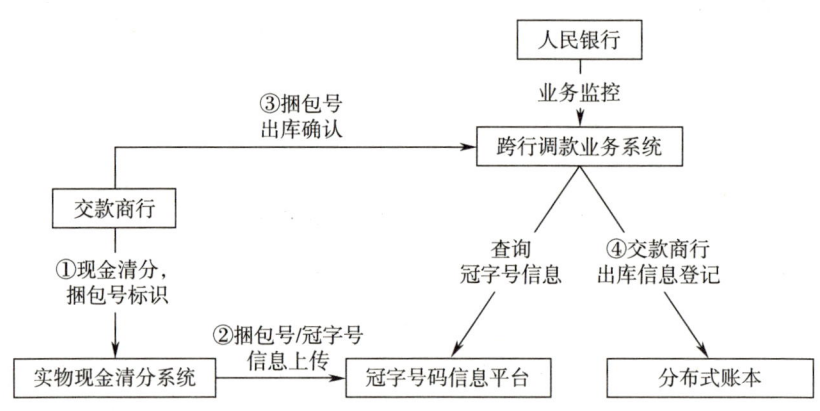

图 4　交款商行清分出库流程

3. 取款商行扫描入库。如图 5 所示，取款商行收到实物现金后，无需二次清分。通过清分系统扫描收款捆包号后，可自动从冠字号码信息平台获取对应冠字号码文件。取款商行通过跨行调款业务系统，完成入库确认操作，对应捆包号的入库信息在分布式账本中进行登记，即代表该现金权属转移至收款商行。该笔收款的实物现金信息，包括捆包号信息和冠字号码信息，对所有参与方保证一致。

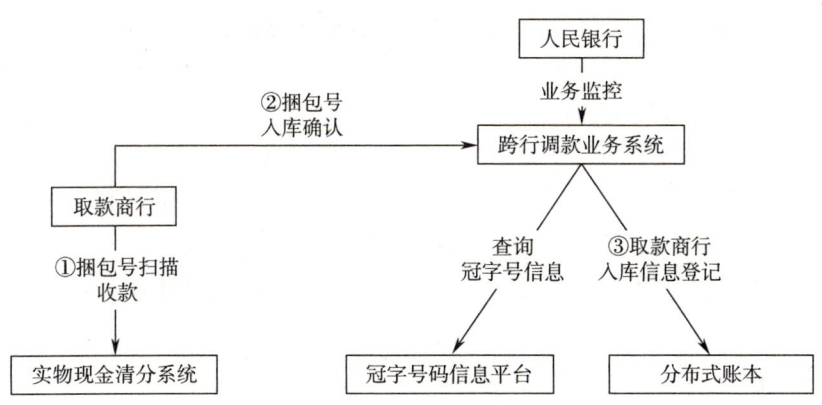

图 5　取款商行扫描入库流程

二、跨行调款业务存在的问题

基于冠字号码流通系统，实现跨行调款业务的三流合一，但结算资金流仍然独立在外，现金交款与支票结算过程分离，交款和结算过程不同步。

（一）引发资金在途成本问题并且操作效率不高

取款商行收到实物货币后，以转账支票方式到当地人行手工入账付款。取款商行开票到人行入账需要 1~2 天时间，支票结算滞后，无法进行日间多场次调款。

（二）先交物后付款的信用交易方式有待改进

交款商行先将实物现金交款给取款商行，再待取款商行进行付款。这种交易模式，交款和结算过程不同步，交款商行本质是凭取款商行的信用先行交款，操作过程存在改进空间。

三、跨行调款业务引入数字货币应用模式探索

（一）数字货币应用模式概述

基于冠字号码流通系统的跨行调款业务，在结算效率和交易方式上存在改进空间，为数字货币应用提供了很好的基础。一方面可以探索引入数字货币来改进结算效率；另一方面可以探索数字货币智能合约的应用，设计新的数字货币功能，满足同步交易的需求。

初步设计数字货币应用模式如下：

1. 以数字货币作为支付媒介解决结算效率问题。取款商行用数字货币替代转账支票进行支付，实现准实时结算。

2. 设计数字货币条件支付功能，实现交款和结算过程同步。取款商行先发起数字货币条件支付操作，通过智能合约控制支付交易执行过程，冻结相应数字货币，等待交款商行送款完成后，同步进行数字货币转移。从而改变现有信用交易的模式，实现实物现金和数字货币同步兑付。

（二）数字货币应用流程设计

数字货币条件支付，能够实现支付资金在途可控，由智能合约自动检查预设规则满足后，自动完成最终资金转移。由此可优化跨行调款业务流程，将交款和结算流程同步起来。如图 6 所示，在人民银行生成跨行调款任务后，重新设计交款和结算流程。整个过程分为三步：

1. 发起支付，等待交款。

取款商行向数字货币系统发起数字货币条件支付操作，并设定智能合约的支付规则：需等待取款商行扫描入库完成，才最终进行数字货币转移。数字货币系统完成支付方数字签名和金额等验证后，对支付的数字货币进行冻结，并运行智能合约等待验证支付规则。

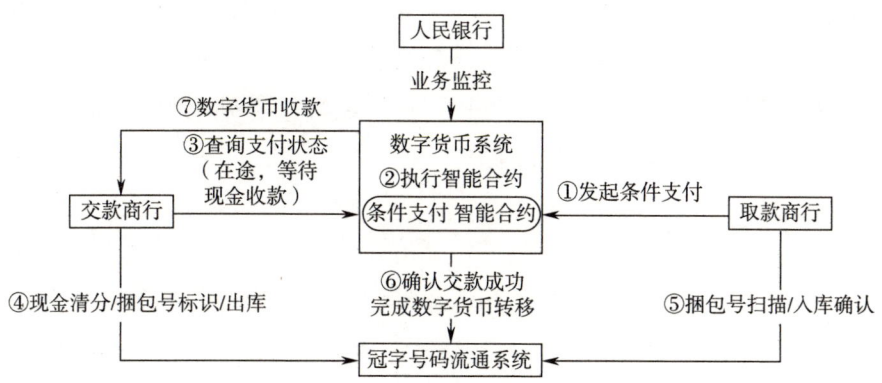

图 6　跨行调款业务数字货币应用流程

2. 确认支付发起，清分现金出库。

交款商行确认取款商行已成功发起条件支付操作，按照支付金额，通过冠字号码流通系统完成出库操作，包括现金清分、冠字号码文件和捆包号信息上传，出库确认信息在分布式账本进行登记，之后进行实物现金送款。

3. 现金扫描入库，支付完成。

取款商行收到实物现金后，完成入库操作，包括现金捆包号扫描、下载冠字号码文件、入库确认信息在分布式账本进行登记等。数字货币系统智能合约检查预设规则，验证交款商行已确认入库，自动进行数字货币转移。交款商行在取款商行扫描收款的同时，同步收到数字货币。

如果交款商行因某种原因未能正常完成实物货币送款，数字货币系统可以撤销该支付交易，取款商行相应数字货币进行解冻。

四、总结与应用展望

（一）应用数字货币优化跨行调款业务流程、提高结算效率

取款商行用数字货币替代转账支票进行付款，人行通过数字货币

智能合约替代手工入账操作，既满足业务监管要求，也提高了操作效率，从而能实现日间多场次调款、准实时结算。同时数字货币条件支付功能，优化了现有跨行调款流程，在三流合一基础上整合结算资金流，实现四流合一的同步兑付模式。

（二）跨行调款场景有利于数字货币开展试点

跨行调款业务具有封闭、低频和可控等特点：跨行调款的业务场景参与方只有人行和商行，系统参与方比较少；跨行调款金额较大、交易笔数和频率低，无需考虑高并发等性能问题；人行处于核心监管地位，可对整个过程进行有效控制，有利于试点。

（三）数字货币条件支付功能拓展与展望

1. 定制智能合约监控物联网操作并自动化执行。

冠字号码流通管理平台，采用物联网技术扫描跟踪实物现金流转过程，可进一步探索数字货币在物联网环境下的应用创新。扩展数字货币条件支付功能，利用智能合约来监控物联网线下操作，自动触发智能合约线上执行，从而实现数字货币O2O（Online To Offline）交易模式。

跨行调款业务中，可以修改数字货币智能合约的支付规则，通过监控取款商行的扫描操作，同步进行数字货币转移。例如：取款商行每扫描一次，数字货币智能合约也在同步记录信息，等到扫描金额达到约定金额，自动进行数字货币转移。这样，还可以将原有一笔支付交易拆成多笔，每次扫描到一定金额，就进行一次数字货币转移。甚至还可以实现，每扫一次，就转移一笔，实现扫多少、转多少的现场结算。

2. 数字货币条件支付可用于买卖双方非同步交易场景。

数字货币条件支付功能，其应用场景可以更通用的描述为：付款方先发起付款，收款方同步交付标的物，该付款操作等待满足付款条件后，收款方才能最终收到款项。

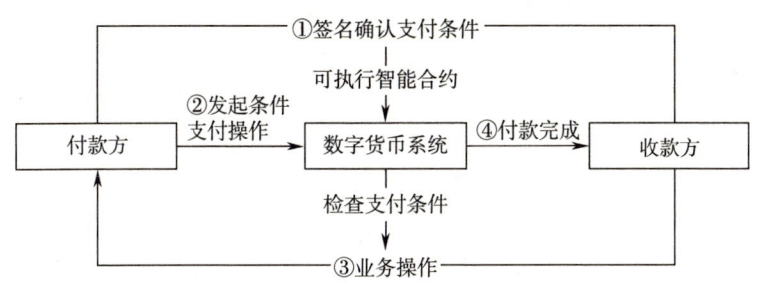

图7　通过智能合约实现条件支付的流程

如图7所示，付款方和收款方需对支付条件达成一致，并设定为智能合约规则，加上双方的签名，该合约可由数字货币系统程序化执行。付款方发起数字货币条件支付操作，指定支付条件对应的智能合约。收款方同步进行业务操作（交付货物、提供服务等）。数字货币系统自动执行智能合约，通过交易参与方提供的电子凭证检查支付条件，若满足则完成付款。实现上可以利用多重签名技术来进行验证。

3. 数字货币条件支付可替代第三方支付担保交易。

数字货币条件支付功能更加灵活、安全，可对第三方支付的担保交易产生替代效应。首先，智能合约可定制，使得交易双方对支付条件的设置更加灵活方便。其次，智能合约是程序化执行，相比第三方主体对支付过程进行控制，能够避免第三方主体的信用问题。最后，付款方使用条件支付功能，可以直接支付给收款方，而无需将资金支付给第三方，避免第三方持有资金的安全问题。

数字货币条件支付功能作为一种新型的支付方式，很好地解决了交易双方的信任问题，以及交易过程中资金流与交易流的同步问题，可广泛应用于电子商务、金融等领域。

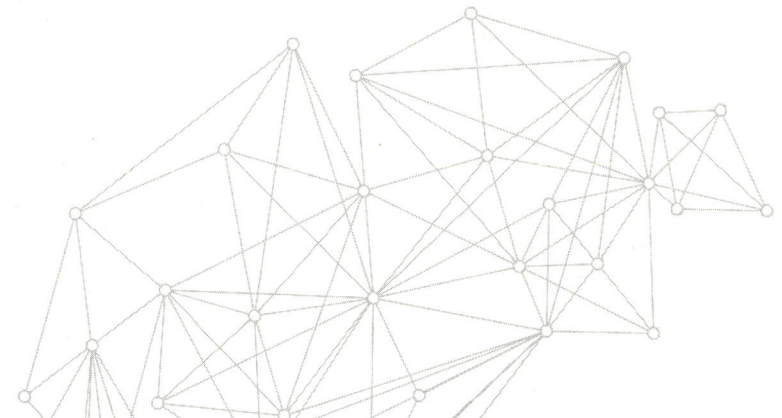

各国央行法定数字货币试验

◇ 加拿大央行Jasper项目评估、比较与启示

◇ 新加坡央行数字货币试验第一阶段解析

◇ 新加坡央行数字货币试验第二阶段解析

◇ CAD-coin与Fedcoin的比较

◇ DLT支付系统能安全高效运转吗

加拿大央行 Jasper 项目评估、比较与启示

姚　前

摘要： 加拿大央行最近公布了 Jasper 项目[①]的最新进展。与之前公布的材料[②]相比，此次评估进一步综合了项目第二阶段的进展，结论更为完整全面。Jasper 项目的试验发现，目前基于分布式账本技术（DLT）的大额支付系统尚无法同中心化支付系统一样有效，但须注意到 DLT 技术正快速演化并已取得长足进展，若其未来能与更广泛的金融市场基础设施集成，那么基于 DLT 的大额支付系统则有可能大幅提高金融体系效率。此外，加拿大央行认为，项目的另一大收获在于积累了公共部门与私营部门如何携手合作探索金融科技创新应用的经验。

若将 Jasper 项目与我行实施的数字货币原型系统和数字票据交易平台沙箱试验进行比较，可以发现我行的工作在布局上具有超前性，在试验系统上有更高的成熟性和可扩展性；双方在法定数字货币的设计初衷导致成熟度不同，但总体方向相似；在数字货币发行流通的技术架构设计方面，双方既殊途同归，同时又具有差异性；关于流动性节约机制设计，我行的工作早于并优于 Jasper 项目。

下一步，为兼容并蓄国内外先进技术，保证我行数字货币技术路线的全局占优，建议加强国际协同合作，扩大与加拿大央行、英国央行、金融科技创新企业（如 R3）等国际同行的技术交流，广泛凝聚共识，强化国际话语权，并立足数字货币研发的先发优势，启动下一阶

[①] Jasper 项目是加拿大央行联同加拿大支付协会、六家加拿大主要商业银行和金融区块链联盟 R3 开展的一项合作研究，旨在探索在大额支付系统应用分布式账本（区块链）技术，以及在其中使用央行数字货币进行结算的可行性。

[②] 2017 年 4 月 R3 的研究人员发布研究报告介绍了 Jasper 项目的第一阶段进展，详细内容请参阅《CAD – Coin 与 Fedcoin 的比较研究》。

段研发工作,探索与相关金融机构和金融科技创新企业的合作创新,大力推进法定数字货币研发。

一、Jasper 项目进展、结论与下一步方向

(一)项目源起与目前进展

Jasper 项目的源起是,为评估 DLT 技术变革金融市场基础设施的潜力,加拿大央行联同加拿大支付协会、六家加拿大主要商业银行以及金融区块链联盟 R3,选择了相对简单的大额支付系统场景,探索 DLT 在大额支付系统中的应用。具体试验内容包括:对基于 DLT 的大额支付系统进行概念验证,并在系统中试验采用央行数字货币进行结算。

迄今为止,项目开展了两个阶段试验。在第一阶段,项目基于以太坊(Ethereum)平台,开发了概念验证的模拟测试系统,在链上发行代表法定现金数字化形式的数字存托凭证(Digital Depository Receipt,DDR),用于大额支付结算,试验了一种不同于传统基于央行账户结算的全新支付结算模式:在 DLT 环境中基于数字货币的实时全额结算(Real Time Gross Settlement,RTGS)。在第二阶段,项目迁移到 R3 的 Corda 平台,进一步改进交易验证机制,并在 DLT 架构之上建立流动性节约机制(liquidity-saving mechanism,LSM),增加延时净额结算(Deferred Net Settlement,DNS)功能,探索了如何在基于 DLT 的大额支付系统中以最低限度的数字货币流动性进行大额支付。

(二)主要结论

一是在基于 DLT 的大额支付系统中,运营方的角色不再是传统意义上的 IT 设施运营者,而是更接近于规则制定者和标准制定者。未来可能有必要修订《金融市场基础设施准则》,以增加对基于 DLT 的各

类金融基础设施的监管要求。

二是一个单独的分布式大额支付系统所产生的效益可能无法与中心化大额支付系统相媲美,因为对于一个可靠的大额支付系统而言,某些组成部分本质上需中心化。这使得 DLT 系统与中心化系统相比,可能存在更多运行风险。DLT 大额支付系统的真正效益,有赖于其与更广泛的金融基础设施生态系统的互动,比如整合同一个账本上的资产作为支付抵押,从而极大简化抵押流程和资产销售过程,实现规模经济,并通过后台系统整合,减小参与者成本;或将其他金融资产集成到链上进行交易,减少抵押品管理和后台对账成本;还可以将基于 DLT 的大额支付系统作为其他 DLT 系统的基础,从而让一系列金融资产交易能够直接使用法定货币进行结算,提高效率,降低成本。

(三)下一步方向

下一步,Jasper 项目的试验探索拟从两个方面展开:一是从现金抵押进一步延伸探索非现金资产抵押的央行数字货币发行;二是探索 Jasper 项目与其他 DLT 项目的融合。

二、Jasper 项目的机制创新与技术创新

(一)如何在 DLT 上实现清算结算

通常,银行间的大额支付需要通过在央行开立的准备金账户进行结算,而在 Jasper 项目中,加拿大央行引入了数字存托凭证(Digital Depository Receipt,DDR)来进行基于 DLT 的大额支付。根据定义,数字存托凭证是法定现金的数字化表现形式。参与方向加拿大央行存入现金,等额兑换加拿大央行发行的数字存托凭证,以此在分布式账本上进行跨行交易结算。在这相对封闭的场景中,数字存托凭证扮演了现金的角色,由于等量兑换发行并日间回笼,因此不会影响经济体中

的货币流通数量，货币政策中立。

（二）如何以最少的数字存托凭证（流动性）但又最有效地支付结算

在项目第一阶段，交易结算采用实时全额结算（Real Time Gross Settlement，RTGS）。但在第二阶段，为降低实时全额结算引起的巨大流动性需求，项目在DLT架构中建立了流动性节约机制，让参与方既可选择实时全额结算，也可采用延时净额结算（Deferred Net Settlement，DNS）。基于此，加拿大央行认为，Jasper项目是世界上首个在DLT平台上实施流动性节约机制的案例。

Jasper项目的流动性节约机制的创新之处在于，在Corda平台上设计了"归集/释放"两阶段的周期性多边净额结算模式。在匹配周期开始之前，参与方发出支付指令到队列等待。周期开始后，在"归集"阶段，所有参与者将一定数量的数字存托凭证支付给加拿大央行，这些交易经确认后记入账本；在"释放"阶段，匹配算法进行多边净额清算，随后加拿大央行将清算以后的数字存托凭证余额，再支付给每家参与银行，这些交易同样经确认后记入账本。可见实质上，是由加拿大央行作为中央对手方（CCP）承担了多边净额结算功能。

（三）如何实现和改进交易验证（共识）机制

在第一阶段，项目的试验平台是以太坊平台，因此交易验证的共识机制是以太坊的工作量证明（PoW）协议。但在仅限于可信方参与的许可链中，工作量证明协议不仅没有必要，还会带来效率和隐私问题，因此在第二阶段，Jasper项目对共识机制进行了改进，将运行平台从以太坊平台迁移到 Corda 平台①，基于 Corda 的公证人（notary）功能，将交易验证机制分为两个过程：先由交易参与方确认交易细节；然后由加拿大央行作为公证人验证交易的唯一性，记入账本，这样的设计既保证了只有交易参与方才能获知交易细节，保护支付隐私，又保障中央银行的全局账本接入权和交易验证确认权。

三、利用金融市场基础设施准则评估 Jasper 项目

以金融市场基础设施准则为标准，加拿大央行评估了 Jasper 项目的信用风险、流动性风险、结算风险、运行风险、透明性和隐私性②。

（一）信用风险与流动性风险

关于信用风险。鉴于 Jasper 项目使用数字化央行存托凭证进行支付，而数字化央行存托凭证是无风险资产，因此不会引发任何信用风险。

关于流动性风险。Jasper 项目引入了流动性节约机制。基于仿真数据的观察，项目认为目前流动性节约机制在 DLT 平台上运行正常。

（二）结算风险

结算风险关切结算终结性，对于金融稳定至关重要。结算终结性（Finality）有着两个层面的内涵：一个是操作意义上的结算终结性，即

---

① Corda 的架构设计细节可以参考数字货币研究所 2017 年第 6 期研究专报《分布式账本平台 Corda 技术初探》2017 - 2 - 17。

② 其中的信用风险、结算风险均与 DVP 制度相关。DVP（Delivery Versus Payment），即"券款对付"。国际证券服务协会（International Securities Service Association，ISSA）将 DVP 定义为：银货对付结果是实时同步的、最终的且不可撤销的。建立 DVP 制度的目的是降低交易对手方的信用风险（Credit Risk），消除卖方已交付证券却未收到相应款项，或是买方已交付资金而未收到证券的本金风险（Principal Risk）。即 DVP 的核心内涵是证券与资金的交收同时进行，从而防范交收对手方的违约风险。DVP 是各国结算系统共同遵循的基本原则。

分布式账本上的信息是否发生更新的确切性;二是法律意义上的结算终结性,这涉及在系统规则和相关法律条文上定义结算终结性。

为实现法律上的结算终结性,Jasper 项目在机制上设计了数字存托凭证 DDR 的转移等同于央行存款求偿权发生了完全的、不可撤销的转移。这一特征与 Jasper 采用哪种技术平台无关。

相反,为确保操作上的结算终结性,一些与 DLT 平台技术相关的问题必须得到解决。以太坊平台采用的是 POW 共识机制来进行支付验证,因为 PoW 机制本身具有概率性,一笔交易可能永远都无法完全结算,因为总存在着那么一种可能性(即使很小),该笔交易可能会被推翻。对于 Corda 平台,可信公证人在理论上可以消除这种不确定性,因为交易一旦完成则无法撤销。但这一系统尚未接受压力测试,可能仍存在部分风险。

总体来看,从以太坊平台迁移至 Corda 平台降低了结算风险,但最终评估结论仍需进一步测试。

(三)运行风险

容灾性、安全性和可扩展性是对于大额支付系统运行风险的核心考察点。由于 Jasper 项目是概念验证系统,所以无法像对生产系统那样进行全面的运行风险评估,所以加拿大央行重点考察容灾性和可扩展性。

在容灾性方面,DLT 平台可以提高系统的高可用性,降低单点故障风险,但容灾性仍需要在设计中被仔细考虑,主要原因有:

一是 DLT 系统的其他技术组件(比如密钥、身份和系统访问管理)仍基于中心化模型,因此依然存在单点故障风险。

二是与公有链平台不同,Corda 平台的交易数据仅在参与方与公证人节点之间传递,每个节点只能访问和保存与自己交易相关的数据子集,所以 Corda 在解决数据隐私性问题的同时也降低了系统容灾性。

三是类似公证人节点的机制可能引发单点故障。比如 Jasper 项目第二阶段由加拿大央行扮演公证人节点，如果加拿大央行发生运行中断，那么所有支付交易将无法验证处理。

在可拓展性方面，目前大额支付体系每天平均处理 32000 笔交易，峰值大概每秒 10 笔交易。Jasper 项目第一阶段的数据大概是每秒 14 笔交易，虽然当前可以满足需求，但工作量证明机制限制了交易性能的进一步提升。基于 Corda 的平台则因为不使用工作量证明的共识机制，所以不存在可扩展性的限制。

（四）透明性与隐私性

Jasper 项目面临着透明性和隐私性之间的权衡问题。大额支付系统的基本要求是，确保交易信息不被非相关方知晓，而由于 PoW 系统中所有交易在某种程度上都是公开可见的，因此不适合大额支付系统的隐私需求。

相比之下，基于公证机制的 DLT 系统能够增强隐私性，因为有可信的第三方（如中央银行）进行交易验证。不过，Corda 系统缺乏透明度却带来了另外一个问题：除公证人之外，系统节点不保留全账本信息，而且即使是公证人的节点，也可能没有分类账本的完整副本，因此如果一个或多个节点上的信息被破坏，那么则可能无法重构整个网络，由此需要在各单个节点做信息备份，这将产生额外的经济成本。

四、我行原型试验与 Jasper 项目的比较

2016 年 9 月至年底，数字货币研究所筹备组在前期研究成果的基础上，开展了法定数字货币原型系统和数字票据交易平台沙箱试验，主要完成以下工作：

一是对我国法定数字货币的形态以及原型系统的总体架构、应用架构、数据架构和技术架构进行探索设计；

二是搭建了法定数字货币的应用测试环境，基于中央银行—商业银行二元体系，采用传统的分布式架构开展数字货币交易运行测试；

三是在数字货币权属登记环节采用区块链技术，完成法定数字货币产生、流通、清点核对及消亡的全过程登记；

四是设计实现了基于区块链技术的数字票据交易平台，并实现链上 DVP 交割。

若将我行原型试验与 Jasper 项目进行比较，可以得到以下结论：

（一）我行试验在布局上具有超前性，在试验系统上有更高的成熟性和可扩展性

我行试验项目的设计依据是 2014 年和 2015 年的专项研究成果，并于 2016 年底完成试验。基于公开信息，加拿大央行是从 2016 年中开始启动 Jasper 项目，且目前试验刚刚结束。尤其是，Jasper 项目只是一个概念验证（PoC）项目，加拿大央行尚没有向生产系统过渡的意愿，所以系统设计比较简单。而我行的试验系统是以准生产系统的标准来进行原型系统的设计和构建，与中央银行的会计核算系统以及商业银行的核心业务系统均有对接设计，比 Jasper 项目具有更高的成熟性和可扩展性。

（二）法定数字货币的设计初衷导致成熟度不同，但总体方向相似

我行从替代实物现金的定位出发，高度重视法定数字货币实质性的特性设计和架构构建，试验的目的也是探索法定数字货币的发行、流通与管理，并且选取了相对封闭的应用场景进行沙箱试验。而 Jasper 项目的最主要目的是探索将 DLT 技术运用于金融市场基础设施构建的可行性，探索发行数字货币不是其试验初衷。从公开材料看，加拿大央行并未对其法定现金的数字化表现形式 DDR 有更深入和详细的阐述，而我行则已对法定数字货币的数字表达方式进行了重点研究，并

将具体思路广而征求意见。

难免有人会认为，基于封闭的场景，Jasper项目中"商业银行在央行的准备金账户资金——DDR——商业银行在央行的准备金账户资金"的循环（见图1）显得多余，与原先的"商业银行在央行的准备金账户资金——商业银行在央行的准备金账户资金"相比，仅是增加了一个不必要的环节：DDR。实际上，这恰恰是最有意义的一步：通过DDR与加元1:1的兑换，铸币（mint）行为发生，一个法定数字货币被中央银行铸造，然后投放至B端网络流通，最后以DDR兑换加元的形式被中央银行回收。简单的兑换动作，在B端场景似乎多余，但放至C端场景，意义非同小可：此时的DDR不是可有可无的简单的支付结算临时工具，而是纯粹的无须依赖任何账户体系、可自由点对点直接支付的数字现金。因此项目报告也饶有意味地指出："DDR是加拿大央行发行的货币的数字形式，也可能成为未来央行货币更广泛应用的一种形式。"

实际上，如果有其他金融资产集成到链上进行混合交易，为减少抵押品管理和后台对账成本，让一系列金融资产能够直接在链上进行交易，使用法定数字货币进行结算，其提高效率、降低成本的优势才能真正体现出来。目前阶段以法定数字货币作为大额支付系统的结算工具确有多余的尴尬。

关于我国法定数字货币发行的技术逻辑，周行长很早就指出："数字货币的技术路线可分为基于账户和不基于账户两种，也可分层并用而设法共存"，这是非常原则而又精辟的表述。根据这一思想，我们认真研究了数字货币与银行账户的关系，提出基于银行账户与数字货币钱包分层并用的具体实施路径，其中基于数字钱包的模式中，数字货币不完全依赖银行账户，可通过发钞行直接确权，利用客户端的数字

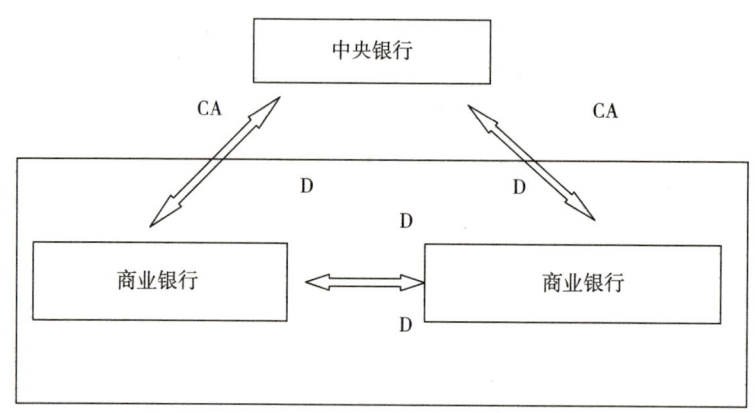

图 1　Jasper 项目中数字货币的铸造、流通与回收

货币钱包实现点对点的现金交易①。相比照，Jasper 项目看似采取基于央行账户的数字货币发行路线，但实质上有着为不基于账户的数字货币发行和流通做准备的潜在意图。

（三）对数字货币发行流通的技术架构设计，双方既有共通点，也有差异性

我行试验从数字货币的央行中心化架构出发，以 DLT 等可选技术为参考，设计了中心化/分布式相对均衡的技术架构。Jasper 项目则从 DLT 的去中心化架构出发，针对大额支付系统和金融市场基础设施的特性，逐步加入中央银行节点和其他功能节点，调整为分布式/中心化的分层账本架构。法定数字货币的信息基础设施如何实现中心化管控和分布式弹性的有效均衡，是双方均在思考和试验的重点，是中央银行未来面临的共同挑战。

---

① 姚前. 数字货币和银行账户. 清华金融评论, http://www.cebnet.com.cn/20170428/102387516.html.

（四）在流动性节约机制设计上，我行的工作早于并优于 Jasper 项目

为节约流动性，Jasper 项目采用的思路是，在 Corda 平台上引入加拿大央行，作为中央对手方承担多边延时净额结算功能。我行的数字票据交易平台则充分考虑 DLT 的特点，设计了一个由智能合约管理的资金池，流动性闲置的参与方与流动性短缺的参与方可以通过智能合约进行流动性数量、期限和利率的匹配，从而有效提高整个系统的流动性利用效率[①]。在 Jasper 项目中，中央对手方的引入在一定程度上会消解 DLT 架构。相较而言，我行在传统的延时净额结算思路之外，引入了新的流动性节约方案，不仅时间上更早，而且更有利于保持 DLT 架构的优点。就此而言，加拿大央行认为 Jasper 项目是世界上首个在 DLT 平台上实现流动性节约机制案例的说法并不准确。

五、对我行数字货币工作的启示

一是勇于探索，善于试错，扎实推进

法定数字货币的研发工作没有任何现成的模板可供参考，因此必须勇于探索，善于试错，扎实推进。科研工作来不得半点想当然，完全可以这样说，PoW 机制的内在机理及交易性能广受诟病，但 Jasper 项目没有"聪明地"绕开，依然开展了 PoW 机制下的数字货币应用试验，这出乎很多人意外，这当然也是一种经验的积累，需要敢于试错的勇气。在目前的氛围，"去中心化"似乎是某种趋势，但 Jasper 项目却从 DLT 的去中心化架构出发，根据大额支付系统和金融市场基础设施的内在要求，增加中央银行的中心化节点，提出分布式/中心化的分

---

① 徐忠，姚前. 数字票据交易平台初步方案. 中国金融，2016（17）：31–33.

层账本架构,这更是一种善于试错的艺术。历史上看,技术创新从来就是以螺旋式上升的方式向前推进。基于区块链或不基于区块链,基于账户或不基于账户,分布式还是中心化,两边极点孰优孰劣,形而上的争论很容易面红耳赤,实际上还是得根据具体约束条件来选择把握,中庸之道当然是在两个极点之间寻求最优点。所以我们在试验阶段,应不拘泥于某一路径,要尽可能尝试各种方案、模式和思路,多方比较,灵活开放,以积累经验(教训?),探寻不同场景下的各种解决方案和最佳实践。

二是PPP模式下创新学习市场先进技术,但发行权不能拱手相让

加拿大央行认为,Jasper项目的最大收获在于积累了公共部门与私营部门如何携手合作探索金融科技创新应用的机制经验。市场是创新的根本动力。在我国,通过PPP模式充分发挥政府引导和市场创新在数字货币技术发展中的作用,意义重大。但在学习吸纳市场先进技术的同时,不能将货币发行权拱手相让。Jasper项目中DDR的发行权掌握在中央银行手上,并在流通中,中央银行承担了重要的中心化角色。英国提出的RSCoin也高度强调中央银行在数字货币发行、流通和管理中的关键作用。货币形态和发行技术可以多元,但货币的内在价值支撑,即中央银行信用,不能改变。保障央行发行权,即是保障法定数字货币的内在价值。

三是下一步的研究探索方向值得推敲

一直以来,有这样一种思路,即关于央行数字货币合理的推广路径是:从中央银行—商业银行—非银行金融机构—单位账户—个人账户,直至完全取代现金。这是一个从批发到零售,从易到难,从B端延伸到C端,逐步扩大使用范围,一目了然的可控路径。但这项前无古人的工作,其复杂性没有想象中的那样简单。无论是我行的数字票

---

① 盛松成,翟春.《中央银行与货币供给》.北京:中国金融出版社,2016. 8:429.

据交易平台实验,还是加拿大的 Jasper 项目,都有这样一种尴尬:即在简单的场景下,在账户体系可以有效发挥作用的情况下,央行数字货币的引入似乎有些多余(图1的功能更多的是为了铸币,并非替代本级账户执行交易)。这是否意味着在目前阶段,央行数字货币的应用场景未必适合在已接入央行资产负债表的相关对手方间进行试验[①]?其有效应用场景还有待挖掘。

所以下一步的研究方向值得推敲。是继续探索数字货币在不同的 B 端应用场景的研究,还是进一步开展 C 端场景的应用研究,还是在法定数字货币技术创新中纳入更多的金融元素和政策考量,为货币政策操作和金融监管创造更有力的技术手段,需要权衡抉择。目前来看,C 端场景的应用研究似应为主攻方向——这也吻合在起步阶段,将央行数字货币定位成现金的补充或替代的初步共识。上文提及的基于银行账户与数字货币钱包分层并用的思路亦可为 C 端场景的应用展开提供支撑。

逆水行舟,不进则退。目前,我国在法定数字货币研发上大约超前加拿大央行几个月,但这只是暂时的领先。实际上很多国家的央行已经或深或浅开启了法定数字货币的研发工作,为避免在可能的未来货币技术变革中落后,预先做好技术储备,把握主动权,建议:

一是建议我行积极开展数字货币技术的国际交流工作,加强与加拿大央行、英国央行、欧央行等国际同行和国际组织、以及 R3 等金融科技创新企业的技术交流,保持国际领先性。

二是建议我行立足数字货币研发的先发优势,启动下一阶段研发工作,探索与相关金融机构和金融科技创新企业的合作创新机制,兼

---

① 通过法定数字货币,可以循序渐进推动更多对手方接入央行资产负债表,运用数字化的央行无风险资产进行清算结算和支付服务创新。此举或可为规范发展我国非银支付产业提供新抓手,也可推动数字普惠金融的有效普及。

容并蓄相关技术创新，保证我行数字货币技术路线做到全局占优。

三是建议我行积极探索在国际上提出数字货币的中国定义、中国标准和中国体系，广泛凝聚共识，强化我国在数字货币研发与金融科技创新的国际话语权。

新加坡央行数字货币试验第一阶段解析

陈 华

摘要：新加坡 Ubin 项目的第一阶段创建了一个基于分布式账本技术的央行数字货币原型系统的概念验证（PoC）。本文对其进行了详细研究，包括原型特点、运行架构和业务流程，并将其与加拿大 Jasper 项目进行了比较。分析表明，新加坡央行数字货币原型系统具有不影响货币供应量、自动跟踪数字货币余额、实时创建、传递和销毁数字货币、保持不间断全天 24 小时支付等特点，它的优点是复用了现有 RTGS 系统的结算功能，有效降低数字货币结算风险，但缺点在于，数字货币发行的抵押资金并不是存储于由央行控制的专用账户，且没有建立流动性节约机制，因此信用风险和流动性风险均高于 Jasper 项目。Ubin 项目的启示是，去中心化的分布式账本技术与现有成熟的中央主导的金融基础设施并不排斥，完全可以相互融合，相互补充，其对 DLT 系统和 RTGS 系统的融合设计也具有一定的借鉴意义。

一、试验概况

2016 年 11 月 16 日，新加坡金融管理局（Monetary Authority of Singapore，MAS）宣布，正与 R3 合作开展一个称为 Ubin 的央行数字货币试验，以评估在分布式账本上使用新元的代币形式进行支付结算的效果。Ubin 项目是一个多阶段项目。第一阶段从 2016 年 11 月 14 日至 2016 年 12 月 23 日，持续 6 个星期，试验目标是创建一个基于分布式账本技术的央行数字货币银行间支付系统的概念证明（PoC）。在试验过程中，Ubin 项目学习和参考了加拿大 Jasper 项目的体系结构、代码和经验。

二、数字货币原型特点

（一）基于分布式账本技术、不计息、100%托管账户资金抵押发行、仅限定用于银行间支付清算、但可设计附加功能支持其他实际应用

Ubin 项目引入基于分布式账本的新加坡元的概念，与加拿大 Jasper 项目类似，Ubin 项目将其称为存托凭证（Deposit Receipt，DR），并定义了三个属性：一是不计利息，以此降低系统的复杂性。二是每笔发行均以同等数量的托管账户资金为抵押，不影响货币供应量。三是类似于游乐场里的通票，仅限定用于银行间支付清算的封闭场景，在场景之外没有价值，可完全赎回。虽然是限定的使用工具，但可以设计附加功能来支持其他实际应用。

（二）通过智能合约发行 DR，在分布式账本网络上流通，银行可隔夜持有 DR

Ubin 项目在现有新加坡电子支付系统（MEPS+）账户（见表1）的基础上，专门建立一个"DR 现金托管账户"，用于支持分布式账本中存托凭证（Deposit Receipt，DR）的发行。DR 的业务进程开始于 MEPS+ 系统，由系统检查参与者的 DR 现金托管账户余额。如果与欲发行的 DR 数量相比，参与者的账户余额显示盈余，则系统通过智能合约向参与者 A 的钱包发行相应数量的 DR。随后，参与者在 DLT 网络上与其他参与者的钱包交换 DR。Ubin 项目采用的是连续 DR 模型，即无需每日销毁 DR，银行可隔夜持有 DR。

表 1	MEPS + 电子支付系统账户
MEPS + 电子支付系统账户	描述
CAS 账户	存储过夜资金，被视为最低现金余额（MCB）监管要求的一部分；通常情况下，此账户保持在最低要求水平，每天早上多余的资金将转到实时结算账户以支持实时结算系统的转账，然后在晚上退回
实时结算账户	这是针对银行之间的实时结算转账（批量，只在营业时间运转），通常在 MEPS + 营业时间内持续地进行借记和贷记；通常情况下，账户资金在早上从 CAS 账户转入，然后在晚上转回到 CAS 账户；在 Ubin 项目中，这个账户被用于将资金转入及转出 DR 现金托管账户

（三）通过 RTGS 系统实现最终结算，同时调整 DR 现金托管账户余额，匹配 DLT 系统中的 DR 余额

Ubin 项目建立的分布式账本网络是基于 Ethereum 网络，与 MEPS + 系统由接口连接，允许集成转账。在 MEPS + 的运营时间内，银行可以随意单独抵押和赎回。DLT 系统中的 DR 交易则可以全天候进行，并且独立于 MEPS + 的运营。DR 交易完成后，DLT 系统向 MEPS + 的 RTGS 系统发送一个快速的网络结算文件，由 RTGS 系统完成最终结算，同时调整 MEPS + 中的 DR 现金托管账户余额，以匹配参与者在 DLT 网络中的 DR 余额。

因此，Ubin 项目建立的数字货币原型系统具有自动跟踪数字货币余额、实时创建、传递和销毁数字货币、保持不间断全天 24 小时支付等特点，并能与现有的中央银行结算基础设施有效融合。

三、运行架构与业务流程

图 1 展示了 Ubin 项目运行的运行架构。架构由两个独立的系统构成。一个是 MEPS + 系统，用于处理大额且紧迫的新加坡元同业拆借。

RTGS 系统整合在 MEPS + 系统，进行资金的实时全额支付。另一个是 DLT 系统，支持参与者钱包之间的 DR 转移。

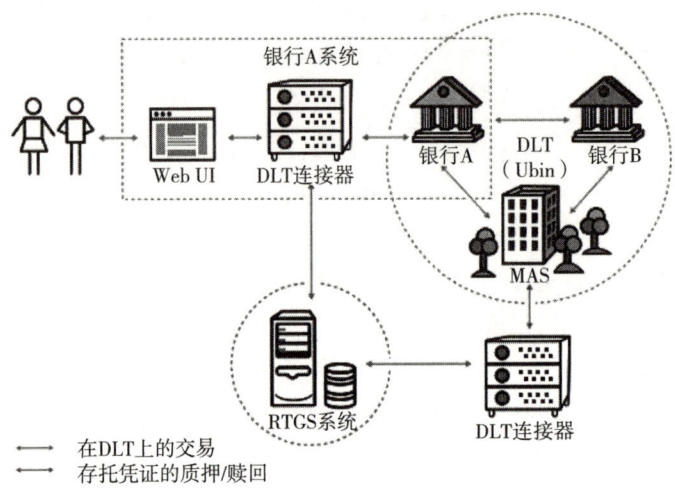

图 1　Ubin 项目的高层架构

业务流程主要涵盖以下程序：一是每天开始的分批抵押。参与银行请求中央银行将其往来账户中的资金转移到 DR 现金托管账户，以此来抵押中央银行资金。相应地，分布式账本上将会创建等值的 DR，发送到各银行的 DR 账户中。二是日常交易。商业银行之间进行 DR 转移。三是每天结束分批赎回。根据赎回比例，系统将商业银行的 DR 余额转回至各商业银行的往来账户中。

步骤 1：一天开始的时候，开展质押抵押品流程和资金划转。以参与者 A 为例，资金清理是指参与者 A 账户中超过 MCB 的资金被划转到他的 RTGS 账户（见图 2）。随后，进行质押抵押品流程。参与者 A 向 MEPS + 发送充值请求，请求充值其区块链（BCA）账户（DR 现金托管账户）。对此，参与者 A 的 RTGS 账户资金向参与者 A 的 0800 账户转入资金（见图 3）。0800 账户中的资金将作为兑换 DR 的现金抵押品。在这个阶段，系统必须验证抵押品的有效性才能发行 DR。

步骤2：系统通过智能合约向参与者 A 的钱包发行 DR。比如，如果在 0800 账户中有 300 新加坡元，那么参与者 A 的 DR 钱包中将有价值 300 新加坡元的 DR。接下来的步骤发生在 DLT 系统中。

步骤3：参与者在 DR 平台上与其他参与者的钱包进行交易。例如，让我们暂且假定只有一个交易发生，即参与者 A 向参与者 B 转移 30 个 DR（见图3）。

步骤4：参与者 A 的钱包与其他参与者的钱包（在本例中是参与者 B）交换价值。随后，DLT 系统向 RTGS 系统发送一个快速的网络结算文件。业务重新回到 MEPS + 系统。

步骤5：如果参加者 A 的 RTGS 账户有足够的资金，30 SGD 将从参与者 A 的 RTGS 账户中扣除，并存入参与者 B 的 RTGS 账户。

步骤6：参与者 A 的 0800 账户将相应地借记 30SGD，由此参与者 A 的 0800 账户余额显示为 270SGD。

步骤7：参加者 B 的 RTGS 账户的资金将转入参与者 B 的 0800 账户。

步骤8：一天结束时，参与者的 0800 账户将调整（或清零或加满）。

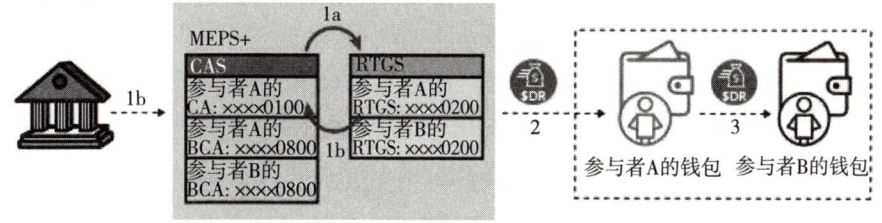

CA-活期账户　BCA-BLOCKCHAIN 账户

资金转账　　Blockchain 系统：Ethereun blockchain的交易记录

图 2　MEPS + 中的资金划转

基于以上业务流程，Ubin 项目原型被划分为三个模块：

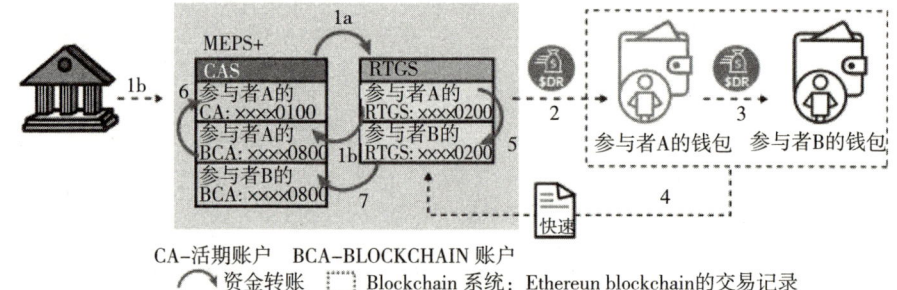

图 3　Ubin 项目的业务流程

一是建立 DLT 网络。DLT 网络由运行在 Ethereum 的两个 MAS 节点、带有由新加坡央行节点创建的创世块的 MQ 客户端、8 个运行 Ethereum 的银行节点、MQ 客户端和公共支付网关（CPG）组成。

二是开发智能合约和相关工具。Ubin 项目开发了货币发行的智能合约，还创建了一个仪表盘（Dash Board），用以显示在以太坊区块链上发生的交易和余额。这些工作运行在新加坡金融管理局 MAS 的服务器上并连接到各 MAS 节点。

三是 DLT 系统与 MEPS + 系统的连接。通过 SWIFT 模拟器，DLT 系统被连接到 MEPS + 系统上，以此实现 DLT 系统的 DR 余额与 MEPS + 系统上的 DR 现金托管账户余额自动同步。

四、与 Jasper 项目每日 DR 模型的比较分析

Ubin 项目采用的连续 DR 模型与 Jasper 模型的每日 DR 模型类似，100% 资金抵押发行，并将 DR 限定于银行间支付的封闭场景，因此不影响货币供应量，但两者也存在些差异：

一是 Ubin 项目的 DR 余额直接在银行 DR 钱包中生成，而不是在中央银行的 DR 账户中生成后转移。这与 Jasper 项目截然不同，在 Jasper 项目，中央银行在分布式账本账户上有一个专门用于创建和销毁

DR 的账户。

二是在 EMPS+支付系统中，DR 现金托管账户相互独立，为各家银行所有，实质上不是真正的抵押品，存在信用风险。而在 Jasper 模型，发行抵押的资金存储于由中央银行控制专用的综合性担保账户，是真正的抵押品。

三是 Ubin 项目的 DR 本身没有价值，DR 的价值转移最终通过 RTGS 系统实现，因此没有结算风险，而 Jasper 项目的 DR 模型没有包含 RTGS 系统，完全依靠 DLT 系统进行 DR 的价值转移，由于 PoW 共识机制的资金结算具有概率性，因此存在结算风险。不过，Jasper 项目重点设计了流动性节约机制，流动性风险低于 Ubin 项目。

四是不同于 Jasper 项目，Ubin 项目开发了货币发行的智能合约及其相关工具。

五是 Ubin 项目中银行可在 MEPS+系统的营业时间内，随意进行抵押和赎回操作，而不限于每天的开始或结束。DR 在 DLT 网络的转移可以全天候进行，不受限于 MEPS+系统的操作时间。银行可隔夜保留 DR，而 Jasper 项目的 DR 当天结束后即被销毁。

五、启示

Ubin 项目的第一阶段试验表明，去中心化的分布式账本技术与现有成熟的中央主导的金融基础设施并不排斥，完全可以相互融合，相互补充。基于 DLT 的 DR 支付系统为现有 RTGS 系统提供了有效的支付清算补充，而 RTGS 系统的结算服务则解决了 DLT 系统的结算最终性问题。Ubin 项目对两个系统的融合设计，也具有一定的借鉴意义，包括账户设置、货币发行的智能合约设计、系统之间的报文传输机制等。

新加坡央行数字货币试验第二阶段解析

李红岗　陈　华

摘要：从 2016 年底开始，新加坡央行数字货币试验 Ubin 进入第二阶段，该阶段旨在探索分布式账本技术（DLT）是否能在数字化支付和分布式处理的基础上实现特定的实时全面结算（RTGS）功能。试验表明，DLT 系统可以实现支付队列处理、交易隐私、清算最终性和流动性优化等传统 RTGS 系统的关键功能，并能通过分布式处理，避免传统集中式系统的单点故障风险，同时还可以发挥 DLT 本身的技术优势。鉴于此，央行将无须再承担传统支付系统集中运营商的角色。然而，在新的分布式模式下，央行维持支付和结算系统的安全性和有效性的职责依然重要。这些职责包括监测和管理整体网络的流动性；作为系统监管者，确保系统操作的一致性和连续性；作为服务水平协议（SLA）管理者，在分散的系统中界定 SLA；作为系统审计师和调解员，解决可能的争端。

一、试验概况

新加坡央行数字货币试验 Ubin 是一个多阶段项目。第一阶段从 2016 年 11 月 14 日至 2016 年 12 月 23 日。在此阶段，新加坡金融管理局（MAS）与 R3 合作，创建一个基于分布式账本技术的央行数字货币银行间支付系统的概念证明（PoC）；第二阶段从 2016 年底开始，为期 13 周。

不同于第一阶段，MAS 在第二阶段是与埃森哲（Accenture）合作，旨在探索分布式账本技术（DLT）是否能在数字化支付和分布式处理的基础上实现特定的实时全面结算（RTGS）功能，包括支付队列处理（统一的排队系统，具有优先次序、持有和取消等功能）、交易隐私（只有交易相关方才能看到交易细节）、清算最终性（具有最终确定性和不可撤销的支付结算）和流动性优化（通过流动性节约机制解决流动性僵局），见图1。项目组基于Corda，Hyperledger Fabric和Quorum三类不同平台开发了三种不同原型系统。

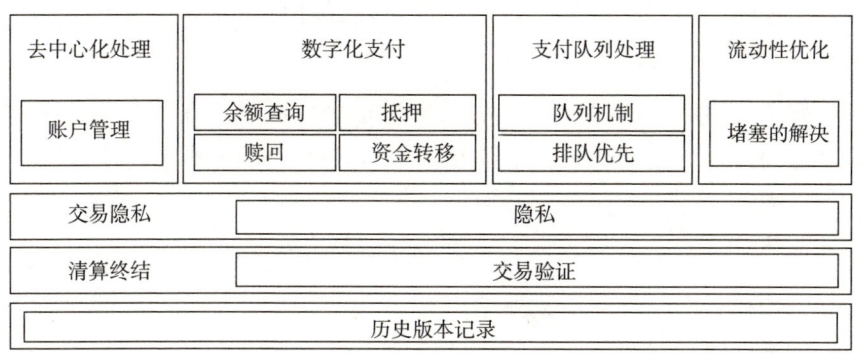

图1　Ubin项目第二阶段DLT系统的功能架构

二、原型系统功能设计

（一）支付队列处理

1. 功能定义

当银行创建了转账付款指令但流动性不足时，付款指令将被放入队列。银行可以看到收发队列中的所有指令。当银行有足够的流动性时，排队交易将按照以下顺序自动结算：

一是优先级。对于每个付款指令，有两个优先级级别：普通和高级。具有高优先级的支付指令，不管什么时候创建，都在普通优先级的支付指令之前执行。

二是先入先出（FIFO）。对于同一优先级别内的支付指令，创建时间越早，越先被执行。

支付银行在队列中可以进行以下动作：

一是将未结算付款的优先级从"正常"更改为"高",反之亦然。

二是取消未支付的付款,从发出队列中删除付款指令。

三是把未支付的付款搁置,将付款指令留在正在执行的队列中,不会被结算,也不进行流动性僵局解决。

四是激活持续支付,一旦流动性充足或开展流动性僵局解决方案时,支付指令将被执行。

如果发出队列已包含一个活跃支付指令,那么不管当时银行的流动性如何,一个新的普通优先级的支付指令将会自动地被附加到队列后面。但是,如果创建了一个高优先级的支付指令,并且在队列中没有其他高优先级的支付指令,那么只要银行有足够的流动性,它就会被立即执行,而如果在队列中有其他高优先级的支付指令,那么这个新的高优先级支付指令将排在所有普通优先级的支付指令之前,但排在最后一个高优先级的支付指令之后。

2. Corda 平台上的设计

"转账"流一开始,一个支付指令将会被启动。如果发送方的余额中没有足够的资金,那么在发送方和接收方的账本上就会签发一个应付状态(Obligation States)。每完成一笔交易后,发送方和接收方会创建并交换一个新的密钥和证书以保护交易匿名性。该应付状态将作为交易的输出,随同被签名的交易一同发送给接收方。如果接收方对已验证和已签名的交易进行了响应,那么应付状态细节将被放入发送方的持久化队列中。如果接收方没有响应,该交易将被取消,应付状态也不会被发布。

每个应付状态代表一个"待定"的资金转移或即将在未来结算的未清偿支付指令。这些应付状态的详细信息也将由发送方在持久化的优先级队列中复制和维护,以确保节点能够在重新启动时恢复信息。队列中的每个应付状态都有一个优先级标记,且只能由发送方更改。优先级队列是发送方的本地队列,不与其他节点共享,仅对发送者可

见,以确保隐私。

队列维护一个 FIFO(先进先出)顺序。每个虚拟机都包含一个定时处理函数,它基于现有的资金状况,周期性地触发一个结算 API 来进行结算:结算逻辑遍历队列,优先对活动的、最高优先级和最早进入队列的应付状态进行结算。根据结算逻辑,当优先级发生改变时,应付状态的顺序也会发生变化。队列还管理每个应付状态。一项应付状态一旦被搁置,就不能参与任何结算或流动性僵局解决方案,除非重新被修改回活动状态。

Corda 设计允许交易队列不断变化,包括改变优先级、取消、暂停和重新激活。在发送方余额不足的情况下,一笔未结算的资金转移将产生一笔新的应付状态。

3. Hyperledger Fabric 平台上的设计

当进行资金支付时,如果存在以下情形之一,那么支付指令将被添加到队列中:

一是队列存在未结算的同等或更高优先级的支付指令。

二是虽然队列中不存在支付指令,但没有足够的资金来结算这笔新的支付指令。

三是双边通道的参与者目前正在参与一个流动性僵局解决方案,当一个新的支付指令被添加到队列中,一个新的"排队交易"状态被创建,它是一个 JSON 对象,包含所有排队支付指令。同一个通道内,参与者看到的状态是相同的。

四是双边通道中的两家银行对排队的项目有相同的视图,因此对收款和付款支付指令不再需要维护两个单独队列。

队列结算本身是通过一个链码的函数,跨通道资金转移、额外收款交易、取消付款指令以及重新确定付款的优先级的命令均可以在 APP 层上触发。付款指令结算后,付款指令将从"排队交易"状态更改为"已完成交易"状态。

4. Quorum 平台上的设计

每家银行都有一个未结算付款指示清单的私有队列。此外，系统使用全局（公共状态）的僵局队列来跟踪系统范围内的所有排队支付，并触发僵局解决方案。所有队列只存储支付指令的引用 ID，以保护交易隐私。付款指令的具体信息，例如时间戳、金额、状态、优先级和接收者，存储在支付对象本身的私有队列中。只有支付方的交易对手方才能访问这些数据。

当进行资金转账时，系统会检查付款方是否有足够的流动资金进行转账。流动性不足将导致支付指令被添加到私有和全局僵局队列中，而一旦流动性获得补充，队列中的付款指令结算就会继续进行。结算顺序基于优先级和先进先出计算原则。结算后，支付指令将被从私有和全局僵局队列中移除。

（二）流动性优化

1. 功能定义

流动性僵局（Gridlock）是指由于资金不足，一组付款者和收款者的排队付款指令无法依次顺序处理，但是整体净流动性足以完成同时结算。不过，当整体净流动性出现负值时，除非额外的流动性被注入系统，否则无法解决流动性僵局。

2. Corda 平台上的设计

项目组在 Corda 平台上设计并开发了一种名为"Cycle – solver"的新循环算法，来解决流动性僵局。思路是，由一个参与银行主动发起，向所有邻近节点发出一个扫描请求以发现网络队列中可用的支付指令，接着，循环算法会自动寻找合适的净额结算循环，来完成结算，同时不导致任何参与者陷入赤字。具体过程分三个阶段运行：检测、计划和执行。

检测阶段：假设银行 A 是解决僵局问题的发起人，而其他银行通

过提供其最高优先级别和传统的主动排队支付指令来解决僵局问题。一开始，银行A将启动一个流程，要求所有相邻节点去传达一个扫描请求，用来发现网络中可用的排队付款指令。随后，扫描请求的接收者必须向相邻节点传达相同的请求，所有相邻节点回复的消息应包含解决僵局的排队付款指令。收到扫描请求后，接收者必须进行扫描消息确认，并生成一个随机密钥，该密钥在回复扫描请求时将其身份匿名化。收集所有回复后，扫描请求的接收者再将扫描回复发送给请求者。通过递归传达回复请求，传达过程中的每个节点都可以观察到来自扫描回复中的每个排队支付指令事务的金额。但是，为了保护有关各方的隐私，发件者和接收者在参与排队的付款指示时身份是匿名的。同时，这些数据结构信息存储在易失性内存，僵局解决后即被清除。

计划阶段：A银行以各自排队支付指令的发送方—接收方的扫描响应为基础，计算循环，然后，A银行以发送方—接收方界限为基础，构造一个记忆图表展示图。基于循环，A银行将计算每个循环的义务金额（义务的总价值）。

执行阶段：A银行对所计划的循环进行净额结算。

3. Hyperledger Fabric平台上的设计

项目组在Hyperledger Fabric采用EAF2算法来解决流动性僵局。思路是，每家银行将各自的支付指令传输到网络，并使用流动性节约机制计算在净额通道中能否解决触发流动性堵塞解决方案。在净额通道中，参与者只能看到建议支付指令的参考编号和这些付款指示的总净值。具体过程分为两个主要阶段：启动/参与和结算。

启动/参与阶段：创建一个新的僵局解决循环或参与当前的循环，银行在它所有双边渠道检索有效的支付指令（传入或传出）。这些支付指令将根据其优先级和创建时间进行排序并分成两列，可支付和不可支付，并保证执行完可支付的支付指令不会导致银行在僵局解决后出现赤字。如果银行正在参与僵局解决循环，它目前不可支付列在新的循环中也应该考虑到，也就是说，如果不可支付的支付指令已经处于了一家银行当前的僵局解决循环时，它也应该标记在另一家银行提出的不可支付列中。所有可支付和不可支付排队支付指令的建议清单将随同可净额支付指令清单的净值一起提交到净额通道中。当所有可执行的支付指令，都有匹配的一对，且所有支付指令的总净值为 0 时，僵局解决循环被标记为"已实现"，否则，银行将持续参与，直到找到解决方案。如果在规定的时间内没有找到解决方案，那么僵局解决循环将被标记为"过期"。

结算阶段：在这个阶段，网络链码将计算并结算网络支付指令。

在上述过程中，MAS 节点可以作为交易阻塞解决方案的促进者，一旦检测到一个僵局解决循环，就会计算出每个参与银行的净余额，以确保在结算结束时，没有银行出现亏损的局面。在检查之后，MAS 将扣除并将资金添加到相应地银行余额中。然后将在其各自的双边渠道中标明所有已结算的支付指令。

4. Quorum 平台上的设计

项目组在 Quorum 原型同样采用了 EAF2 算法来解决流动性僵局。解决方案由 4 个系统状态构成：正常、排队、解决和结算。这些状态被保持在一个与所有节点同步的智能合约中。节点行为由当前的系统状态决定。每当状态发生变化时，Quorum 节点就会发出一个事件。DApp 应用程序监听到状态更改的事件时，就会协调智能合同执行。

状态 1—正常：在正常状态下，也就是默认状态，银行之间可以相互转移资金。资金转移在系统中作为支付指令存储，或者立即结算（如果发送银行有足够的流动性），或者排队。Quorum 节点保持正常状态，直到全局僵局队列中的支付指令数达到预设的阈值为止。该阈值是可以调整，用作自动触发器，将节点变化下一个状态—排队。

状态 2—排队：上行状态启动交易僵局解决过程后，银行通过执行智能合同将发送或传入付款指令进行排队。派对顺序将决定交易僵局解决算法的执行顺序。虽然这个顺序是由每个银行执行这个智能合同功能所规定的，并且因此是任意的，但它也可以被配置为预定的。

状态 3—解决：在这种状态下，每个银行根据 EAF2 算法启动交易僵局解决。在解决状态下，每家银行通过取消其最新的付款指令来评估其排队的有效付款指令，直到其达到正的账户余额。如果支付指令失效，则接收方的头寸将受到负面影响，需要重新评估净额结算。

状态 4—结算：在这一阶段，使用剩余的活跃支付指令的银行为其各自的输入和输出支付指令生成零知识证明，并在整个网络中提交同样的验证信息。这些证明形成一个链条，自动进行验证。一旦验证成功，参与银行的余额就会被更新，在这一轮交易中，已净额结算的付款将被标记为"已处理"，最终完成僵局解决阶段，系统恢复到正常状态。

（三）交易隐私

1. 功能定义

在金融交易中，隐私和机密是最重要的。应只有交易相关方才能看到交易细节。

2. Corda 平台上的设计

Corda 网络的分类账是基于须知模式而非全球广播方式，所以只有在特定交易中的当事人能够掌握交易细节。该模型本质上解决了隐私问题。且 Corda 为每一笔交易都添加了一个额外的机密身份来加强隐私的保护，即只有交易当事人可以识别交易参与者。这些参与者利用 Corda 的"互换身份流"来交换新密钥，并将新密钥用于交易的输出、指令和签名。发出者和接收者的细节被遮蔽，而交易量则没有。这是因为流动性僵局解决机制需要交易量的信息。

在当前的小型网络原型中，公开网络中的交易量可能会导致隐私问题。网络中的成员可以通过绘制网络图来推断每个排队支付指令的发送方和接收方。不过对于更大的支付网络来说，这个难度和复杂度不低于现有的 MAS MEPS + 系统（新加坡的 RTGS 系统）。

3. Hyperledger Fabric 平台上的设计

Hyperledger Fabric 是一个许可网络，能够在每个渠道维护独立分类账的参与者之间建立专用渠道。专用渠道使信息能够在须知的基础上在各方之间共享。具体而言，渠道是一种数据分区机制，仅限于对利益相关者的交易可见性。网络上的其他成员不允许访问该渠道，并且不会在渠道上看到交易。分类账存在于渠道范围内。这使得在整个网络节点中可共享的分类账（例如，净结算渠道）和仅包含特定参与者的分类账（例如，双边渠道）的设置成为可能。鉴于资金转移和排队机制发生在双边渠道中，交易细节只有双边渠道中的一对银行和 MAS（作为监管机构）才能看到。虽然两家银行都可以查看双方渠道级账户的余额。但是，由于银行只能查看每个交易对手一个渠道级别账户的余额，因此任何银行都不可能推断出 DLT 内对手方的总余额或流动性。

4. Quorum 平台上的设计

Quorum 支持在许可的网络中进行公共和私人交易。公共交易被运用到网络中的所有节点上，并像常规交易那样进行处理。私人交易由隐私服务 Constellation 模块作为加密的二进制对象直接发送到指定的收件人。它通过将交易有效载体仅发送给所涉及的参与者来完成，而网络的其余部分只能看到加密有效负载的散列。

将这些散列传播给所有参与者的关键好处是安全性并富有弹性：如果一个私人交易的一方要求在将来某个时候验证该交易的有效性，他们可以通过将其与网络所拥有的散列进行比较来确认这一点，因此无需相信对方提供的信息。私人交易只允许银行向指定的收款银行执行付款指示。

除了上述设计，Quorum 还使用了零知识证明算法（ZKP），来管理每个参与银行的存款余额。任何参与者的真实账户余额仅对自己可见。只有当发送方和接收方提交零知识证明并得到整个网络的验证时,账户余额才可能发生变化,这使得网络在不了解真实余额的情况下可以验证余额。

(四)清算最终性

1. 功能定义

保证支付结算具有最终确定性和不可撤销性。一个交易要么全部被接受,要么全部否定。

2. Corda 平台上的设计

Corda 平台通过公证签名来实现清算终结性。任何在僵局解决队列中的付款指令可以被任意修改(重设优先权或取消),新的资金转账可以实时启动和结算。僵局解决方案可以保证原子性,当它失败时,要么是因为付款指令被修改,要么是余额减少。

3. Hyperledger Fabric 平台上的设计

对于每笔交易,链码的背书政策中定义的各方将会认可交易。然后将认可的交易发送给订购者,以便将其订购到一个块中,并将其传播给通道参与者,以验证并将块提交到其分类账。这个机制保证了通道内交易的最终性。然而,涉及通道之间通信的交易仍由常规技术进行业务流程处理,因为此类编排逻辑是使用 Node.js 上的自定义应用程序而不是在链式代码内开发。

另一个关键点是,由于跨渠道资金转移的认可只涉及相关收发银行,那么他们可能会共谋在 DLT 上虚构更多的资金。因此,或许需要 MAS 来监测这种情况,但这将增加系统对 MAS 作为管理实体的依赖。

4. Quorum 平台上的设计

Quorum 利用了 Raft 共识模型,在验证了块的交易并且所有的跟随者更新最新块后,被选出的 Raft 领导者将新的区块提交给链。一旦区块被提交到交易链上,它就不能被逆转,交易就被确认。在网络初始化过程中，会选出 Raft 的领导者。当网络中的其他节点检测到领导节点掉线后，会选出一个新的 Raft 领导者，继续处理新的交易。

需要注意的是，ZKP 生成的执行时间可能会引起事务的终结性问题，因为在僵局解决过程（沉降状态）中，参与节点可能会掉线。按照目前的设计，如果一个节点在结算状态下掉线，那么网络就不会收到相关的证明，因此整个解决方案将失效。或许，在不久的将来，随着零知识证明算法不断改进完善，这一问题将会得到解决。

三、结论以及对中央银行角色的思考

Ubin 项目的第二阶段试验表明，不同的 DLT 技术和方案设计，可以实现支付队列处理、交易隐私、清算最终性和流动性优化等传统 RTGS 系统的关键功能，并能通过分布式处理，避免传统集中式系统的单点故障风险，还可以发挥 DLT 本身的优势，比如密码安全性和不变性。

鉴于此，Ubin 项目认为，随着 DLT 系统的不断发展，中央银行无须再承担传统支付系统集中运营商的角色。然而，在新的分布式模式下，中央银行维持支付和结算系统的安全性和有效性的职责依然重要。这些职责至少包括四个方面：一是作为整体流动性管理者，监测整体网络的流动性（比如识别流动性缺口和波动），并在必要时进行干预；二是作为系统监管者，确保系统操作的一致性和连续性，如软件补丁和参数、硬件配置以及为所有参与者建立标准、规则和指引，以便监测和进一步操作、添加或删除参与者节点；三是作为服务水平协议（SLA）管理者，在分散的系统中界定 SLA，并在可能的情况下，满足银行间多重双边 SLA 的需求；四是作为系统审计师和调解员，解决可能的争端。

CAD – coin 与 Fedcoin 的比较

孙　浩　黄烈明　赵新宇　编译

摘要：2017 年 4 月，金融区块链联盟 R3 的研究人员发表了《CAD – coin 与 Fedcoin 的比较》一文。R3 与加拿大央行合作开展了 Jasper 项目，在项目中试验发行的央行数字资产称为 CAD – coin。Fedcoin 是美国学者提出的一种央行法定数字货币构想，R3 资助了此项研究。本文主要从货币金融学视角对两种央行法定数字货币方案进行介绍和比较，总结了二者在设计目标上的不同，为未来央行数字货币设计方案提供参考。

一、导言

2016 年 6 月，在"支付全景 2016（Payments Panorama）"会议上参会者获取了一些 Jasper 项目的细节。虽然会议不对新闻媒体开放，一张提到数字货币"CAD – coin"的关键幻灯片的图片还是通过推特微博发到新闻界。这个消息立刻引起福布斯、金融时报等知名媒体的注意。为什么"CAD – coin"会是这么一个大新闻？这是对 Jasper 项目的真正目的的误读，还是对一个历史事件的适当回应？

为了回答这些问题，首先应搞清楚 Jasper 项目是什么？它是很多人第一反应的加拿大版 Fedcoin 吗？

二、Jasper 项目

Jasper 项目是 R3、六家加拿大私有银行、加拿大支付协会和加拿大央行合作研究，旨在探索使用分布式账本技术（DLT）进行大额支付、清算、结算的可行性。项目的第一阶段实现了模拟资金转账，项目组希望在第二阶段使用 DLT 在参与者之间实现通过 Tranche 1① 进行支付的目标。首先，参与银行通过 Tranche 1 向在加拿大央行开立的特殊发行专用账户转入现金作为抵押，加拿大央行在分布式账本上发行等量的数字资产，即 CAD–coin，并向各参与银行发送数量等于各自抵押现金的 CAD–coin②。参与银行之间可以在该平台上使用 CAD–coin 进行实时支付结算，也可以向加拿大央行支付 CAD–coin 以换回加元。

技术上讲，CAD–coin 是一种存款收据：给持有人提供一种可转让的、价值以中央银行货币计价的求偿权。无论如何，CAD–coin 是一种中央银行货币。值得探讨的是，CAD–coin 实际上是一种中央银行发行的内生货币，因为其价值是中央银行资产负债表上的资产背书的。这种解释可能与传统的内生货币意义不相符，内生货币一般指以私人信贷方式流通的交换媒介形式（Lagos，2006）。在这里中央银行以私人代理机构的角色出现，持有一种资产（法定货币），发行新资产（CAD–coin）并在私人部门流通。使用金币券做对比可能更直观，私人银行发行金币券并作为私下发行的内生货币，通过发行者的黄金储备进行背书。存款收据（CAD–coin）是中央银行发行，并在分布式账本中作为货币进行流通，通过中央银行的准备金进行背书。

CAD–coin 的交易是在私有的、许可的系统中进行的。许可是指只有一组可信用户来验证和维护账本的完整性；私有是指只有部分选定的用户可以建立交易并读取交易信息。在第一阶段，前一组用户数量大于后者，所有 R3 联盟会员可以对交易进行验证，但只有加拿大会

---

① 加拿大大额转账系统分为 2 个通道。通道 1 是大额实时结算系统（RTGS），通道 2 在日内风险可控情况下延迟结算，日终用存款准备金结算净头寸。通道 1 等同于现金结算，在当日加拿大央行授予的授信额度内进行资金偿付，而且这种方式是实时、不可撤销的，即使在参与方违约情况下。通道 1 转账的支付通过在加拿大央行的抵押品进行背书。参与者违约情况下，将损失支付费用的抵押品价值。

② "CAD–coin" 是延续项目第一阶段的名称，后期加拿大央行不会再使用 "CAD–coin" 的名称，加拿大央行虽然在现阶段没有提出但更倾向于使用中央银行数字货币（CBDC）。

员（参与银行和加拿大央行）可以建立交易①。这种设计也带来一些问题，很难准确制定较大数量的交易验证者情况下的激励机制，虽然拥有较大数量的交易验证者会令网络弹性较好。

项目第一阶段模拟需要一个运行用例验证 Jasper 结算平台不会打乱传统的支付操作。加拿大支付协会提供了 ACSS F－流票据支付汇款场景（"F"是加拿大支付协会制定的纸质汇款方式编码）。F－流支付的流动性要求相对于每个银行的总给付义务充分小，使得已有的大额转账系统减去 F－流支付后不会造成流动性风险。这是此次测试中重点考虑的方面。如大多数发达国家支付系统，加拿大大额转账系统每周处理资金量约等于年国内生产总值。支付系统的平稳运行要求参与者提供充足的流动性保证支付能及时完成。在加拿大，绝大多数支付通过 Tranche 2 完成，即实现延期净额结算，其中借方头寸部分被抵押品池覆盖。抵押品池尺寸依赖于银行之间的双边协议限制。如果测试中的支付交易在数量级上足够大以改变双边限制，将影响 Tranche 2 支付流。DLT 如果作为加拿大大额支付系统实现技术，应该基于对整个系统流动性影响进行完全、详细的评估。一般来说，加拿大支付协会和加拿大央行必须对支付有全局整体考虑，以及必须留意这种改变如何影响其他系统。

如上所述，使用 CAD－coin 交易的资产就是存款收据：存于加拿大央行独立账户的中央银行货币的求偿权。如此操作能运转的核心要求是在法律架构方面要保证使用 CAD－coin 转账完全、不可逆地等同于使用中央银行货币的转账。在银行违约的情况下，银行和债权人都不会对银行违约前 CAD－coin 的现金抵押物进行任何权利要求。需要

---

① 这么设计是为方便起见。R3 有一个使用工作量证明共识和交易验证机制的以太坊平台，经消除以太使用费用、每个项目参与者都是积极角色的修改后用于项目模拟，模拟开始后，加拿大参与银行由 5 家增加为 6 家。

保证生成、分发、使用或销毁 CAD-coin 的过程中没有任何信用风险①。这也是实现实时结算的关键所在。

前文已经将 CAD-coin 与金币券进行了对比，但关于所有权方面可能与另外一种金融产物——不记名债券相比更合适。CAD-coin 的所有权属性更像零利率的不记名债券。拥有实物（在此种情况下是数字化）赋予持票人使用债券支付的权利，在 CAD-coin 情境下是存在于抵押品池中的现金价值。一个显著不同是美国的不记名债券的主要特征是未注册的，没有记录表明现在的所有者，这使得不记名债券适用于特定类型的交易②。但这意味着不记名债券出现丢失、被盗、损坏时想要恢复其价值是不可能的。分布式账本提供了所有权的记录，实际上该记录与数字资产的所有权是同步的，如果这种所有权缺失了，例如私钥丢失，同样也无法行使所有权。

对于中央银行不涉入其中的信用风险问题的备选方案也值得深入研究。本文作者认为至少有两种方法在不涉及中央银行的情况下降低信用风险。一种是设立 100% 的银行存款准备金，不用于其他用途，只为限制银行资金③。银行对此没有额外操作，因此应该没有违约风险。但潜在的欺诈风险依然存在，也是任何私有方案中不可避免的情况。

第二种方法是将资金存于私有银行的隔离账户，并与银行主账户分离。纽约联储（Federal Reserve Bank of New York, FRBNY）将隔离余额账户（Segregated Balance Accounts, SBAs）作为一种货币政策工具，其他机构被要求建立隔离账户存放抵押金作为重要的系统性金融市场基础设施。虽然技术上允许银行可以在联邦储备银行开立多个主

---

① 分布式账本上对于参与者使用 CAD-coin 不存在信用风险的原因（i）CAD-coin 所有权转移是对中央银行货币所有权的转移；(ii) 中央银行货币权利要求不存在信用风险是因为中央银行不会出现违约情况。

② 不记名债券通常与洗钱和逃税联系在一起，1982 年美国已经禁止发行不记名债券。现有所有的美国财政部不记名债券已到期并不再支付利息。

③ Green Dot 银行的预付卡商业模型是一个典型案例。

账户，保护存于主账户上的资金的法律架构在银行出现违约或即将出现违约时不能及时到位。现在存于隔离账户的资金在出现违约事件时会被自动冻结。

两种私有的变通解决方案具有消除信用风险的可能，但都没有完全利用中央银行数字货币的优势。另外需要考虑的在私有银行维护抵押品池的费用，两种方案都需要组织和运营费用。而且，控股银行会对账户的联邦存款保险公司（FDIC）的费用进行评估，即使其中的资金完全没有风险。最后，可能评级会处于 Regulation D 之下，如果这些资金被认为是存款，控股银行可能被要求对抵押账户增加额外的准备金。这也可能被银行董事会否决。

CAD–coin 项目设计有起始目标。银行在每日开始时兑入 CAD–coin，每日结束时参与者将 CAD–coin 兑回 Tranche 1 的现金抵押品，中央银行销毁兑回的 CAD–coin。这意味着 CAD–coin 只在日内存在，非常重要的一点是 CAD–coin 是货币政策中性的。

CAD–coin 项目的预期目标是什么呢？这个问题可以从 CAD–coin 不是什么开始回答。在项目第一阶段的实现中，CAD–coin 不是对现有支付过程的提高或增强，实际上是支付过程的倒退。通过 Tranche 1 方式的支付过程将资金转为 CAD–coin，这个过程用于清算特定银行的 F–流支付义务。所以购买 CAD–coin，使用 CAD–coin 用于支付，然后再将 CAD–coin 转为现金，这看起来技术在引导我们进入错误的方向，将简单的事情复杂化了。但是，这种看法可能没有抓住重点。

CAD–coin 项目是一种概念验证。它论证了中央银行货币可以使用 DLT 进行转移。这看起来简单，但至关重要的一个原因是：DLT 可用于结算。

结算是交易、清算、结算金融三位一体中最后的部分。交易一般被认为处于 DLT 处理范围之外，虽然引入智能合约可以作为市场行为主体之一，但是现在对 DLT 的高度期望是用于清算和结算环节。清算相对简单，DLT 的实现对于更新账户、跟踪所有权转移等特别适用。结算相对较难。例如，可以记录我支付给你 10 美元（我的账户借出 10 美元，你的账户贷入 10 美元），但是如何转移资金呢？怎么达到一种我的账户上的数字代表合法的购买力？为了达到这种目的，需要价值的传输或转移。在现实世界，上述账户数字的更新会伴随着我交给你一张 10 美元的钞票，但在虚拟世界里，我可以简单地发送给你等值的 CAD–coin。CAD–coin 共享账本反映了每个参与者的实时、精确的账户余额，这些账户余额与资金的所有权保持同步。这样，CAD–coin 共享账本同时完成了清算和结算。

在 Jasper 项目下一阶段，通过在分布式账本进行中央银行货币转移实验，可以预期作为其他央行跟随的先例。作者在中央银行工作的经验让他认为政策制定者都是易于接受新思路和新方法的，但是可以理解他们必定都是十分谨慎的。一个强有力支持中央银行考虑一项新技术的理由就是这项新技术在其他地方已经取得成功应用。

三、Fedcoin 的诞生

2013 年 4 月 14 日，JP Koning 在他的一篇博客中提出将美国大额支付系统 Fedwire Funds© 迁移到分布式账本上将会消除系统对中心化处理的依赖并增加系统弹性时，第一次触及了 Fedcoin 的概念（尽管当时还不叫这个名字）。更值得称赞的是，Koning 将交易媒介——比特币和其交易支撑平台——分布式账本进行了概念分离，并对后者对前者支撑过程中表现的潜能赞不绝口。一年以后，这个说法成为了金融服务行业内所有人的口头禅。

目前所熟知的 Fedcoin 出现于这之后（2014 年 10 月 19 日）的一篇博客中。虽然早于此前几个月，Sina Motamedi 的一篇博客中已经清晰地表述了 Fedcoin 的原则，但 Fedcoin 是一种鲜明吸引专家、产业界以及政策制定者注意力的概念。这是因为圣路易斯联储的官员 David Andolfatto 在 2015 年的 P2P 金融系统国际研讨会上称赞了 Fedcoin。通常来讲，David Andolfatto 所表达的看法只代表他个人观点，并不代表美联储理事会或联邦储备系统。然而人们却将其视为美联储对该概念感兴趣的信号。

相比于将比特币作为一种哲学（Bitcoin – as – Philosophy），Fedcoin 提案强调将比特币作为一种产品（Bitcoin – as – Product）。换句话说，Fedcoin 的目标在于创造一个可以提供能发挥比特币优点的稳定（更小的价格波动）、可靠的加密货币，即使这意味着引入中心化设计并放弃被许多人认为是比特币基石的自由主义原则。价格稳定性通过将 Fedcoin 与美元锚定来实现：在 Koning 的提议中，Fedcoin 将与美元以 1∶1 的固定汇率锚定。Fedcoin 提案中包含了与美元双向可兑换的内涵，但美联储可以控制 Fedcoin 的发行和销毁。这点十分重要。正如 Benjamin Klein（1974）指出，如果一种由私营机构发行的竞争性货币与法定货币始终保持固定的汇率，那么私营机构将有动机去持续增加竞争性货币的发行量，从而导致无穷大的价格水平。Fedcoin 提案中提出，每一兑换为 Fedcoin 的美元都将从货币基数（Monetary Base）中移除，每一兑换为美元的 Fedcoin 都将从分布式账本中移除。这或许看起来不好理解，但 Fedcoin 提案实际上是关于主权货币的一种可选形式，而不是货币经济学家所称的竞争性的私营部门外生货币。

Fedcoin 的主要定位是一种现金替代品。如果中央政府同意发行 Fedcoin，Fedcoin 就可以由纸币和（或者）银行存款兑换而来。兑换为 Fedcoin 的现金将被销毁；兑换为 Fedcoin 的银行存款将以从发行银行储备金账户中把相应额度支付给央行的方式来实现。所以，Fedcoin 将成为基础货币的第三种组成部分，也就是基础货币 = 现金 + 储备金 + Fedcoin。

目前联邦储备局还没有对消费者可以持有的现金数量进行限制。尽管许多银行对在没有事先通知的情况下，每次可以取出的现金数量进行限制。当然这对于 ATM 一定是这样，但是就在银行柜台未通知取现量也是有限制的。这些限制对于美联储调控更高货币层次的货币供应量十分重要。银行体系的货币创造功能依赖存款量水平，这与现金持有量的变动成反比。现金持有量的波动现实中一般很小，不会破坏美联储对更高货币层次货币总量（例如 M_2）的调控能力。另外，人们的现金持有量也受物理条件限制。这些都保证了即使在有压力的情境下现金持有量也不可能波动过于剧烈。

Fedcoin 的发行会改变这个特点。除非中央银行有限制人们兑换 Fedcoin 的相关政策，否则基础货币的结构将会有剧烈摇摆，从而对流动性、银行融资以及银行满足储备金要求的能力产生严重影响。

近期危机的特点是金融市场中的安全投资转移（Flights to Quality）。2008 年大量资金转换为以国债为首的国库券，但也有大量资金转为美国商业银行存款。关键市场的流动性缺失问题导致许多借款者无力周转负债，从而需要寻找新的资金来源，但是不幸中万幸的是，当大型银行有充足的存款时，他们的客户也更容易取得信贷额度。

如果现金持有人为其资金找到一个他们认为比大型商业银行存款更安全的资产类别时，这个希望就消失了。市场观察家和政策制定者在 2013 年秋季纽约联储（FRBNY）测试隔夜逆回购（Overnight Reverse Repo, ON RRP）便利时表达了这种担忧。人们担心不受限的 ON RRP 将为银行存款提供无风险的替代方案，从而加剧安全投资转移的流动，使金融体系所需要的流动性急剧下降。由上所述，可以对 ON RRP 设施设立投资总额的上限，当出价超过上限时，对 ON RRP 定价引入拍卖定价机制。

对于前文提到的纽约联储关于隔离余额账户（SBAs）的提议的回应中也有类似的担忧。危机期间，SBAs 可能被贷款人视为具有吸引力的近乎无风险投资。由于银行无法使用存入 SBAs 的储备金，将导致这些银行的"可用储备金"减少，可能会使得银行借贷能力受限或无法达到最低储备金要求。

安全投资转移流入国债、SBAs 和其他安全资产时，有时具有自然的平衡效应。例如，大量资金涌入国债会降低国债收益，这会进一步减少购买动机。同样，Garratt 等（2015）认为，随着贷款人存入 SBAs 资金的增加，资金价格将发生平衡性变动：随着银行竞相融资，联邦基金利率和存款利率将有所增加，但 SBAs 支付的利率并没有增加，因为该利率锚定超额准备金利率。预期结果将是存款利率以及联邦基金利率和 SBAs 利率的息差扩大，这将有助于阻止资金波动，减轻融资市场的潜在资金错配。

安全投资转移到 Fedcoin 的可能性将取决于几个因素，其中一些因素在 Fedcoin 提案中并没有被明确。Fedcoin 提案的早期描述中缺少的一个重要细节是人们以何种方式将现金或存款转换成 Fedcoin。我们可以想象几种可能方式：（1）个人现金兑换，通过在美联储建立消费者账户实现；（2）或者更可能的方式，通过私人银行简单在线转账完成兑换。我们可以想象，人们可以将资金从储蓄和支票账户转入 Fedcoin，就像现在他们通过电子银行功能从这些账户转移资金一样。

然而，太过简便可能并非好事。Fedcoin 便利的转进和转出可能会增加银行挤兑的可能性。Diamond 和 Dybvig（1984）的开创性论文指出银行挤兑的可能性不仅取决于自身资产负债表状况，还取决于人们对其他人挤兑意图的判断。如果有足够多的人相信他人会这么做，即使是完全正常有偿付能力的银行也可能被挤兑破产。与 Fedcoin 相关的交易成本和存储成本的降低将增加这种情况的可能性。

即便如此，Fedcoin 可能存在一个自然制动系统。如上述 SBAs 的案例，存款向 Fedcoin 转移表示从银行系统中不断减少储备金，这可能伴随着联邦基金利率和存款利率的上涨。然而，联邦储备体系不能完全依赖这些市场力量。Fedcoin 的任何现实版本都很有可能涉及设置个人提款和总体提款的上限。

四、不同的目标

区分 CAD-coin 和 Fedcoin 的最好方式是弄清楚他们目标的差异性。Fedcoin 的目标是作为现金的替代品，因此它应保留（还有可能提升改善）现金的隐私属性。这实际上提出了一些挑战，到目前为止 Fedcoin 的建议书似乎还没有提到这些。首要问题是，既然美联储充当 Fedcoin 进出的网关，所以它必须要知道 Fedcoin 接收者的公共地址。现金的易主可以匿名进行，但银行存款的转账意味着美联储会知道公共地址的所有者（假设她是存款账户的所有者）。这种身份联系可以被第三方支付机构通过对接收者匿名化打破。当然，这第三方是可信的并且得到美联储的认可。这也是美联储限制可兑换成 Fedcoin 的数额的另一个原因（以满足反洗钱要求）。类似的第三方实体已经存在（其目的是为了确保比特币区块链的匿名性），但这不在美联储的控制范围。

通过使用 CAD-coin，央行再次充当法币兑换到 CAD-coin 的网关，但在兑换时的隐私保护是不需要的。事实恰恰相反，作为一个具有系统重要性的金融市场基础设施的监管者，中央银行通常有权监督支付交易，所以完整的隐私保护不是一个合理的目标①。这意味着与从银行的央行账户转换到其在分布式账本中的公共地址相关联的标识链接是好的。CAD-coin 的隐私保护要求与非中央银行参与者的需求相关。也就是说每个私人银行不希望完整的交易记录对整个系统公开。CAD-coin 中的银行仍然由公共地址标识，但为了完成从真实系统（采用银行的法定名称）生成的支付请求，银行必须知道银行名称映射到分布式账本的公共地址的完整列表。因此，为了保证银行完整交易记录隐私性的唯一方法是限制每个银行对分布式账本本身的访问，并

---

① 也有法律规定谁可以接触跨境金融交易的"受监管的数据"。见欧盟通用数据保护条例（the EU General Data Protection Regulation）。

且（i）不让所有机构参与交易验证或（ii）找到一种不会看到真实交易记录的验证方式，即所谓的"零知识验证"。

Mainelli 和 Milne（2016）对行业专业人士进行了一项参与者对分布式账本结算系统安全性需求的调查，这里只有数量有限的网络参与者可以提交更新和验证账本。调查结果显示，市场参与者相信在许可型分布式账本的未来版本中，目前作为中介的主要银行将是唯一能够记录和确认交易的机构。然而，开发出只有交易双方参与验证过程的协议是有可能的（见 Corda 近期公告）①。总之，满足参与者隐私要求的 DLT 的未来版本必须超越许可型和私有型的现有观念（即视组内成员一概平等）。

五、结语

无论其未来表现如何，和 Jasper 项目中的数字资产 CAD–coin 相比，Fedcoin 是一个非常不同的物种。Fedcoin 提供零售支付解决方案，而 CAD–coin 是批发支付解决方案，它不在公共网络上交易，也不是面向消费者。Fedcoin 将被中央银行发布到一个公共账本上，并且 1∶1 兑换美元。CAD–coin 也由中央银行发行，但它们代表的是中央银行支持的存款收据。

值得一提的是，CAD–coin 的实施可以不使用隔离账户。加拿大央行可以简单地将输入资金换成 CAD–coin，从其账本中删除输入资金的负债，并承诺按固定汇率折算。事实上，除了 CAD–coin 仍然运行在一个仅有加拿大大额转账系统参与者能访问的许可型和私有型网络外，这将使 CAD–coin 方案更接近 Fedcoin 建议。虽然操作上非常相似，对央行来说这将具有更广泛的法律和货币政策的含义。

Fedcoin 方案和 CAD–coin 的第一期实施两者的交易验证都利用了

---

① http：//www.coindesk.com/r3cev–blockchain–regulated–businesses.

工作量证明（POW）。工作量证明消除了参与者之间信任的需求并能抗审查。然而，也许在这两种情况下，对它的需求仍不清楚。Jasper 项目确定没有需求去建立一个受央行动作保护的系统。DLT 的采用仍随着技术进步的发展演变，必须基于提高运营效率，增加弹性和降低成本的原则。重要的是要认识到分布式数据系统已经存在了相当长的一段时间，这些系统不需要区块链和工作量证明。Nootrobox 的联合创始人 Geoffrey Woo 在一篇博客文章总结了这些想法："从技术角度来说，区块链没有创造出任何新的技术属性。区块链不激活任何新的传感器，也不增加一个数量级的带宽、存储及支付承受能力，也不适用于任何其他类型的分布式数据存储。事实上，其性能将极有可能恶化，至少不能比现有的信任化分布式数据存储更好。"① 因此，我们义不容辞地评估：工作量证明的协议是否会保证效率的降低，并考虑替代品。

参考文献

［1］Diamond, D. W. and P. Dybvig (1984). Bank Runs, Deposit Insurance and Liquidity, Journal of Political Economy, 91 (3): 401 – 419.

［2］Friedman, M. (1959): A Program for Monetary Stability. New York: Fordam University Press.

［3］Friedman M. and A. J. Schwartz, A Monetary History of the United States, 1867 – 1960 (Princeton, NJ: Princeton University Press, 1963).

［4］Frost, J., L. Logan, A. Martin, P. McCabe, F. Natalucci, and J. Remache (2015). Overnight RRP Operations as a Monetary Policy Tool: Some Design Considerations. Finance and Economics Discussion Series 2015 – 010. Washington: Board of Governors of the Federal Reserve System.

［5］Gatev, E. and P. Strahan (2006). Banks' Advantage in Hedging Liquidity Risk: Theory and Evidence from the Commercial Paper Market. The Journal of Finance, 61

---

① http://geoffreywoo.com/the – blockchain – story – part – 2.

(2): 867-92.

[6] Garratt, R., A. Martin, J. McAndrews and E. Nosal (2015) Segregated Balance Accounts, Federal Reserve Bank of New York Staff Report no. 730.

[7] Klein, B. (1974) The Competitive Supply of Money, Journal of Money, Credit and Banking, 6 (4): 423-53.

[8] Lagos, R. (2006). Inside and Outside Money. Federal Reserve Bank of Minneapolis Research Department Staff Report 374.

[9] Mainelli, M. and A. Milne (2016). The Impact and Potential of Blockchain on Securities Transac-tion Lifecycle. SWIFT Institute Working Paper No. 2015-007.

[10] Tobin, J. (1985). Financial Innovation and Deregulation in Perspective. Cowles Foundation Paper, 635.

附录：隔离余额账户（segregated balance accounts, SBAs）简介

隔离余额账户（SBAs）是指银行或存款机构使用从借贷人处借贷的资金在联邦储备银行建立的账户。SBAs 中的存款与银行其他资产相隔离，尤其是在联邦储备银行的主账户中的资金相隔离。借款银行除了偿还借贷人，不能以其他任何目的使用 SBAs 中的资金储备。银行根据 SBAs 中余额获得超额准备金利率（Interest on Excess Reserves, IOER），银行支付给 SBAs 存款借贷人的利率另外确定。联邦储备为 SBAs 支付的超额准备金利率存放于银行的主账户，银行所支付的利息是有信用风险的，而本金没有信用风险，因此 SBAs 几乎是无风险的。

SBAs 是一种货币政策工具。银行或存款机构在央行设立 SBAs 并吸纳存款的动机只有赚取超额准备金利率。借贷人将资金存入银行的 SBAs 是综合考虑了其无风险性以及银行可以提供的利率。而从货币政策角度考虑，一方面 SBAs 不会减少储备系统的总供给量，但却可以增加竞争从而降低银行可以"使用"的储备总量，有效确定储备的最低

水平。另一方面 SBAs 可以促进储备在银行部门间的有效分配，降低合计资产负债表成本。

隔夜逆回购（ON RRP）简介

由于近几年有证据表明超额准备金利率（IOER）不能达到联邦公开市场委员会（The Federal Open Market Committee, FOMC or Committee）所设想的对储备金利率和短期利率的控制力度，就产生了对新的辅助工具的需求。因此 2013 年 7 月，联储理事会向 FOMC 提交了一份为包括非银行机构提供逆回购协定（RRPs）的提案。在概念上，以固定利率、全额供应的方式提供逆回购协定应该可以满足市场对供给的任何程度的需求。直接为广泛的市场参与者提供 ON RRP 可以促使借贷人不会将资金借给那些利率更低的项目，增加货币市场的竞争，从而建立短期利率的地板（Floor）。相比于 IOER，FFR 可以调动非银行投资者在货币市场中的积极性，辅助 IOER 控制短期市场利率。

但 ON RRP 也存在一定的副作用：（1）不受限的 ON RRP 将为银行存款提供无风险的替代方案，从而加剧安全投资转移的流动，使金融体系所需要的流动性急剧下降；（2）大量使用 ON RRP 将会扩大联邦储备对短期融资市场的干预，以很难预测的方式改变市场的结构和运作。因此需要政策制定者作出权衡。

DLT 支付系统能安全高效运转吗[①]

——日本银行和欧洲中央银行数字货币试验第一阶段解析

陈 华

摘要：2016 年 12 月，日本银行和欧洲中央银行宣布启动一项名为"Stella"的联合研究项目，旨在评估现有支付体系的特定功能是否能够在分布式账本技术（DLT）环境下安全高效地运转，具体试验包括测试交易节点数量、节点间距离、有无流动性节约机制（LSM）、节点故障、格式错误对系统性能的影响。

该研究主要得到以下结论：一是基于 DLT 的解决方案可以满足实时全额支付系统（RTGS）的性能需求，且常规的流动性节约机制在 DLT 环境下是可行的。二是网络规模和性能之间存在"此消彼长"的关系，增加节点数量将导致支付执行时间增长。至于节点距离对性能的影响，则取决于网络的设置条件。如果达成共识所必需的最少数量节点足够接近，那么节点距离对反应时间的影响有限，反之，影响较大。三是 DLT 网络可以较好地应对验证节点故障和数据格式错误的问题。

2016 年 12 月，日本银行和欧洲中央银行（以下称欧央行）宣布启动一项名为"Stella"的联合研究项目，旨在研究分布式账本技术（DLT）在金融市场基础设施中的应用，评估现有支付体系的特定功能是否能够在 DLT 环境下安全高效地运转。

[①] 本文参考了欧洲中央银行和日本央行公布的 Stella 项目报告：European Central Bank and Bank of Japan. Payment systems: liquidity saving mechanisms in a distributed ledger environment. Report. 2017.

一、测试设置

DLT 平台：DLT 环境下，网络参与者通过共识机制对账本进行更新，参与方必须就每一笔交易达成共识，这种方式增强了交易的有效性和可追溯性。Stella 项目采用了 Hyperledger Fabric 0.6.1 平台，对每个交易进行存储，并通过实用拜占庭容错算法（PBFT 算法）进行持续同步。

编码设计：在 DLT 应用中，交易的业务逻辑通过智能合约来实现①。Stella 项目编写并运行了两类智能合约程序：一个是在没有任何排队和抵销的情况下进行交易处理的简单程序，另一个是运行了有流动性节约机制（LSM）的程序。欧央行和日本银行的 LSM 智能合约分别以 TARGET2 和 BOJ–NET 的排队和双边抵销机制为基础进行设计。

测试方法：欧央行和日本银行采用了各自系统中 LSM 的某些逻辑。为对照，程序首先在 DLT 之外的环境下运行得出基准效率，然后将智能合约部署在没有共识机制的单一节点上，最后，在有共识机制的分布式环境下运行程序，以测试在 DLT 环境对效率的影响。

测试环境：欧央行的研究工作是在一个虚拟且严格的内部测试环境下开展的②，日本银行则使用了云计算服务③。欧央行和日本银行在各自的测试环境中开展了一系列并行测试，以证实测试结果均可复用。

测试数据：测试使用的是模拟数据。系统中的每个虚拟参与者都被分配了一个账户，且所有相关信息（账户余额和待完成交易）都被

---

① "智能合约"是指每个节点上部署并执行的用于添加账本的程序代码，并不涉及法律方面的内容。

② 验证节点和测试代码部署在两台红帽企业版 7（Red Hat Enterprise Linux 7）计算机上，配备 16 virtual cores、8 GB RAM 和 50 GB 存储。

③ 每个节点在单独的 Ubuntu 服务器（16.04.1 LTS 64bit）上运行，每台服务器 7.5 GB RAM 和 8 GB 存储。验证节点的数量和距离根据测试需求进行调整。

储存在账本中。针对不同的测试项目，输入交易①以恒定速率或是按照全天交易量波动的规律②被注入 DLT 应用（比如设置高峰请求量），从而测试智能合约在各种可能情景下的性能。

性能衡量：Stella 项目以系统的反应时间为依据来衡量性能，总流量设置在最大 250 RPS 或模拟 RTGS 每日流量。为测量反应时间，每个节点在"交易请求被发送"与"该笔交易被执行并写入区块"之间所花费的时间都被记录下来③。在测试中，项目计算了每笔交易中所有节点的运行时间或者 quorum 节点将区块加入账本的时间。

安全性评估：Stella 项目重点研究了三种特定场景对系统运行的影响：一是单个或多个验证节点暂时故障；二是 Fabric 某个用于验证参与方和交易请求的特殊节点暂时故障；三是发送给系统的部分交易存在数据格式错误。在测试中主要关注的是上述故障所导致的额外反应时间以及系统功能恢复所需要的时间。

二、测试内容

（一）网络规模对效率的影响

项目测试了验证节点数量增加对系统性能的影响，并且对简单智能合约情形（无 LSM 情况下的支付）以及 LSM 智能合约情形（有 LSM 情况下的支付）两种情况均进行了测试。

1. 简单智能合约情形的试验结果

无 LSM 简单支付的试验证实了节点数量与反应时间之间此消彼长

---

① 以每日高峰时期交易量为参考，欧央行的测试包括 200 个、700 个和 1000 个账户，总交易量为 11000 笔；日本银行的测试包括大约 200 个账户，交易总量 38000 笔。

② 测试数据的生成以下文为依据：《经济学：开放权限》第 7 卷《识别支付系统中的系统重要性银行的 SinkRank 算法》，Soramäki, K. and Cook, S., 2013 年。

③ 一笔交易完成结算或者放置到队列后都会被记录到区块中。

的关系,即节点数量越多,则执行支付请求并记录到区块所需的时间越长。对于节点数量在 4~65 个的网络来讲,反应时间的中值始终在 0.6 秒左右徘徊,但是随着节点数量的增加,某些交易需要更长的处理时间(见图 1)。当节点数量增加至 65 个时,反应时间峰值达到 1.6 秒①。

2. LSM 智能合约情形的试验结果

关于 LSM 智能合约的测试也得出了类似的结果,即需要平衡节点数量与反应时间之间的关系(见图 2)。结果还显示,有 LSM 交易所需要的反应时间比无 LSM 交易多出 0.01~0.02 秒,这意味着执行 LSM 智能合约并不会延长 Fabric 反应时间。

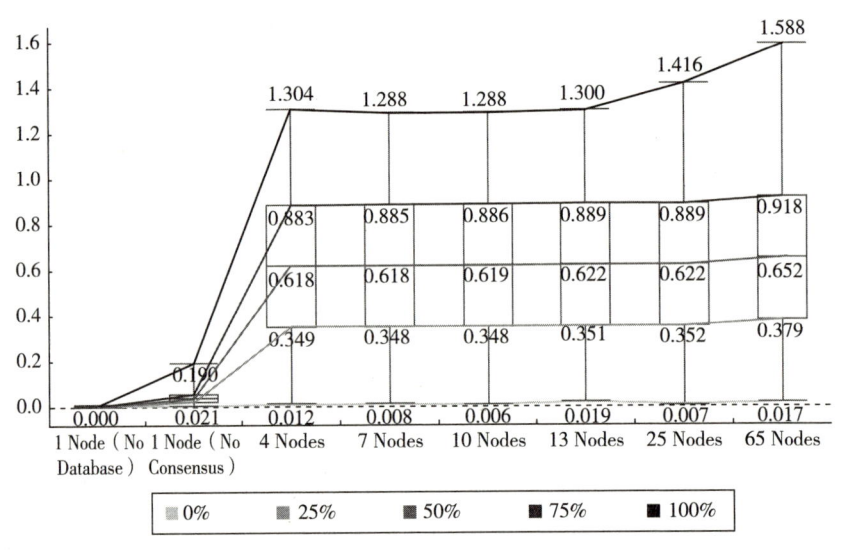

图 1 简单智能合约情况下的反应时间(Y 轴 – 秒;X 轴 – 网络规模)

3. 反应时间分解

为了进一步研究为什么节点数量增加会导致反应时间增长,Stella

---

① 参与 Fabric 的验证节点数量是有限的,项目最多成功测试了 65 个节点。

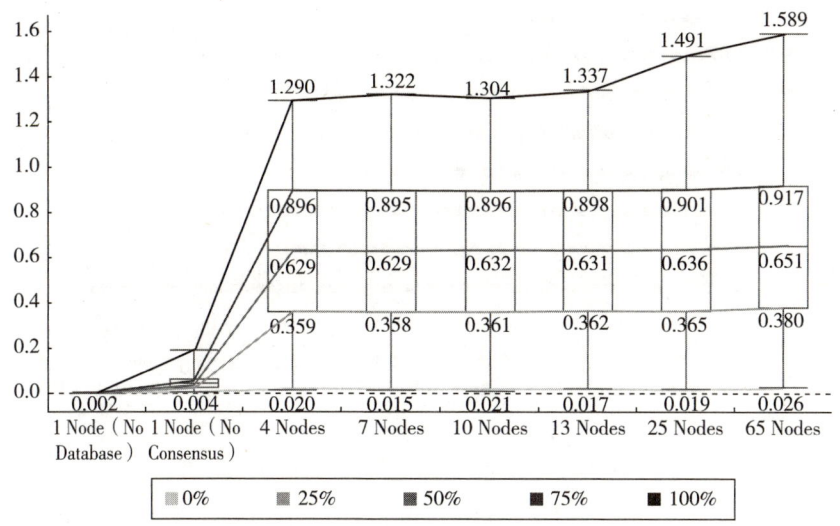

图 2　LSM 智能合约情况下的反应时间（Y 轴 – 秒；X 轴 – 网络规模）

项目将反应时间按照 Fabric 的处理流程进行了分解。由于 Fabric 对交易进行批量处理，因此反应时间中的一部分是用来将一定数量的交易请求打包成一个批次（Batch）①。项目测试中发现，一个批次的打包时间平均稳定在 0.5 秒左右，且不随着节点数量增加而变化②。

在全部反应时间中剔除打包时间之后的结果（见图 3）。其中，"执行智能合约"所需的时间占到反应时间的很大一部分，因为合约是连续执行的③。测试结果也显示，当节点数量从 4 个增加到 13 个的时候，下达指令和通信环节所需要的平均反应时间在 LSM 合约处理时间

---

① 交易在执行前会被分组，并放置在一个区块中。根据试验参数，凡是满足以下条件之一，交易即会被分组：一是交易数量达到 500 笔；二是时间过了 1 秒钟。
② 由于测试数据中 RPS 低于 500，因此每秒就生成一个新区块。平均来看，启动区块处理大概需要花费 0.5 秒。
③ 在处理能力充足的情况下，执行每个合同所需的时间可以被认为是恒定的。由于每个合同是按顺序执行的，因此一个区块中包含的交易数量越多，该批次处理时间就越长。

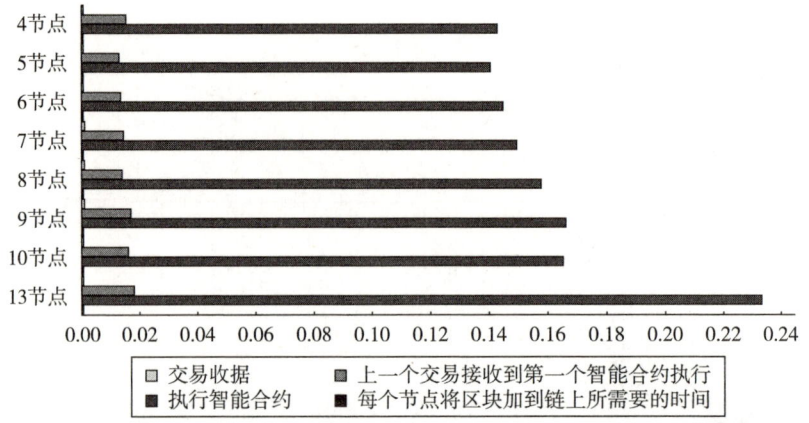

图3 反应时间分解(Y轴-网络规模;X轴-秒)

中的比例增加了20%左右。每个节点将区块加到链上所需要的时间可以忽略不计。此外,结果还显示区块大小与RPS之间存在很强的关联关系(见图5)。

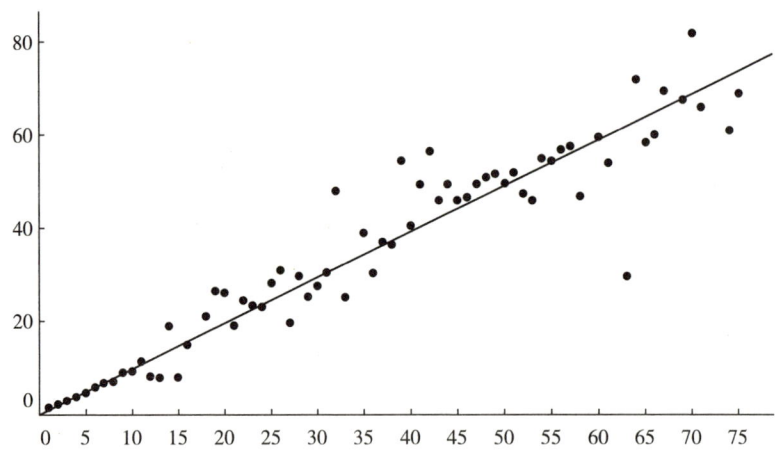

注:·实际观测值,——是趋势。

图4 区块大小与RPS(Y轴-区块大小;X轴-RPS)

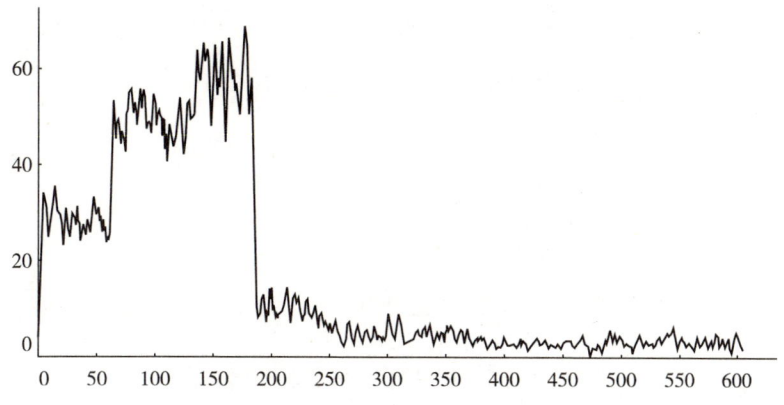

图 5　高峰时段 RPS 取样（Y 轴 – RPS；X 轴 – 秒）

（二）节点间距离对效率的影响

Stella 项目还将场景分为集中式和分散式（见图 6），测试了验证节点处于不同地点对网络性能的影响。每个场景有 4 个节点。在第一个"集中式"场景中，三个节点在同一地点，第四个节点在另一个地点。第二个"分散式"场景中，四个节点平均分布在两个不同的地点（每个地方两个节点）。每个场景中，两个地点之间的往返时间被设置为 12 毫秒和 228 毫秒，前者是信息在法兰克福—罗马或者东京—大阪之间往返的时间，后者是法兰克福—东京往返的时间①。

集中式场景下的测试结果显示（见图 7），由于节点距离相近，所以网络性能受到的影响较小，所有节点所需的反应时间与无延迟的基准场景下所需要的时间相近。但是在集中式场景中，与其他节点相距较远的节点需要较长的反应时间（比基准场景高出 112%）。而在分散式场景下，由于节点间距更长，因此所有节点反应时间比基准场景增

---

① 欧央行通过"流量控制"指令来进行模拟，从而推迟节点之间的网络流量。日本银行则将节点设置在不同的云计算区域。

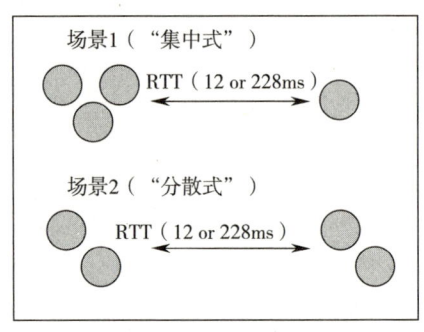

图 6　场景 1 "集中式"；场景 2 "分散式"

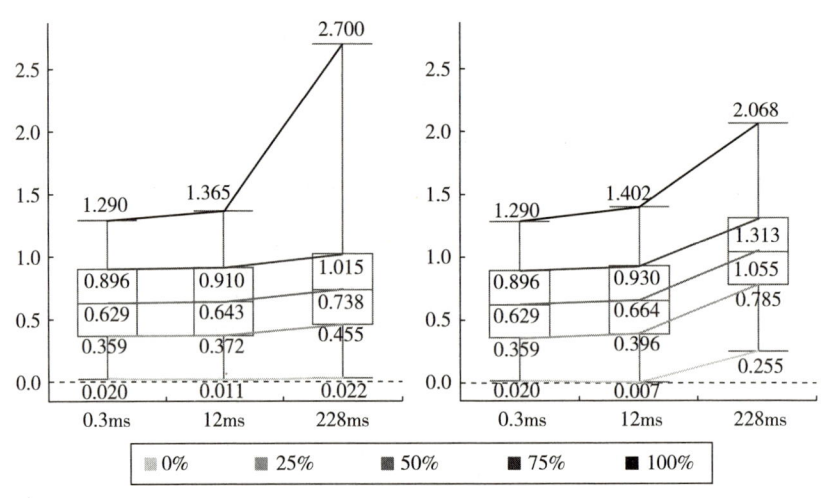

(左侧为集中式场景，右侧为分散式场景，Y 轴 - 秒；X 轴 - RTT)

图 7　节点位置对反应时间的影响

加 67%。

从共识时间看（见图 8），当达成共识所需的节点彼此之间距离相近时（比如四个节点中有三个距离相近的节点参与共识机制），平均来看达成共识的速度更快。如果共识机制需要某个距离较远的节点参与，则达成共识所需的时间会更长。

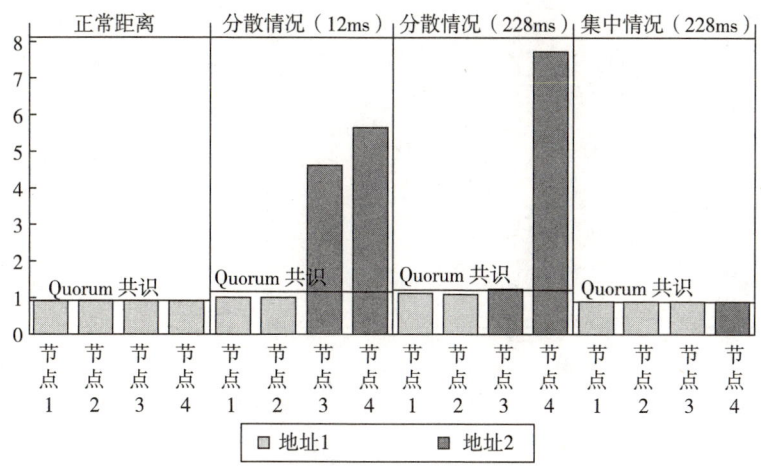

注：系统状态取决于一项交易是否被 quorum 节点验证，这一段的反应时间已经从第三个节点将交易加入区块并完成验证的时间段中剔除。

图8　节点位置对共识时间的影响（Y 轴 – 秒）

（三）对安全性的潜在影响

1. 当验证节点发生故障时

无论是由于内部故障或是网络断开的原因，如果网络中参与共识的一个或多个验证节点发生故障，则需要按照特定程序在恢复连接后"追赶"上其他验证节点的状态。

Stella 项目测试了某个验证节点故障所产生的后果，特别是将网络四个节点中的某一个关停一段时间（宕机），然后重启该节点，以测量该节点追赶上其他节点所需要的时间（恢复时间，见图9）。

测试结果显示，只要共识算法所必需的节点仍能够运行（四个节点中3个为 quorum 节点），则整个系统的可用性不会受到单一节点故障的影响。故障期间，三个运行节点的区块链所记录的区块数量（区

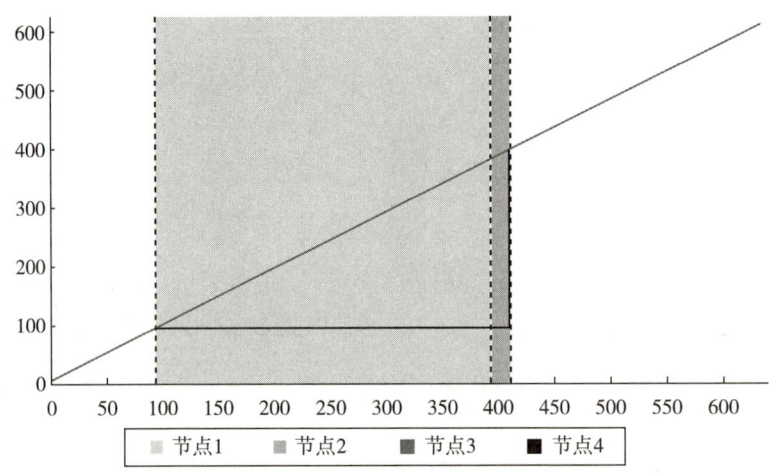

图9 单一节点故障下的系统可用性和恢复时间
（Y 轴 – 区块高度；X 轴 – 所用时间）

块高度）仍会逐渐增加，而故障节点在恢复前不会对区块高度进行更新。

总体看，验证节点在多种可能的宕机情境下都会在相对较短的时间内恢复（不超过30秒，见图9）①。更具体一点说，验证节点会定期检查自己的账本与其他节点的账本是否一致，一旦发现不一致，则该节点的账本会与网络的当前账本同步。

相应地，故障节点的恢复时间被分解如下：一是发现不一致所需要的时间（检测时间）；二是账本同步所需要的时间（同步时间）。试验结果显示（见图10），对于当前场景下的支付流量来讲，同步时间保持得相对稳定（11~14秒），而检测时间波动较大（2~13秒），这与重启时较大的支付流量波动相吻合。

---

① 测试过程中，调整 Fabric 的默认参数十分必要：需要停止 view changes 协议才能让故障节点在恢复后同步账本。

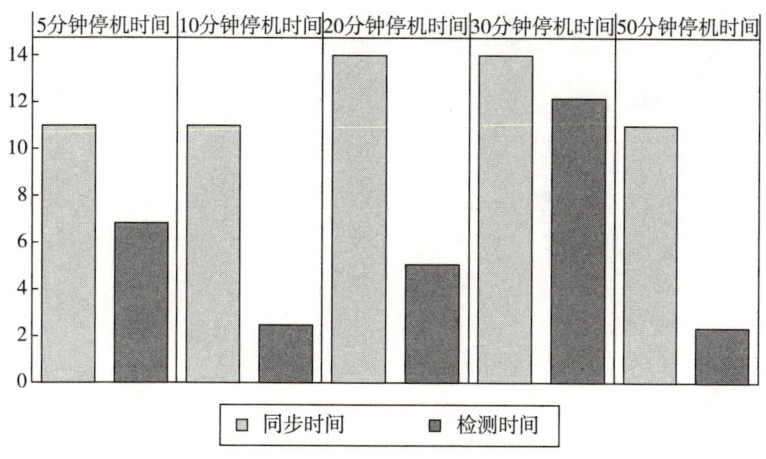

图 10　恢复时间分解（Y 轴 – 秒）

2. 当认证中心出现故障时

虽然根据网络设计，交易的验证是分布式的，但 Fabric 系统架构设置了单一认证中心，由此给系统带来了单点故障风险。为了研究 Fabric 如何处理认证中心不可用的问题，项目将认证中心关停后重启，在此期间各验证节点仍持续发送和处理交易。

测试结果显示，一旦认证中心不可用，则交易会被拒绝，并向发送方提示 Fabric 网络不可用。而一旦认证中心可用后，交易处理无需其他系统干预措施即可恢复。

3. 当出现错误格式请求时

Stella 项目认为，假设央行运行的市场基础设施所在的 DLT 环境仅向开展银行间结算的成员开放，那么在这样一个背景下，网络上成员无意间散播格式错误的信息似乎是个更加严峻的风险。因此，保障 DLT 系统弹性的一大挑战是确保系统在收到大量格式错误的交易请求时仍能够继续运行。

在测试中，0～80% 的信息被设置了错误的格式，这些错误信息将触发智能合约内嵌的错误检测机制。测试结果显示，无论格式错误信息的比例有多少，系统都能够毫无障碍地处理格式正确的交易。在 RPS 为 10 和 100 的情况下，反应时间的中值和最大值分别保持在 0.5～1.0 秒以及 1.0～1.3 秒（见图 11）。毫不意外的是，交易流量越大，所需要的计算资源也越大。随着错误格式信息的比例增加，计算资源所承受的压力有所减轻（见图 12）。

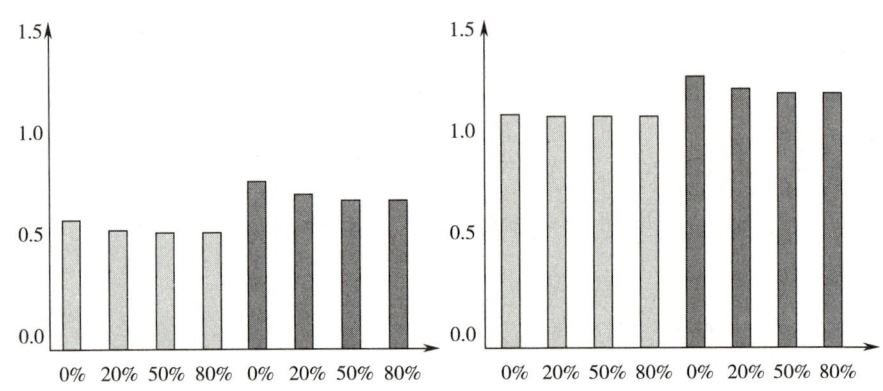

（Y 轴－RPS；X 轴－格式错误交易的比例）

左侧为反应时间中值，右侧为反应时间最大值

注：黑柱标识的交易以 10 RPS 发送，灰柱标识的交易以 100 RPS 发送。

图 11　格式错误交易对反应时间的影响

三、试验结论

Stella 项目的主要结果归纳如下：

一是基于 DLT 的解决方案可以满足实时全额支付系统（RTGS）的性能需求。研究发现，DLT 应用可处理的支付请求数量与当前欧元区和日本 RTGS 系统的支付请求数量相当，每笔交易平均处理时间不到 1 秒钟。但当每秒请求数增加至 250 RPS 时，流量与性能之间的矛盾则会凸显。此外，测试结果表明常规的流动性节约机制在 DLT 环境下是

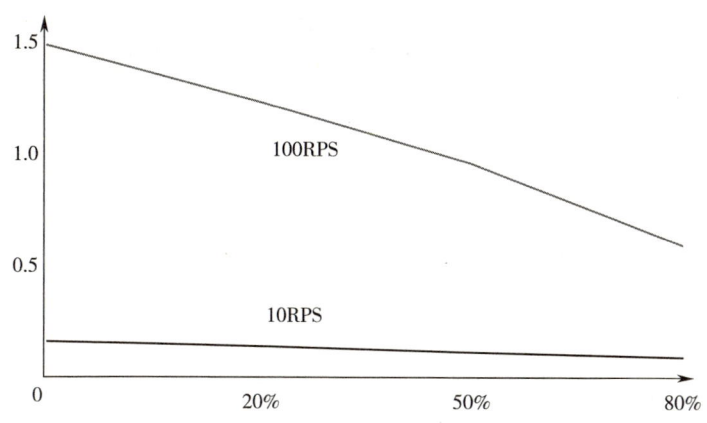

（Y 轴 – CPU 使用率；X 轴 – 格式错误交易的比例）

图 12　格式错误交易对计算资源的影响

可行的。

二是 DLT 的性能受到网络规模和节点距离的影响。网络规模和性能之间存在"此消彼长"的关系。增加节点数量将导致支付执行时间增长。至于节点距离对性能的影响，则取决于网络的设置条件。如果达成共识所必需的最少数量节点（quorum 节点）之间的距离足够接近，那么节点距离对反应时间的影响有限，不过，处于网络边缘位置的节点所生成的账本可能会与 quorum 节点存在不一致。反之，如果 quorum 节点之间足够分散，则节点距离会对反应时间产生较大影响。

三是 DLT 方案具备加强系统弹性和可靠性的潜力。其可以较好应对验证节点故障和数据格式错误的问题。发生节点故障时，只要共识算法所必需的节点能够运行，则系统的可用性不会受到影响。无论宕机时间长短，验证节点都能够恢复。但需要注意的是，Stella 项目测试所使用的 DLT 设置中包含了一个单一认证中心（Certificate Authority），如果该节点发生故障，则可能瓦解分布式验证的优势。此外，测试表明，系统能够在不影响网络整体性能的情况下检测出数据格式错误。

虚拟货币观察监测

◇ 《纽约州金融服务局关于虚拟货币商业活动的法规》
◇ 2017年1—4月比特币交易数据分析
◇ 首次代币发行ICO的初步研究

《纽约州金融服务局关于虚拟货币商业活动的法规》

狄 刚 编译

编者按：纽约州是美国第一个对私人部门类数字货币提出具体监管框架和开展监管实践的州，其目的是保护用户权益、防范相关风险的同时为数字货币产品创新提供一个确定性监管环境，助力纽约成为虚拟货币交易中心和产业创新中心。监管法规初步界定了虚拟货币及其商业活动内涵，设置了虚拟货币业务牌照（Bitlicense）准入条件，重点对从事虚拟货币商业活动主体的资质门槛、合规检查、业务开展、网络安全、反洗钱及消费者保护等事项进行了规定。

2014 年 12 月 18 日，美国纽约州金融服务管理局发布了虚拟货币监管法规，对虚拟货币商业活动[①]相关的牌照发放、合规检查、消费者保护等事项进行了规定。现将《纽约州金融服务局关于虚拟货币商业活动的法规》编译如下：

一、名词解释

本节对法规中的相关名词进行了定义说明，重点包括：

（一）兑换服务

将法定货币或其他价值形式转换（Convert）或兑换（Exchange）为虚拟货币，将虚拟货币转换或兑换为法定货币或其他价值形式，或者将虚拟货币的一种形式转换或兑换为虚拟货币的另一种形式。

---

① Virtual currency business activity.

（二）法定货币

政府发行的，通过政府法令、法规或法律规定，成为发行所在国家的合法通货的货币。

（三）虚拟货币

任何一种作为交易媒介或者以数字形式储存价值的数字单元（Digital unit）。虚拟货币的定义应当尽量广泛，满足如下要求之一的数字交易单元（Digital unit of exchange）均可被视为虚拟货币：

1. 有集中的存储数据库或管理者的；
2. 去中心化且没有集中的存储数据库或管理者的；
3. 通过计算或制造工艺而创造或获取的。

虚拟货币不应包括以下所列的数字单元：

1. 仅用于在线游戏平台的、在此类游戏平台外没有市场或应用场景的、无法转换或折合为法定货币或虚拟货币的、不一定能兑换成现实世界中的产品、服务、折扣优惠或用于购买行为的数字单元；
2. 作为客户关系计划或者奖励计划中的一部分而发行的，且能够在发行者或指定商家用于兑换成现实世界中的产品、服务、折扣优惠或用于购买行为，或者可兑换成其他客户关系计划或奖励计划，但不能转换或折合成法定货币或虚拟货币的数字单元；
3. 预付卡中的数字单元。

（四）虚拟货币商业活动

纽约州或纽约居民参与的任何下面所列的行为之一：

1. 接受虚拟货币传递或开展虚拟货币传递行为，但出于非金融目的进行的交易且交易金额不超过一定名义数额的交易不在此列；
2. 代替他人储存、持有、托管或保管虚拟货币的；

3. 作为客户业务买卖虚拟货币的；

4. 作为客户业务开展兑换服务的；

5. 控制、管理或发行虚拟货币的。

开发和传播软件本身不构成虚拟货币商业活动。

二、牌照

未获得本法规指定的监管机构所发放的牌照的个人或组织不得开展任何形式的虚拟货币商业活动。持照人不得行使《银行法》第100节中所规定的信托权利。

持照人不得通过任何无牌照的中介或通过与无牌照的个人或组织签署中介协议的方式，开展虚拟货币商业活动。

以下个人或组织可在无牌照的情况下开展虚拟货币商业活动：一是按照纽约州《银行法》规定成立的，且已获得监管机构批准可开展虚拟货币商业活动的；二是仅将虚拟货币用于商品或服务买卖或用于投资目的的。

三、牌照申请

申请者须按相关要求提供书面申请材料，应包括以下信息：

1. 申请者名称；

2. 与申请者存在控制关系的组织名称，并提供组织关系图；

3. 个人申请者或机构申请者主要股东及管理人的个人信息；

4. 由第三方机构出具的对个人申请者或机构申请者主要股东及管理人的背景调查报告；

5. 个人申请者、机构申请者主要股东及管理人、申请者所雇用的能够接触到客户资金（无论是法定货币或虚拟货币）的工作人员的照片和指纹信息，并提交司法部门和联邦调查局；

6. 申请者的组织架构图和管理架构图；

7. 申请者及其主要股东及管理人的当前财务报表，以及申请者未来一年的资产负债表及利润表预测报表；

8. 关于申请者现有、历史和未来可能开展的业务的说明；

9. 银行业务的全部细节；

10. 本法规要求提供的相关政策和程序文件；

11. 关于申请者及其主要股东及管理人当前或未来可能面临的行政、民事或刑事诉讼的书面陈述；

12. 纽约州税务部门出具的表明申请者履行税收义务的书面证明材料；

13. 受益人为申请者、申请者主要股东及管理人或客户的投保书（如有）；

14. 关于申请者所采用的计算虚拟货币价值的方法的说明；

15. 监管机构要求提供的其他材料。

如果申请者不能完全符合发放牌照的要求，则监管机构可酌情发放"有条件牌照"①，有效期两年，如果两年内牌照未被监管机构撤销或更新，则牌照自动失效。

四、监管机构对牌照的操作

监管机构负责受理牌照申请，并有权对牌照进行发放、暂停、撤销、临时禁止等操作。

五、合规

持照人须遵守所有适用的联邦和所在州的法律法规，指定至少一人负责合规工作，并制定相关合规性文件，内容要包括反欺诈、反洗钱、网络安全、隐私和信息安全等方面。

---

① Conditional license.

六、资本金要求

持照人须按照监管机构要求保持一定水平的资本金，最低资本金要求由监管机构根据持照人相关情况决定，可供监管机构考虑的因素包括：

1. 持照人总资产的结构，包括头寸、规模、流动性、风险敞口以及每类资产的价格波动性；
2. 持照人总负债的结构，包括负债规模及每类负债的还款时间；
3. 持照人虚拟货币商业活动的实际业务量及预期业务量；
4. 持照人是否已根据《金融服务法》《银行法》或《保险法》的规定获得了监管机构发放的牌照或根据上述法律受到相关部门监管，或者以金融产品或服务提供方的身份受到上述法律的监管；
5. 持照人的杠杆水平；
6. 持照人的流动性水平；
7. 持照人通过信托账户或债券为其客户提供的保护水平；
8. 持照人服务的对象类别；
9. 持照人提供的产品或服务种类。

持照人须按照监管机构要求的比例，以现金、虚拟货币或者高质量、高流动性的投资级别资产作为资本金。

七、客户资产托管与保护

持照人须按照监管机构要求持有一定美元担保债券或信托账户，以保障客户利益，且信托账户须由符合资质的托管人保管。

如持照人代替其他个人或组织储存、持有、托管或控制虚拟货币，则持照人须同时持有同等类型和数量的虚拟货币。

持照人不得卖出、转移、分配、借出、抵押、质押、使用或损害代替其他个人和组织储存、持有、托管或控制的包括虚拟货币在内的资产，在托管人允许的情况下开展上述操作的除外。

八、重大业务变化

持照人如推出或提供重大的新产品、新服务或新业务，或者对现有产品服务或业务进行重大变更的，须事先获得监管机构的书面批准。

九、控制人变化与并购

（一）持照人的控制人发生变化

控制关系发生变化前，有意获得持照人控制权的个人或组织需向监管机构提交申请并提供相关材料，获得书面批准后方可进行控制关系变更。

（二）兼并收购

针对持照人的全部或大部分资产开展并购前，有意与持照人进行兼并或有意收购持照人的个人或组织需向监管机构提交申请并提供相关材料，获得书面批准后，方可开展兼并或收购行为。

十、记录保存

持照人应保存所有与虚拟货币商业活动相关的账簿和记录原件，保存时间至少为7年，保存内容至少包括：

1. 每笔交易的金额和日期（具体到交易时间），支付指令，所支付/收到的费用金额，参与交易的客户或持照人账户持有方以及其他交易参与方的姓名、账户号码和地址；

2. 包含全部资产、负债、所有者权益、收入和支出的总账；

3. 银行对账单和对账记录；

4. 向客户和对手方提供的财务报表；

5. 董事会或决策层的会议纪要；

6. 能够证明持照人符合所在州和联邦反洗钱法律法规的相关记录，包括客户身份识别及验证材料、违规行为记录等；

7. 关于客户投诉调查、交易错误处理情况以及对可能导致违规行为的事实所开展的调查记录；

8. 本法规要求的其他需要保留的材料；

9. 监管机构要求保留的材料。

十一、检查

持照人至少每两年要接受一次监管机构的检查，检查内容包括但不限于：持照人的财务状况、业务稳健性、管理政策、合规性以及监管机构决定检查的其他事项。监管机构可随时对持照人进行检查。

十二、财务报告和披露

持照人在每个财务季度结束时，需向监管机构提交季度财务报告，内容包括但不限于：持照人的财务报表（资产负债表、损益表、现金流量表、权益变更说明、综合收益表以及净流动资产情况表）；证明持照人遵守相关财务要求的记录；财务预测表与业务战略规划；表外项目情况；账户列表并附账户说明；持照人的投资情况报告。

持照人须提交审计后财务报表以及由独立认证会计事务所出具的审计意见和证明材料。

十三、反洗钱措施

本节所涉的所有美元价值需按照纽约金融服务局的方法对虚拟货币进行价值计算。持照人须综合考虑业务、服务、客户、对手方和地理位置等因素，对自身的法律、合规、财务和声誉风险进行初步评估，并制定相应的反洗钱措施。具体措施至少包括以下内容：完善的内部控制政策和流程,确保持照人符合反洗钱法律法规;每年度由持照人内部工作人员或外部独立机构,对持照人的反洗钱措施的合规性和有效性进行独立检查,并将检查结果报送监管机构;设置专职岗位,负责反洗钱措施实施的日常协调和监测工作;持续开展反洗钱措施培训。

作为反洗钱措施的一部分,持照人要建立客户身份识别机制,包括:识别和验证账户持有人身份、加强对涉外账户的尽职调查、禁止境外壳公司账户、加强对大额(3000 美元以上)交易发起人的身份验证。

十四、网络安全措施

持照人须制定有效的网络安全措施,确保持照人电子系统的正常运行,保护系统和敏感数据安全,以实现如下五个核心目标:

1. 识别内部和外部网络风险,至少能够对持照人系统中存储的信息、此类信息的敏感程度、能够访问此类信息的方法和人群进行识别;

2. 通过防御性基础设施及相关政策措施,保护持照人电子系统及所存储信息的安全;

3. 探测系统入侵、数据泄露、未授权访问、恶意软件和其他网路安全事件;

4. 有效应对网络安全事件;

5. 灾后恢复正常运行。

持照人的网络安全措施须包含以下几方面:信息安全;数据治理及分类;权限控制;业务连续性及灾后恢复计划;能力建设规划;系统运行保障;系统及网络安全;系统与应用开发,以及质量保障;物理安全及环境控制;客户数据隐私;设备供应商及第三方服务供应商管理;监测并修改非持照人直接控制的核心协议;事件应急处置。

持照人应设置专门的首席信息安全官①岗位，按年度向监管机构报告网路信息安全情况，开展网络安全审计，加强应用安全，提高网络安全人员能力建设。

十五、广告与营销

开展虚拟货币商业活动的持照人在纽约州或向纽约州居民就产品或服务进行广告宣传时，须明确披露持照人名称，并说明持照人已获得纽约州金融服务局批准开展虚拟货币商业活动的牌照。

持照人须保存全部广告及营销材料，保存时间至少七年。持照人的全部广告及营销活动需遵守所在州和联邦关于信息披露的法律法规。持照人及其代理方不得进行虚假或误导性宣传。

十六、消费者保护

（一）重大风险披露

在与消费者签订合同或开展首次交易前，持照人须就相关产品、服务、业务及虚拟货币整体情况，向消费者进行风险披露。披露内容至少包括如下事项：

1. 虚拟货币不是法定货币，没有政府背书，账户及余额不受联邦存款保险公司或证券投资保险公司的保护；

2. 各州、联邦或国际层面法律和监管环境的变化，可能对虚拟货币的使用、转移、兑换和价值产生负面影响；

3. 虚拟货币交易可能不可逆，因此由于欺诈或交易事故导致的损失可能无法恢复；

4. 某些虚拟货币交易的发生时间被视为是交易在公共账簿上记录

---

① Chief Information Security Officer.

的时间，可能与客户发起交易的时间有所出入；

5. 虚拟货币的价值，部分取决于市场参与者将法定货币兑换成虚拟货币的意愿，因此，如果兑换某种虚拟货币的市场意愿消失，那么该虚拟货币的价值可能全部、永久消失。

6. 无法保证现在接受某种虚拟货币作为支付手段的个人或组织，未来还会接受该虚拟货币作为支付手段。

7. 虚拟货币相对于法定货币的定价波动较大且具有不确定性，可能在短期内造成大量损失；

8. 虚拟货币的性质可能导致诈骗和网络攻击风险增加；

9. 虚拟货币的性质意味着，持照人的任何技术问题可能导致客户无法使用虚拟货币；

10. 持照人所持有的担保债券或信托账户可能无法完全弥补客户的损失。

（二）一般性条款披露

在为新客户开立账户以及开展首次交易前，持照人须围绕相关产品、服务、业务及虚拟货币整体情况，向消费者就一般性条款进行披露，至少包括如下内容：

1. 消费者需要对未授权虚拟货币交易所承担的责任；

2. 消费者有权停止虚拟货币预授权转账的支付操作，以及发起停止支付指令的程序；

3. 在不存在法院或政府命令的情况下，持照人在何种情形下可以向第三方披露客户的账户信息；

4. 消费者有权定期索要持照人的账户对账单和定价单；

5. 消费者有权索要交易收据、明细或其他材料；

6. 消费者有权提前获知持照人关于规则或政策的变更情况；

7. 账户开立时需要披露的其他信息。

（三）交易信息披露

持照人须向客户披露相关交易信息，至少包括以下内容：
1. 交易金额；
2. 客户所支付的任何费用及兑换比率；
3. 虚拟货币交易的类型和性质；
4. 关于交易一旦执行则无法撤回的警告说明（如有）；
5. 交易相关的其他信息。

（四）交易收据

交易完成后，持照人须向客户提供交易收据，收据须包含以下信息：
1. 持照人名称及联系方式；
2. 交易类型、价值、日期及准确时间；
3. 交易费用；
4. 兑换比率（如有）；
5. 持照人如发生未能交付或延迟交付的情况，则所需承担的责任；
6. 持照人的资金退还政策；
7. 监管机构要求的其他信息。

十七、投诉处理

持照人须建立完善的投诉处理机制，在其网站及实体店面披露以下信息：持照人用于接收投诉的邮寄地址、电子邮箱及电话号码；提醒消费者可以将投诉告知纽约金融服务局；纽约金融服务局的邮寄地址、网址及电话号码等。

2017年1—4月比特币交易数据分析

赵新宇　钱友才

摘要：2017年初，我国监管部门针对比特币交易平台存在的问题，采取了一系列监管治理措施。从主要几家比特币交易所的交易数据来看，近一阶段我国境内比特币市场主要呈现三个特点：一是境内比特币交易成交量显著下滑；二是投机资金或转向国外市场和竞争币（Altcoin[①]）交易实现监管套利；三是比特币场外交易呈现增长趋势。数据分析结果表明，监管措施挤掉了虚假交易，取得了一定成效。但出现的新变化也需要监管部门与时俱进，预判新动向，研究新技术，储备新方法，运用监管科技提高监管能力。

一、背景

2017年初，我国监管部门针对比特币交易平台存在的问题，采取了对比特币交易平台主要负责人约谈、进驻并开展现场检查、发出风险提示并提出明确要求等措施。此后，境内所有比特币交易所开始对比特币交易收取交易手续费，同时暂停了比特币提币功能，以进一步达到抑制投机的目的。从目前市场表现和交易数据情况来看，我国监管部门的治理措施取得了一定成效。

二、交易数据分析

（一）国内比特币市场交易量显著下滑

自从境内要求对所有比特币交易所收取手续费开始，境内主要交

---

① Altcoin 是 Alternative coin 的缩写，泛指比特币以后出现的其他加密数字货币产品。

易所比特币交易数量出现明显下滑①（见图1）。目前，境内三个主要交易所比特币每日平均交易总数量约为2万个，仅为监管前日均交易总数量（约600万个）的三百分之一。

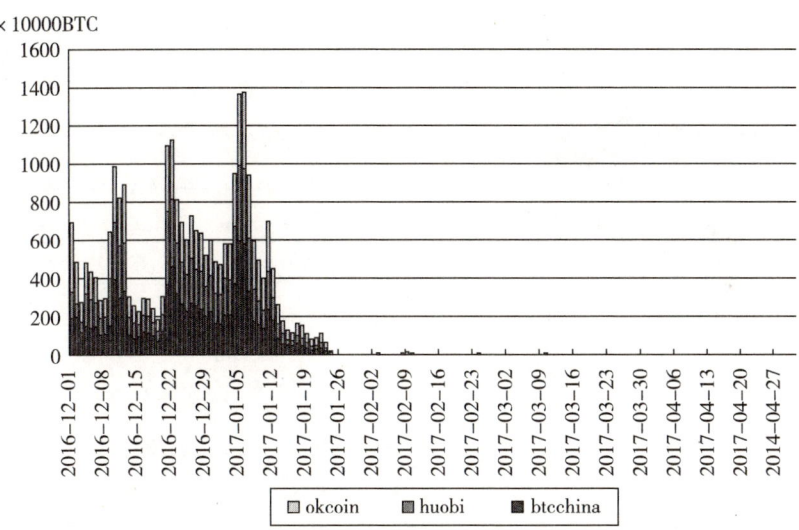

图1　2016年12月至2017年4月我国境内三个主要交易所比特币交易量

从境外交易市场看，如美元/比特币交易市场，并没有出现类似波动，（见图2与图3）。因此可以推断，境内比特币市场交易量的下跌应是我国监管措施的作用，并非受到全球比特币市场的影响。

同时，由于境内比特币交易所暂停比特币提币功能是在交易量发生显著下滑之后发生的，因此推断境内收取交易手续费是此次交易量大幅下滑的主要原因。

（二）投机资金或转向国外市场和竞争币

此前，国内的三个交易所Okcoin、火币网（Huobi）和比特币中国

---

① 本文分析的基础数据主要来源于比特币交易数据网站http://data.bitcoinity.org。

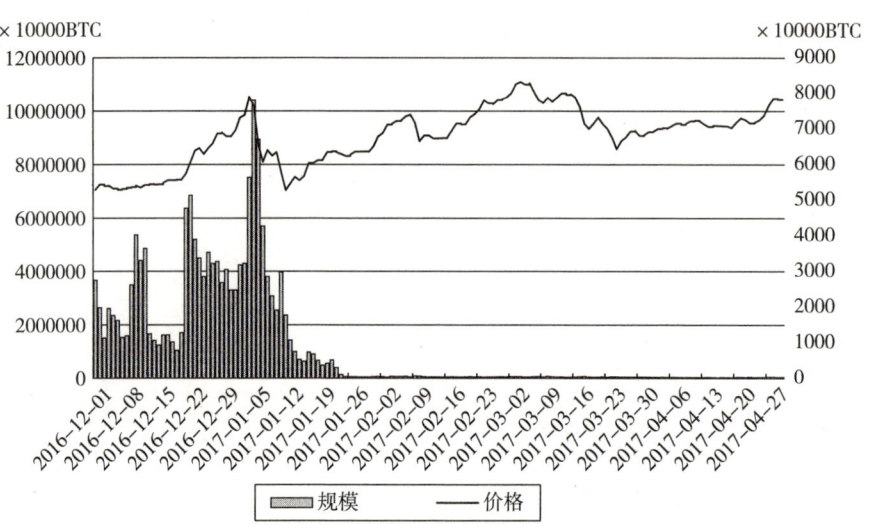

图 2　2016 年 12 月至 2017 年 4 月全球比特币/人民币交易量和价格变化

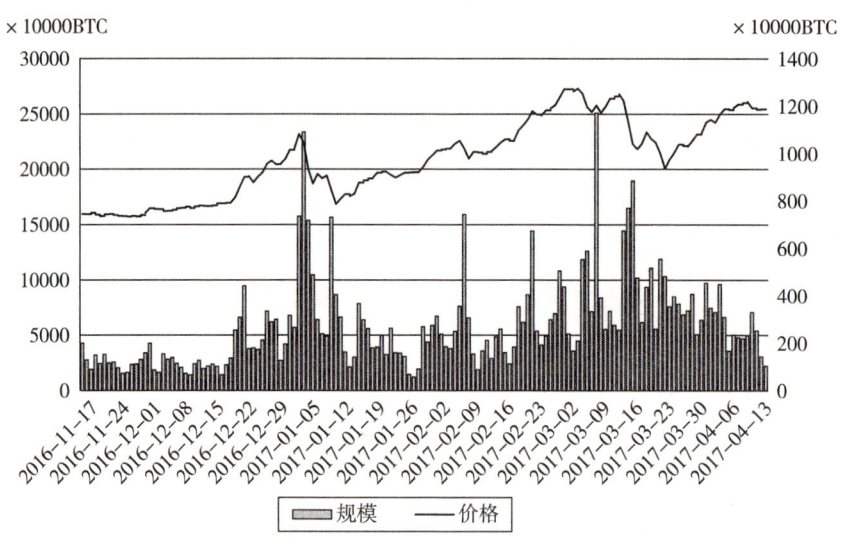

图 3　2016 年 12 月至 2017 年 4 月全球比特币/美元交易量和价格变化

（Btcchina）占据比特币全球交易量前三名。自2017年我国监管措施实施后，上述交易所交易量排名已全部跌出前三（见图4）。其中，Okcoin的平均交易量位列第四，其总量不到全球交易量的10%。其他两家交易所的平均交易量位列第七和第八（见图5）。

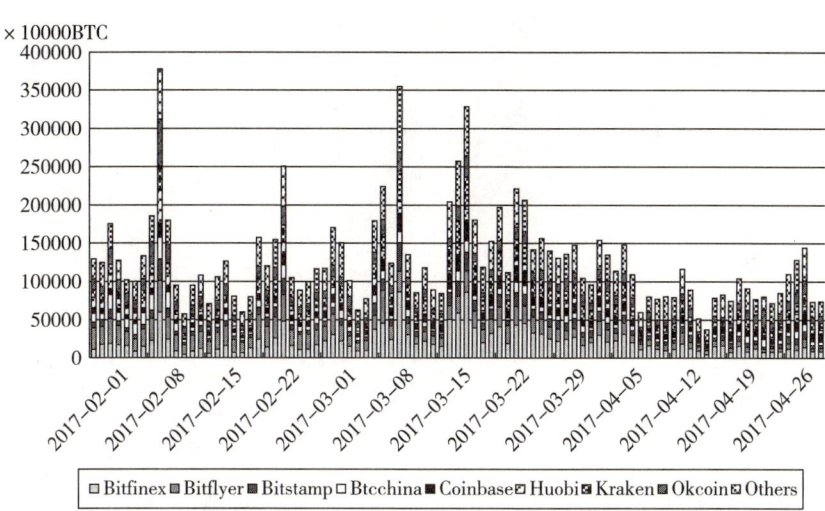

图4　2017年2—4月全球主要交易所比特币交易量分析

目前全球交易量排名第一的Bitfinex，是一家非正式注册的比特币交易所，其特色功能是杠杆交易。第二名和第三名分别是位于日本的Bitflyer和位于美国的Kraken。

值得一提的是，随着日本政府对比特币态度的明朗化：一是日本政府宣布将从2017年7月起取消比特币消费税；二是日本从2017年4月1日开始实施新修订的《资金结算法》，引进登记制度对从事比特币等虚拟货币交易的交易所进行管理，虚拟货币安全方面的相关制度不断推进，促使了日本交易所交易量迅速增加（见图6）。国外交易市场的发展可能诱发国内交易者的跨境监管套利行为。

同时值得关注的趋势是，美国Kraken交易所由于支持以太币交易而迅速崛起，进入到第三位。由此可以看出竞争币（Altcoin）交易已

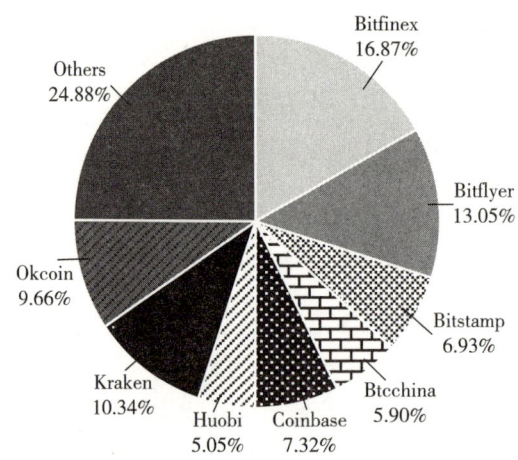

图5 2017年2—4月全球主要交易所比特币交易量市场份额分析

交易币种	交易量（BTC）	百分比
USD	5643650.03	49.59%
CNY	2123972.31	18.66%
JPY	1494712.58	13.13%
EUR	1420868.87	12.49%
GBP	173464.52	1.52%
Others	167361.06	1.47%
PLN	161750.36	1.42%
RUB	84810.08	0.75%
IDR	58076.07	0.51%
CAD	51308.17	0.45%

图6 2017年2—4月全球比特币交易所法币交易量分析

对比特币交易所的交易量产生了较大的影响。境内比特币交易平台的数据也显示，竞争币价格上涨，交易量不断增加，其中部分原因可能是因为比特币投资资金的转移，比特币参与者选择其他未被监管的竞争币进行分散投资。

（三）比特币场外交易出现增长趋势

通过收取交易手续费，以及对比特币的提币功能进行限制，客观上降低了我国境内交易所比特币的流动性。很多投资者因而转向了场外（OTC）交易。如通过对等网络（P2P）平台进行交易（见图7）。

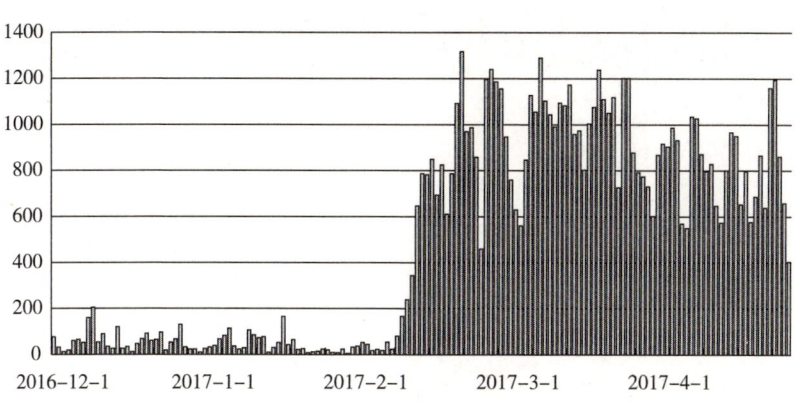

图7　2016年12月至2017年4月Localbitcoins在我国境内市场交易量分析

Localbitcoins是一家对等网络平台，专门提供场外比特币交易信息服务。2017年2月前，其在我国境内市场中的交易量占有率几乎可以忽略不计。但此后几个月，其交易量暴涨了8~10倍（见图7、图8和图9）。

实际上，境内目前已经出现多个专门为场外交易服务的APP或者网站。考虑到场外交易几乎没有任何KYC之类的监管政策得到执行，因此如果场外交易额度持续增加，可能会对监管提出更大挑战。

三、结论

通过分析2017年1—4月比特币交易数据和市场表现，可以看出我国监管部门采取的监管措施一定程度上挤掉了虚假交易、平抑了交

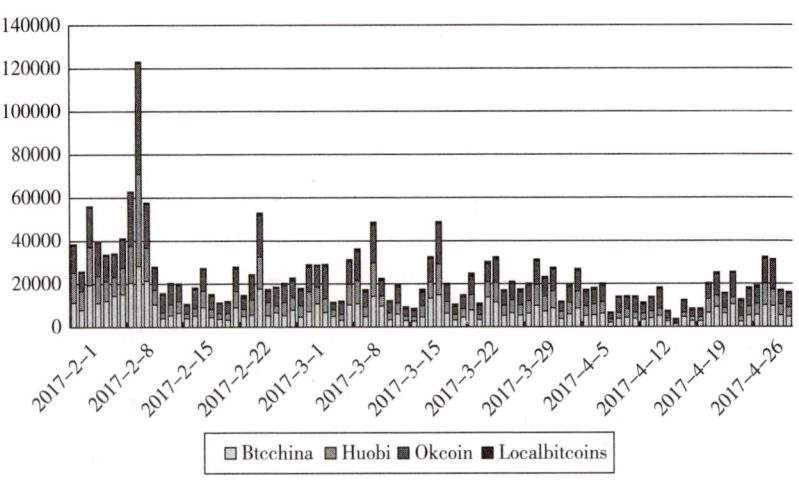

图8 2017年2—4月我国境内主要交易所的比特币交易量

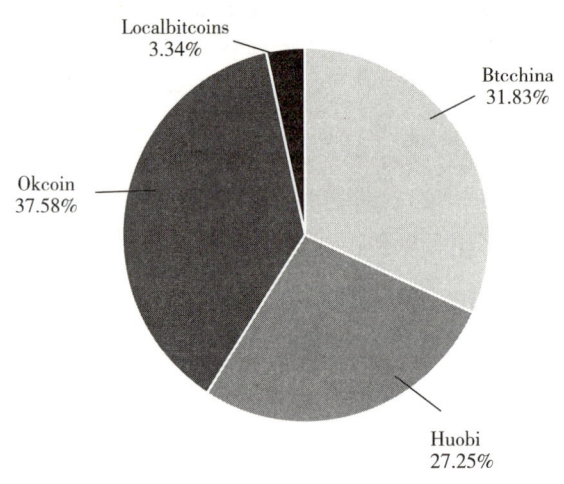

图9 2017年2—4月我国境内主要交易所的比特币交易量市场份额

易投机价格，取得了初步成效。监管措施的推出也令市场出现一些新变化：境内交易者可能正涌向目前为止未受管制的交易平台和不在监管范围内的竞争币；比特币场外交易呈现增长趋势，对于这部分交易，监管部门还缺乏有效的监管技术手段，要实现反洗钱等监管要求的难度更大。

金融科技的发展导致传统金融业态发生改变，从而对监管方法和模式提出新的挑战。监管部门需要与时俱进，预判新动向，研究新技术，储备新方法，运用监管科技提高监管能力，加强对于民间数字货币的有效观察和监管。

首次代币发行 ICO 的初步研究

孙 浩　蒋国庆　彭 枫　钱友才

一、概念与界定

对于 ICO 目前尚未有行业公认的精确定义。一般而言，ICO 是指 Initial Crypto‐Token Offering，即通过发行加密代币的方式进行融资的行为。

ICO 是国际上加密数字货币发展、区块链社区形成、DAO 分布式自治组织理念下的产物。这些与数字货币和区块链相关的技术研发项目，通过 ICO 的方式募集资金用于创始团队的开发工作，帮助项目顺利发布。对于某些大型项目来说，部分在 ICO 获得的资金会由基金会接管，支持项目的不断发展。ICO 参与者是受潜在利益驱动的，他们期望项目发布之后，代币价格会高于 ICO 期间的价格。ICO 参与者投入的是比特币、以太币等虚拟数字货币，获得的是项目代币，而代币的价值取决于区块链项目的后续发展和设计。ICO 项目投资完成后，项目方一般会按照一定比例给投资者发放代币。

来源于社区的成功 ICO 项目，可以看作是利用加密数字货币技术发行代币实现项目使用权的货币化，而区块链技术为代币发行、持有和流通提供了安全可信环境。这种新的项目融资和运营方式，降低了创业项目融资门槛与成本，ICO 项目发行即上市，不需要经过多轮融资和漫长的 IPO 审查与等待。

二、ICO 的分类

越来越多的各种项目以 ICO 的形式来融资，为便于识别 ICO 项目的特征，根据当前的现状从以下两个维度进行分类：

（一）发行代币的主体特征维度

根据 ICO 发行的代币是否与某个特定经营主体相关，一是可以根据 ICO 发行主体特征的维度，将 ICO 分为两类：

1. 中心化的 ICO。中心化的 ICO 存在一个经营实体，基于实体经营主体的 ICO。发行的 ICO 与实体本身的权益相关，投资者以 ICO 方式投资该经营实体。一般而言，此类代币代表了投资者对于一个实体公司的股票所有权（知情权、决策权、收益权和剩余索取权）。

2. 去中心化的 ICO。去中心化的 ICO 基于去中心化网络的 ICO，即发行与不存在特定实体经营主体的权益无关，投资者以 ICO 方式投资某个特定项目。一般而言，早期成功的 ICO，项目发起、代币发行、技术研发和产品运营完全依靠松散合作的技术团队。资金交予技术团队或代币基金会支配使用，也可采取 DAO（Decentralized Autonomous Organization）模式进行管理。所有项目均采用智能合约自动执行，项目产生的本金和收益通过智能合约回到 DAO。

（二）代币的属性维度

根据代币所代表价值体现，将 ICO 可分为以下三类：

1. 产品凭证类 ICO。最初的 ICO 模式就是融资主体开发出一个可供实际使用的区块链产品，并且内置可转让流通的代币公有链系统，此类代币被称为原生代币。用户使用区块链特定功能时，需要使用该代币作为对价。该代币符合公有链支撑的数字加密代币的一般特征，即不由任何主体发行、承兑或承诺赎回。设计该项目代币的融资主体不是传统意义上代币的发行主体，不对该代币承担除使用功能质量保证之外的金钱性义务。例如以太坊的 ICO 就属于这种类型。就我国现有法律体系，这种数字加密代币被认定为虚拟商品，参与者所获得的代币是发行人所提供的区块链相关服务，其核心在于代币的具体使用功能。

随着ICO的发展，其他类型的初创企业也开始运用ICO募集初期发展所需的资金，这些ICO项目中企业提供的代币的含义也各不相同。一个典型的模式是，项目代币对应了融资主体提供的区块链产品、区应用产品或者服务的凭证，用户可以用项目代币去兑换相应的区块链产品、应用产品或者服务，用户也可能持有或使用代币而获得产品的服务性收益。此种模式下的ICO仍然是处于产品众筹的范畴。

2. 收益权凭证类ICO。收益权凭证类的ICO的核心特征是相关代币并不具有实质性的使用功能，而是代表了相关"基础实体资产"的未来收益权。其收益权往往以某个项目的业务运营收入或者其他财产性权利为基础。它实质是资产支持证券的发行过程，参与者所获得的代币类似于ABS，对应基础资产的收益权份额。因此，此类ICO本质上属于资产证券化。

不同于产品众筹，资产证券化属于金融活动，无论是对于项目发起人、管理方、资金监管机构还是投资者都有一定限制，并不会单凭"数字加密代币"名号，就掩盖了资产证券化的本质，需要就其功能实质受到相应监管。

3. 企业证券类ICO。随着ICO的逐渐异化，有一类ICO是发行主体发行的代币直接对应的是特定企业的股权或者债权。从法律角度来看，此类ICO本质上就是IPO或者公开发行债券，因此，这种ICO更为明显地构成了公开发行证券行为，应该受到相应法律监管。

根据上述两个维度综合得到以下ICO项目分类矩阵表（如表1所示）：

表1　　　　　　　　ICO项目分类矩阵

主体特征 \ 代币属性	产品凭证类	收益权凭证类	企业证券类
中心化	ethereum, bancor 等	digix	持续更新
去中心化	steemit	TheDAO	<无>

三、ICO 生态链及其各主体的功能

ICO 业务逐渐形成了有发行方、承销方、投资者、交易所、法务服务机构、审计服务机构、尽职调查评级机构等参与主体构成的生态链。

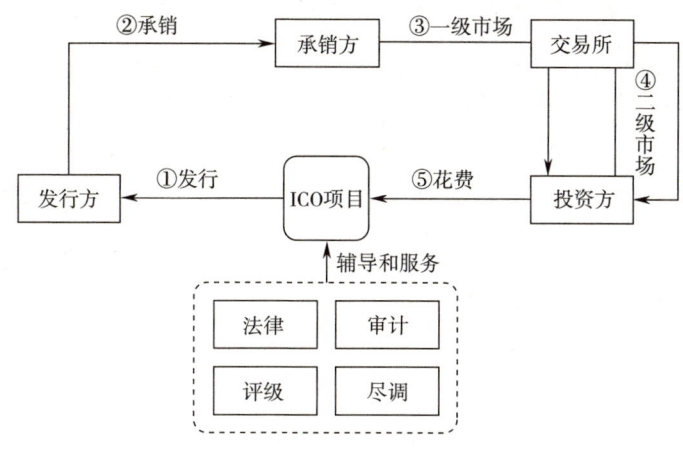

图 1 ICO 生态链

发行方可能是个人、团队、经营类主体、基金会、NGO 等。依据项目不同，发行方在项目中的作用也不同，有些属于项目的直接运营主体，有些负责资金的管理使用。

承销方有第三方平台网站，也有钱包服务商，或者交易所。

交易所组织代币的二级交易市场，有些交易所也参与到了项目的一级发行中，并且依托其便利地位，会在项目未上线之前（比如区块链项目的软件还未开发完成），即开放二级市场交易。

法务服务机构和审计服务机构负责辅导 ICO 项目，提供咨询以及投资人沟通的服务，尚未成为 ICO 项目的主流选择。但律师和审计机构的存在有助于信息透明以及项目的合规化，对规范市场秩序有积极作用。

ICO 项目的评级机构和尽职调查机构仍然属于萌芽阶段，需要社

区摸索出 ICO 项目的评级依据和标准，并经过市场竞争，形成一批有公信力的评级机构，促进市场的成熟。

四、ICO 市场发展情况

当前比较成功的 ICO 项目来自于社区，通过社区形成的松散、灵活的发起人团队，没有传统意义上的发行主体。同时，ICO 项目的发行募资也可以通过社区来完成。ICO 项目这种在社区的高度分散性和敏捷性，使得难以对项目进行完全的统计和分析。ICO 项目发行分散在不同的平台如发行平台或交易平台，甚至不同的国家的不同募集渠道。有些项目如果官网上不披露 ICO 项目发行募集的金额，ICO 发行金额规模的统计工作就难上加难。

当前在 ICO 发行平台上汇聚了不少 ICO 项目，通过对这些发行平台上的 ICO 项目进行统计，可以部分掌握一些 ICO 项目情况。

表 2 　　　　　　　国内常见 ICO 发行平台

序号	ICO 发行平台	注册属地	网站类型	已完成项目	进行中项目	即将开始项目	官网地址
1	ICOAGE	国内	ICO 平台	38	8	1	https：//www.icoage.com/
2	币众筹	国内	众筹平台	25			http：//www.bizhongchou.com/
3	ICO365	国内	ICO 平台	22	1	1	https：//www.ico365.com/
4	众创园	国内	众筹平台	15			http：//www.zcfunding.com/
5	人人 ICO	国内	众筹平台	10			http：//www.renrenico.com/
6	TOKENCAPITAL	国内	ICO 平台	10	1	2	https：//tokencapital.io/
7	ALLCOIN	国内	交易平台	8	1	0	https：//allcoin.com/
8	51ICO	国内	ICO 平台	5			http：//51ico.com/
9	ICOGOGO	国内	ICO 平台	5			https：//www.icogogo.com/
10	ICOINFO	国内	ICO 平台	4	1	2	https：//ico.info/
11	ICOBANK	国内	ICO 平台	3	1	0	https：//www.icobank.com/ico－6
12	ICORACE	国内	ICO 平台	2	1	1	http：//www.icorace.com/
13	网盟 ICO	国内	ICO 平台	2			http：//www.icowm.com/
14	ICOTracker	国外	ICO 平台	88	61	68	https：//icotracker.net/

数据来源：截至 2017 年 7 月中下旬，ICODD 团队统计的公开 ICO 发行平台。

（一）ICO 整体规模

根据 ICODD 团队从公开 ICO 发行平台获取的信息，截至 2017 年 7 月底 ICO 项目累计发行规模为 36.91 亿美元，近 170 个项目。

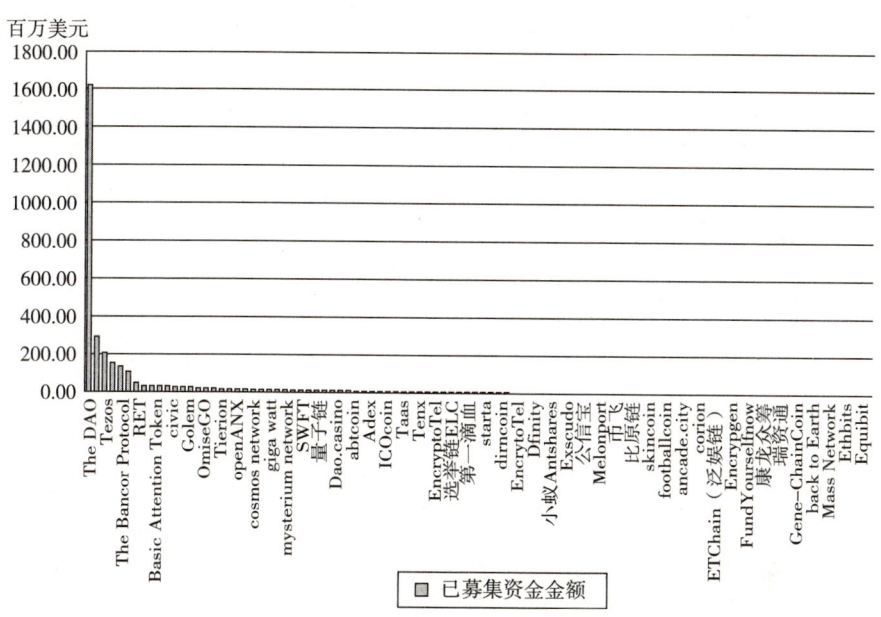

图 2　2016—2017 年 ICO 项目发行现状规模分布图

2017 年上半年 ICO 发行规模超过 2016 年全年的发行规模，发行总金额达到 20 亿美元，总数量 117 个项目（见图 3）。

（二）ICO 项目投资类型

区块链底层技术从比特币、以太坊，发展到当前的 EOS、量子链等，项目持续优化与改进技术缺陷及不足，才得以带动越来越多领域的应用不断创新与革新。区块链最主要的应用体现在金融、服务、交易、媒体领域。其中金融领域占比达 59%，其次是区块链基础设施革

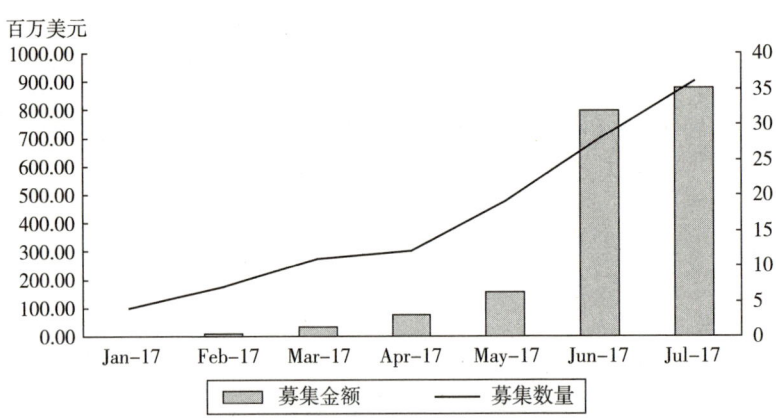

图3　2017年1—7月ICO项目募集趋势分析

新占17.59%，之后服务占7%，交易占5.5%。而金融领域更多的应用专注在支付结算、投融资、资产管理、数据货币交易所、资产证券化、征信、金融产品交易等几个领域的应用创新方面。

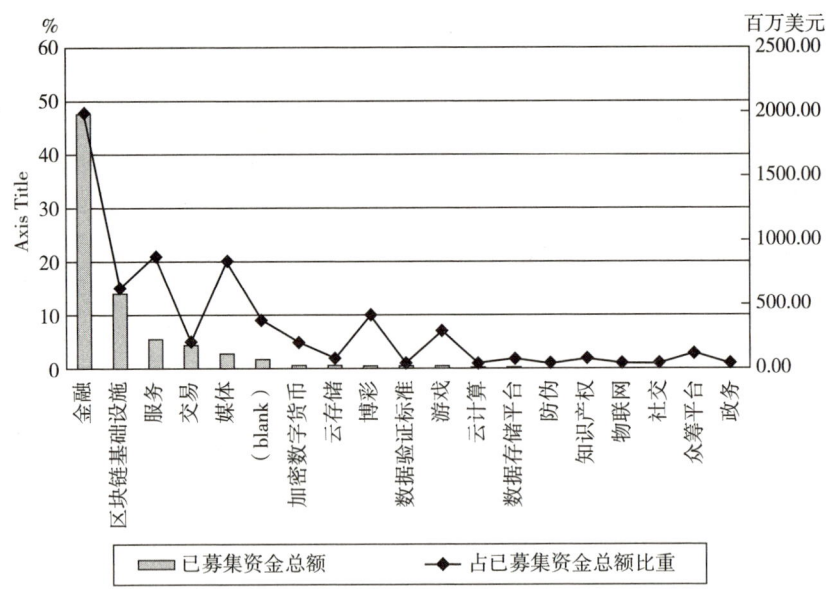

图4　ICO投向分布

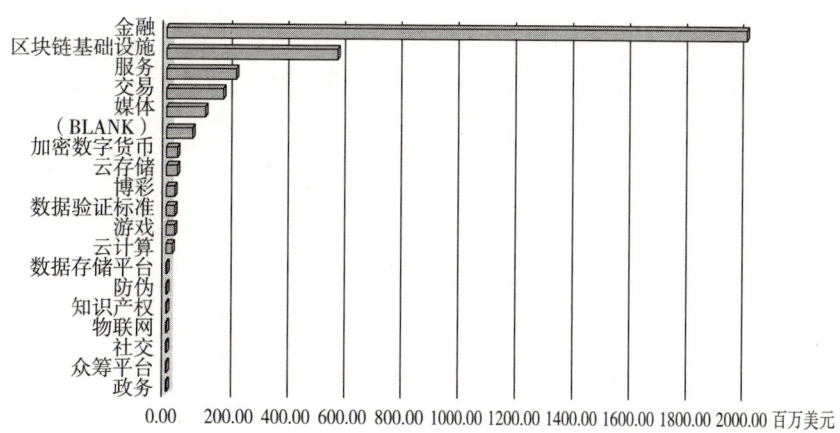

图 5　ICO 项目类型分布图

（三）国内 ICO 项目分析

2017 年是国内 ICO 项目迅猛发展的一年，累计 ICO 发行规模达到 4.28 亿美元，主要集中于区块链基础设施、金融与游戏领域，发行规模超百万美元占国内总 ICO 规模的 44.6%（见表 3）。

表 3　　　　　国内发行规模超百万美元的 ICO 项目

序号	ICO 项目名称	项目状态	发行时间	一级分类	二级分类	已募集总额（百万美元）
1	Press.one	待查	待查	待查	待查	200.00
2	Energo	发行完成	2017/7/3	能源		118.54
3	bigone	发行完成	2017/7/28	基础应用	金融	19.21
4	SWFT	发行完成	2017/7/3	基础应用	金融	13.71
5	量子链	发行完成	2017/3/16	技术改良	区块链基础设施	13.00
6	ugChain	发行完成	2017/6/25	基础应用	游戏	12.45
7	ICOcoin	发行完成	2017/6/9	基础应用	金融	9.97
8	BEX 全球区块链证券交易所	发行完成	2017/7/22	基础应用	金融	6.81

续表

序号	ICO 项目名称	项目状态	发行时间	一级分类	二级分类	已募集总额（百万美元）
9	选举链 ELC	发行完成	2017/7/1	基础应用	媒体	6.33
10	YOYOW	发行完成	2017/5/21	基础应用	媒体	4.04
11	印链	发行完成	2017/5/10	基础应用	防伪	3.60
12	ZenGold	发行完成	2017/5/26	基础应用	金融	3.53
13	公信宝	发行完成	2017/3/14	基础应用	金融	3.09
14	币飞	发行完成	2017/5/23	基础应用	金融	2.76
15	比原链	发行完成	2017/6/20	技术改良	金融	2.68
16	优 WIFI	发行完成	2017/7/5	基础应用	媒体	1.67
17	ETChain（泛娱链）	发行完成	2017/7/6	基础应用	知识产权	1.49
18	沃尔顿链	提前中止	2017/7/8	基础应用	物联网	1.31
19	康龙众筹	进行中	2017/6/13	基础应用	金融	1.22

五、ICO 项目识别

ICO 作为一种新的投资模式和项目运营方式，在创造巨大机会的同时，也蕴含着相当大的风险，既包括创业项目本身可能失败的风险，也包括欺诈风险。在这个新兴的市场上，有投资潜力的项目具有一些类似的特征，可以对识别项目提供参考。主要包括以下五个维度：

（一）看"人"

项目的开发者们技术背景是否与项目相关；是否有在区块链社区早有名气技术骨干参与；是否有知名投资者支持；项目团队相关人员背景调查，是否有任何负面的历史记录。

（二）看"ICO 发行过程"

是否属于证券类代币发行（涉及股权、债权或担保权益），如果有则明显属于违规行为；该代币是否是在知名 ICO 平台上发售；是否有知名数字货币交易所同意该代币交易；资金募集比例、资金支配与使用是否合理，目前来看，一般项目发起团队自持代币比例在 20%～30% 比较合理；是否接收比特币、以太币等主流虚拟数字货币。

（三）看"项目"

项目是否基于区块链运行；代币是否是项目运行时必须功能，好的 ICO 项目其发行代币与项目运行紧密相连，通过项目运营其代币价值不断提高；项目代码是否开源，同时可以基于开源代码来检查该项目的前述两点是否符合。

（四）看"技术"

看项目的技术创新性、技术可行性、技术可落地性、是否存在致命缺陷，并与同类竞品相比优势，以及技术与应用未来可拓展空间。ICO 项目具有全球化特征，因此项目必须在技术和应用方面具有差异化和竞争优势，由此带来整个项目未来的潜在价值。

（五）看"管理"

项目是否有可行的开发时间表、里程碑；筹集的数字货币是否存放在资金托管钱包；该托管钱包是否地址透明且多重签名钱包；是否成立基金会进行资金托管；是否有清晰治理架构；是否有信息披露机制；是否是由专门的组织负责运营管理。

附件一 Bancor ICO 案例

一、Bancor 简介

Bancor 是以太坊平台上的重磅级应用之一,专注于解决资产互换的流动性问题,释放用户生成货币的长尾潜力。Bancor 协议为智能代币的创建提供了一个标准,通过智能合约来为代币提供持续流动性和异步价格发现方式,无需交易所就能展开交易。智能代币还可以创建去中心化指数基金,在这个代币篮子中的任何代币都可以相互自治兑换。通过 Bancor 简洁的用户界面,任何人不需要任何技术知识就能在他们的浏览器或移动设备中创建、管理一种加密货币。

二、ICO 细节

➤ 开始时间:2017 年 6 月 12 日 18 点
➤ 分配比例:众筹参与者占 50%、合作伙伴和社区奖励占 20%、Bancor 基金占 20%、创始人和早期投资者占 10%。

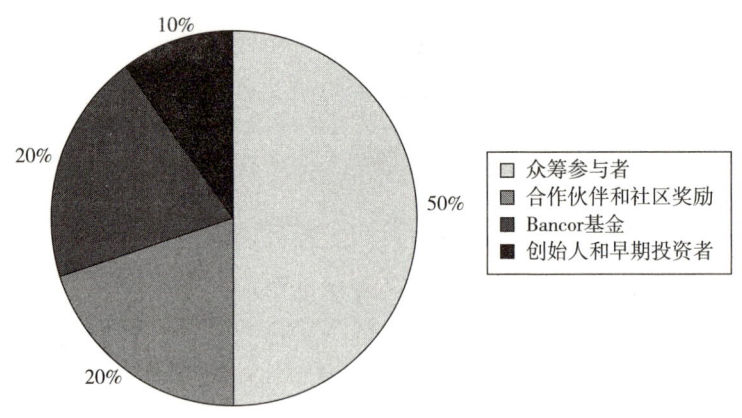

附图 1 ICO 分配比例

> 代币价格：1 ETH = 100 BNT

> ICO 上限：分别为软顶 25 万 ETH 和硬顶 100 万 ETH。其中软顶在 ICO 开始前不可见，为隐藏上限。

> ICO 规则：在 ICO 开始后的 1 小时内，接受任意数量 ETH，如果总量触及硬顶，则 ICO 结束。1 小时之后，若达到软顶的 80%，设置硬顶额为软顶额，一旦到顶，立即结束。

> 持续时间：众筹在 1 小时后达到设定上限或者持续 14 天后结束。

> 代币发放：代币立即分配，7 天后可以转账交易。

三、ICO 过程和结果

Bancor 没有通过任何 ICO 平台进行募集，ICO 一共持续了两个半小时，募集到 39 万多个 ETH，共有 9777 个地址参与了 ICO，总价值为 1.5 亿美元，是当时最大的 ICO 项目，但目前已经被 Filecoin 和 EOS 超过。

资金去向根据项目方公布的资料，募集的 ETH 中的 20% 用来作为 Bancor 代币的储备金，40% 用于软件开发，12% 用于市场和商务，10% 用于代币交换合约和 ETF 中的启动资金，8% 运营费用，5% 法务

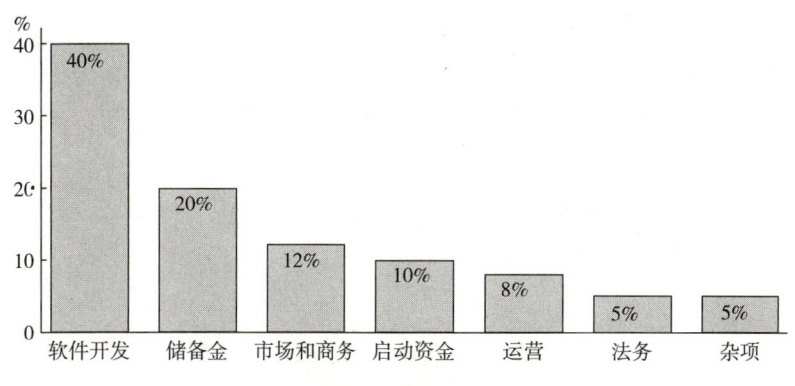

附图 2　资金去向

开支，还有 5% 的杂项。

四、团队

在 Bancor ICO 完成后，项目团队的组织架构略有调整。项目成立了一个 BProtocol 的基金会，由著名的货币专家 Bernard Lietaer 担任基金会主席。项目同时设立了一个顾问团，由著名投资人 Tim Draper 担任首席顾问。软件开发由新设立的 LocalCoin 公司执行。

Bernard Lietaer 简历：

Lietaer 博士活跃在货币体系领域已经近四十年。他也是一位广受赞誉的作家，著作包括以及《金钱的未来》《金钱与可持续发展》和《新世界的新资金》。利塔尔博士被称为"欧元架构师"，当时他在比利时中央银行工作，负责设计 ECU，这一机制使得 12 个国家的货币能够汇合。1992 年，《商业周刊》称他为"世界顶尖的货币交易员"。

Tim Draper 简历：

德丰杰基金（Draper Fisher Jurvetson）创始人，此基金成立于 1985 年，资产达到 50 亿美元。德丰杰基金投资的案例包括 Hotmail，Skype，百度等。

五、反观国内 ICO 乱象

➢ 国外 ICO 项目一般开发出原型后才进入到 ICO 的环节，但国内大部分项目没有代码或者原型还未能正常运行就进入 ICO，甚至有些项目连 ICO 白皮书都没有。

➢ 有些与区块链无关的项目，或并无发行代币必要的项目也会通过 ICO 进行融资。

➢ 在代币正式可以流通前，有些参与 ICO 的交易所就开通了交易对，交易所此时并不支持代币的充值提现，人为造成了市场的不公平。

分布式账本技术

◇ 欧洲中央银行对分布式账本技术的定位与思考

◇ 分布式账本平台Corda技术初探

◇ 国际清算银行分布式账本技术白皮书

◇ 分布式账本技术架构比较及趋势分析

◇ 全局同步日志（GSL）初探

◇ 区块链信息机密性与隐私保护技术研究

◇ 区块链系统架构演进：传统分布式系统视角

欧洲中央银行对分布式账本技术的定位与思考

孙 浩 译

摘要： 欧洲央行执委会委员 Yves Mersch 在这篇 2016 年底的演讲中主要探讨了三个问题。一是阐述欧央行对分布式账本技术（Distributed Ledger Technology，以下简称 DLT）的态度：DLT 拥有巨大潜力但仍处在技术发展初期，其对金融体系的影响尚无法确定，最终取决于市场主体如何使用这项技术。欧央行暂不考虑在金融市场基础设施中使用 DLT，但是会继续跟踪研究 DLT 相关创新。

二是要评估 DLT 的应用场景，重点是 DLT 对金融基础设施影响的两个问题：1. 探索央行运行的结算业务可否迁移到 DLT 环境；2. 央行如何与非央行主体提供的 DLT 结算服务进行对接和交互。

三是宣布了欧央行对 DLT 的国际合作进展。为了引领 DLT 研究，欧央行已于近期成立了 DLT 工作组，并积极开展国际合作，与日本央行已达成意向共同研究 DLT 在金融市场基础设施中的应用。

今天，我们的讨论一致围绕着数字化和新技术开展，特别是探讨它们对未来金融业的影响。科学家 Roy Amara 曾说过："我们总是高估新技术在短期内的效果，却又低估其长期的影响"。互联网就是一个典型的例子，尽管人们在互联网诞生初期的一些大胆假设尚未实现，但互联网对人们生活的渗透、对沟通与信息处理方式的巨大影响是毋庸置疑的，而且没有人知道未来互联网会把我们带向何方。

我们是否会高估分布式账本技术的短期影响并低估其长期效果，目前还未可知。但有一点是可以肯定的——DLT 当前绝对是站在风口中心。前期关于 DLT 对于中央银行的定位及服务的潜在影响不胜枚举，特别是中央银行是否应该将央行货币迁移到分布式账本，以及是否需

要发行央行数字货币。因此,我觉得现在我们有必要理顺一下讨论的方向。接下来我将具体讨论如下问题:

1. 阐述欧央行对 DLT 的态度;
2. 探讨 DLT 的应用场景;
3. 梳理全球央行关于 DLT 的探索及合作。

一、金融创新改变市场基础设施服务

互联网、手机和平板电脑改变了我们沟通、购物和存储信息的方式,基本上可以说是改变了我们的生活。金融行业也经历着类似的变革——金融科技(FinTech)带来了堪称颠覆金融行业的新业态和产品。作为金融科技的核心,DLT 潜力巨大,也促使市场参与者、基础设施供应商和中央银行纷纷开始研究。

在我们探索 DLT 过程中,应记住这一点:DLT 最后能够造成多大的影响,取决于市场主体如何使用这项技术。泛泛来讲,目前可以想到三种应用场景:一是个别市场主体尝试使用 DLT 改善内部效率,这种做法对整个金融体系不会产生重大影响;二是大量市场核心主体采用 DLT 并取得良好效果,推动整个市场使用 DLT;三是更加彻底的变革,实现一个没有中介的点对点世界。很多人在讨论 DLT 的时候,是希望朝着第三种情景努力的,但从目前情况来看,DLT 的实际应用主要是前两种情况。

DLT 的应用已经开始了,这一点毫无疑问,但目前还很难评估 DLT 对金融部门的影响程度,难以确定 DLT 应用的时间框架。有些人认为 DLT 在未来 5~10 年即可对金融体系产生巨大影响。我并不想预测未来,但我仍想强调一点,建成基于 DLT 的环境将涉及诸多方面,从我们之前推行 TARGET2 - Securities(T2S)的经验来看,DLT 的应用伴随着功能变化、业态变化、一体化、治理、法律和监管等诸多领域,需要统筹考虑。

二、推动金融市场基础设施变革

首先我要指出的是，技术创新一直是欧央行关注的战略重点。我们一直在探索提高市场基础设施效率、降低成本的方法，在最大限度地利用技术创新的同时，尽可能规避潜在风险，比如网络风险。我们与市场主体密切合作，致力于提高流动性管理在支付转账、证券结算和抵押品管理等领域的效率。

在这里我想举两个例子，以说明欧央行推动变革的决心。2015年，欧元体系（欧元体系由欧央行和欧元区央行组成，是欧元区的货币当局）推出了一项名为T2S的央行服务。与DLT一样，T2S也被誉为是金融行业的颠覆性服务，它完全改变了欧洲的交易后处理方式，不仅为证券交易提供一体化的央行清算服务，而且极大推动了交易后处理的一体化进程。T2S与欧元体系之前的现金转账系统TARGET2（T2），共同构成了欧洲金融市场的两大基石。

第二个例子是，我们就欧元体系市场基础设施的未来发展战略进行了研究，主要包括三个方面：一是推动T2和T2S的进一步整合；二是加强即时支付的清算服务；三是推出欧元体系的抵押品管理系统。这三个领域密切相关，将极大地提高流动性管理在支付转账、证券结算和抵押品管理等领域的效率。效率和创新将是未来市场基础设施发展的两大推动力量。

三、DLT在央行基础设施中的应用

没有任何一种形态的DLT是专门为金融行业设计的，并不存在普遍适用的"万能区块链"。欧央行已经研究了当前正在开发的多种DLT模型，这些模型在更新验证方式、网络基础设施及许可、数据共性及复制、密码工具等方面有很大差异。这些模型是否能够应用仍悬而未决。在考虑是否在市场基础设施领域大规模使用DLT之前，需要谨慎研究功能、操作、治理和法律等诸多方面的因素。确实，DLT 仍处在技术发展初期，其对金融体系的影响尚无法确定。

需要特别强调的是，任何基于技术的市场基础设施都必须具有很高的成熟度，并能满足安全性和效率的高标准。欧央行非常注意这一点，因为我们不仅是基础设施的管理者，也是欧元区金融市场的监管者。正因如此，目前欧央行暂不考虑在市场基础设施中使用 DLT。但是，作为 T2 和 T2S 的管理者，我们也会继续考虑 DLT 相关的创新性技术，特别是如果这些技术被证实有效并且被欧洲体系基础设施的使用者所采纳，则更值得欧央行的密切关注。同时，随着 DLT 不断演进，我们也会继续跟踪评估此项技术，通过 DLT 实际应用案例分析，考察 DLT 的技术进步能否带来与 T2、T2S 相媲美甚至优于后者的服务水平。在此过程中，我们不再只是泛泛而谈，而是将研究非常具体的问题，比如是否能够通过智能合约的方式提供流动性节约（Liquidity–saving）功能。

为了引领 DLT 研究，欧央行也积极开展国际合作。我们与日本央行已达成意向，共同研究 DLT 在市场基础设施中的应用。这项工作有利于我们把握新技术对当前全球金融体系的潜在影响，以帮助中央银行未雨绸缪。

当然，我们也会时刻关注市场动向和市场需求。很多市场参与者都已经表示希望能够在 DLT 环境下有效使用央行货币，并提出了诸多想法，有些还与央行合作，共同探讨如何将央行货币"注入"DLT 环境。

有些想法不只局限于中央银行清算业务向 DLT 的迁移，有些甚至会引发央行作为基础设施管理者的定位问题，比如央行的角色应该是控制央行货币在 DLT 环境中的流通规模的"公证人"，还是说应设立一个受托人（Trustee）的角色，以确保在 DLT 环境中流通的价值得到相应规模的"链外"央行货币的支持。因此有一点需要澄清，只有当一笔支付的受益人对央行资产有求偿权的情况下（直接求偿权或是通过央行承诺），该笔支付才能被认为是央行货币的一部分，否则不管采用何种技术，该笔支付仍旧是商业银行的资金。

央行货币迁移至分布式账簿的方式有多种实现方法，不只关乎DLT相关的功能、操作和法律问题，还涉及货币政策实施以及央行作为基础设施提供者的角色定位。在这样一个背景下，只要涉及欧元作为结算货币的地位问题，欧元体系需要从多种角度来统筹考虑。

在研究央行货币放入分布式账簿的时候，一个关键问题就是谁可以拥有资金权限。通过分布式账户发行央行货币用于T2账户持有人的清算，可能不会给央行履职带来太大影响。凡是涉及扩大货币权限的问题，都是放在"央行数字货币"这一范畴下进行讨论的。围绕这一主题，我们正在开展多方面的研究，比如：央行数字货币应具备哪些特征（在多大程度上应保持类似现金的匿名性）？应该在多大程度上限制央行数字货币兑换成商业银行存款和现金（如果不加以限制，银行挤兑事件将更快发酵并严重破坏银行的融资基础）？央行数字货币将如何影响纸币生产成本和铸币收入？货币政策传导将受到哪些影响？非常规的货币政策措施将受到哪些影响？

四、推动一体化

我想说的最后一点是，欧央行不仅是基础设施的管理者，也是欧洲市场一体化的推动者。

推动金融市场一体化是欧央行的重点工作。我们的两大市场基础设施平台——T2和T2S为金融市场一体化作出了极大贡献，也是欧洲委员会建设资本市场联合体的重要基石。随着多种DLT的不断涌现，将形成新的竖井（Silo），可能导致市场分化。因此，确保服务的可互操作性是至关重要的，这意味着不仅要保证技术上的标准化，也要确保业务和法律层面上的一致性。

说的更具体一点，推动金融市场一体化需要实现三个层面的一致性：一是监管、法律一致性，在各司法管辖区提供服务时都应遵守共同的法律法规，国内法律对不同市场参与者带来的影响也是一致的；二是功能上的一致性，建立共同的交易制度以确保跨市场交易的稳定性，比如开市时间以及交易过程中上报信息的内容等；三是技术一致性，应建立一系列技术标准，比如报文格式等。

上述一致性的实现都需要各类主体共同协调努力，欧央行作为推动者，将统筹各利益相关方，推动创新和变革，加强金融市场的安全性和效率。我们将致力于确保公共领域或行业的 DLT 解决方案，能够与其他市场的 DLT 方案保持较高的互操作性。我们相信，这将使所有DLT 使用者受益，因为政府部门和市场参与者都认为 DLT 在推动互联互通方面大有可为。

此外，欧央行内部已于近期成立了 DLT 工作组，在 T2S 的治理框架下推动交易后一体化进程。工作组的目标是评估 DLT 对一体化的潜在影响，辅助其他 T2S 管理机构，工作组的研究将在 T2S 的框架下开展，以确保与市场的务实合作。预先推动功能一致性，有利于确保安全的创新技术在实施过程中不会影响市场一体化进程，我们最终的目标仍将是继续推动一体化，避免分化。

五、结语

新技术将对金融市场产生深远影响，我们有必要不断探索新技术，加以分析和检测，以确保在提高基础设施效率的同时，仍能保持较高的安全性和容灾性。探索包括 DLT 等在内的新技术一直是欧央行的工作重点。

最后，我想梳理一下刚刚讲过的观点。

欧央行认为新技术对提高市场基础设施的效率是至关重要的，但是我们需要把握好研究的方向，我认为 DLT 对基础设施的影响主要围绕基于 DLT 的央行数字货币展开，具体体现在两方面：

第一，央行自身的结算业务是否可在 DLT 环境下开展？目前，DLT 还不适合大规模实施，应用于央行基础设施也不是很成熟，需要进一步研究 DLT 未来的使用前景，这也是欧央行正在开展的工作，通过应用案例研究，考察 DLT 能否达到 T2 和 T2S 的服务水平。由于新技术并不受国界限制，我们也在和日本央行合作，在更广泛的全球范围内探索 DLT 的应用前景。

第二，央行如何与非央行自身提供的 DLT 结算服务进行对接和交互？比如，需要评估"央行是否能够注入并控制在 DLT 环境中流动的央行货币"，或者私人部门的受托人是否能够确保 DLT 环境中流通的价值有相应的"链外"央行货币作为支持。此类问题将改变当前央行作为基础设施管理者的定位，并影响货币政策的实施，需要欧元体系的共同研究。

我们当前正处在一个可能颠覆未来金融体系的旅程之中，欧央行致力于在此过程中发挥建设性作用。

分布式账本平台 Corda 技术初探

黄烈明

摘要：R3 Corda 是一个由相互半信任或不信任的节点组成的去中心化数据库（Decentralized Database，也称为分散式数据库），目标是作为分布式账本平台服务于现实世界金融、贸易、供应链跟踪以及更多领域的应用，同时满足信息适度可见和高性能两个核心特性。Corda 平台具有以下特点：交易无需全网广播，仅在交易的关联方及验证节点（Corda 中称为 Notary 节点）之间传递；共识机制仅存在于负责验证交易的节点之间；没有"区块"的概念，而是让后续交易直接指向前序交易，以达到数据不可篡改、可追溯的特性。

如果说以太坊企图构建区块链统一平台的世界计算机（World Computer），R3 Corda 的思路则是重在拆解区块链，打造以 Notary 为网关的价值交换网络，重新打磨各个组件，并抽象具体实现，以适应金融业的实际需求。相比之前的区块链开源系统，Corda 的架构更加明晰，但其落地的实效尚需验证和评估。

一、概况

Corda 作为 R3CEV 这家区块链公司专为交易量巨大的传统金融机构开发的平台，经 70 多位联盟成员协商决定后，于 2016 年 11 月 30 日实施开源。该项目主要是开发银行领域的解决方案来改善当前金融服务行业。

Corda 是一个基于半信任环境的、服务于现实世界金融活动的分布式账本平台，同时满足信息适度可见和高性能两个核心特性，采用联盟链或私有链的形式，用于记录、管理及自动化执行金融合约。

不同于传统区块链平台具有的全局交易验证及共识、单位时间产出数据块等特征，Corda 平台具有以下特点：

1. 交易无需全网广播，而仅在交易的关联方及验证节点之间传递。这样可以减少节点接收的数据量，并且有效保证交易相关方的隐私和机密；

2. 共识机制仅存在于负责验证交易的节点之间，而不是所有的参与节点，从而加快了达成共识的速度，提高了交易性能；

3. 没有"区块"的概念，而是让后续交易直接指向前序交易，以达到数据不可篡改、可追溯的特性。

二、架构分析

在技术层面上，Corda 的定位是一个"去中心化数据库"（Decentralized Database）。去中心化数据库与分布式数据库有着重要的区别：分布式数据库仍然是一个中心化的系统，其设计目标是提高数据库的性能和可用性，重点关注的是解决系统内部各个节点之间数据同步的问题。去中心化数据库，则是相互独立的参与方各自的私有数据库，在一定前提条件下同步某一方面的数据，如果参与方之间互不信任，则无法使用非拜占庭容错的分布式系统一致性算法。

图 1 是 Corda 系统架构图。Corda 的通讯协议基于 AMQP/1.0，采用 TLS 作为加密协议。Corda 平台中的节点大致归纳为五种角色：Corda 网络有一个负责全网身份服务的系统节点（见图 1 (一)），实现类似于传统网络架构中的 CA（Certificate Authority）功能。该节点负责颁发证书，设置权限，任何想要加入 Corda 网络的节点都需要从身份服务节点处获得相应身份。Corda 网络中还有一个负责网络映射的节点（见图 1 (二)），提供类似于传统网络架构的 DNS 服务，负责将节点的证书及所提供的服务与其 IP 地址相关联，便于其他节点进行查询。Corda 网络的交易管理，包含普通用户节点（见图 1 (三)）及公证服务节点（Notary）（见图 1 (四)）。普通用户可以自由发起交易。交易产生后，被发送给

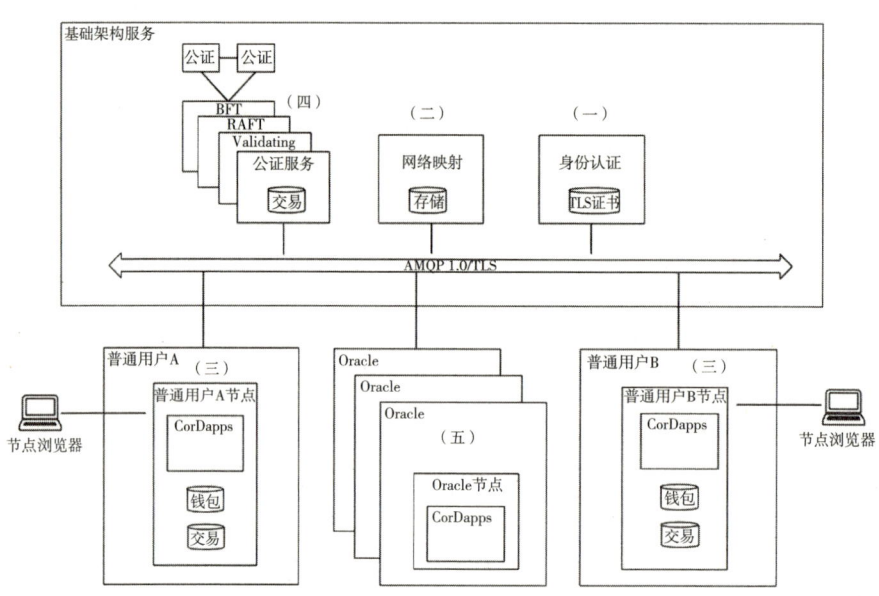

CorDapps：Corda Distributed Applications（Corda 分布式应用）。

图1　Corda 系统架构图

指定的公证服务节点来验证其唯一性和有效性。如果交易合法，该公证服务节点便对这笔交易签名，并发回交易关联方。交易关联方及公证服务节点各自将该笔交易链接到之前的交易，形成"交易链"，达到交易关联方之间数据的局部统一。公证服务节点之间通过共识算法来保证全网数据的准确唯一性。Corda 计划兼容多种共识算法，由不同的应用场景决定使用何种共识算法，目前提供了基于 PBFT/RAFT 共识算法的公证服务的实现。Corda 平台还有一个角色是价值中介服务节点（见图1㈤），也称为先知（Oracle），是一种负责和区块链网络外部取得可靠数据的节点，使之可以成为交易的一个输入项。Corda 网络可以通过价值中介服务节点获取现实世界的实时数据，从而提供多样化的交易场景。

三、几个重要概念

（一）状态（State）与未花费输出 UTXO（Unspent Transaction Output）

状态是 Corda 网络中最基本的概念，即"系统中的事实"，例如："张三拥有 1000 元人民币"，这就是一个状态。Corda 系统的状态设计是基于交易的，也就是说只有一个有效交易的输出才是系统认可的有效状态，这实际上就是 UTXO 模型。UTXO 模型维护若干基于私钥的持有者的声明实例，这些声明实例聚合在一起构成了持有者的余额资产，在执行支付时，持有者选取一组未花声明实例，消费掉这些未花声明实例，并把密码学权利转移给被支付方。

Corda 采用 UTXO 模型而不是传统账户模型的主要原因有：1. 支付者可以做到并行支付，整个系统的并行度大大提高（交易主体只需存在足够的未花数据项）；2. 即使在交易进行中，通过不可变账本也可以很容易地对数据的静态快照及交易内容进行推导和分析；3. 交易排序变得不重要：由于依赖散列函数来识别先前状态，因此不可能对交易进行错误排序；也不需要如其他分布式系统一样，专门维护全局的序列号或其他类似标识；4. 冲突解决仅归结为双花问题，对共识算法要求极小，降低到对一组布尔运算条件是否满足的判断；5. 智能合约仅仅是布尔函数并不直接改变状态，因此函数重复调用不会产生副作用导致状态混乱（如去年以太坊的 The DAO 攻击）的情况。

（二）交易（Transaction）

交易就是状态转换的过程，简单地说是 {输入状态、交易指令（Command）、输出状态} 组成的元组，其中输入、输出都可以是一个状态列表。此外，交易还包括其他一些要素，如附件、时间戳、各种签名以及为采用硬件加密的目的而使用的文字摘要。Corda 的设计目标是对现实世界中各种交易类型进行支撑，因此要具有描述交易实际执行动作的能力，例如转账、存入/提现、开票/兑付，诸如此类。Corda 交易指令设计的关键要点是，指令必须包括有权作出这个指令的全部参与方的公钥用于后续的签名验证，并且允许交易的合约代码对此进行检查。

（三）联合公钥（Composite keys）

为了适应多方复杂交易的机制，Corda 引入了联合公钥（Composite keys）的概念。联合公钥是一个树状结构，叶节点表示来自一个参与方的一个公钥，而上层节点代表联合权重，用于表示必须有满足权重值条件的参与方签名才能认为该节点有效。例如：一个上层节点的权重为 3，则意味着其下面节点必须有 3 个有效签名，这个节点才算有效。反过来说，一个权重为 3 的节点下面有 5 个参与方的公钥，也只需要 3 个签名有效，这个节点就有效。通过层层判断，到根节点形成一个组合条件，最终判断全部签名的总体有效性。

（四）智能合约（Smart Contract）

智能合约是由人工输入和控制共同协作的可自动执行计算机代码，其权利和义务也通过法律条文明确表述具有法律效力。智能合约把业务逻辑和业务数据关联到相关的法律条文上以保证平台上的金融合约能强力根植于法律上，这样当金融合约各方存在争议和不确定时，就能有一条清晰的路径能找到相关的法律依据。在 JVM 的环境下，智能合约就是一个类，可以用 Java 语言或者 Kotlin 语言实现智能合约的编写和调试。Corda 也封装了一些智能合约的函数和功能，包括对本地交易的验证函数等，开发者可以调用这些函数和功能，或继承已有的智能合约进行开发。

（五）先知（Oracle）

Oracle 是一个受信任的公共服务，用来将现实世界中的事实（股票价格、外汇牌价、银行利率等）注入到 Corda 网络中，使之可以成为交易的一个输入项。具体实现方面，Corda 将 Oracle 的行为模式设计成为对每一个交易进行事实的注入，而不是对整个系统进行注入。这样的设计有两方面的合理性，一方面是作为去中心化的数据库，恐怕也没有一个地方来登记所谓全局的信息了；另一方面从经济的角度讲，如果信息是全局的，一旦某个参与方获得了，就可以和其他人共享，Oracle 就只有在发布信息的那个时刻才能获得报酬，经济利益方面没有保障将使得没有人愿意去承担这样的角色。

四、交易流程

Corda 系统的交易流（Flow）是指复杂交易的具体实现协议：Corda 最基本的交易能力是 {输入、指令、输出}。现实世界中所出现的涉及多方的、多环节的、有条件的交易等复杂处理流程，只需要通过简单交易的组合、包装来完成。

由于 Corda 的交易通讯都是点对点的，而非全网广播的，因此交易流程实现起来相对简单、直接：我们只要描述节点之间的连接、数据传输的方向，以及从一个节点向下一个节点流转的条件等，就可以设计出交易流程了。把这个流程通过代码实现，并且交由 Corda 系统去运行，就成了一个个在系统中的 Flow，支撑着 Corda 系统的日常运转交易处理。Corda 有大量的内置 Flow，基本覆盖了日常交易流程中所用到的功能和典型交易的过程。由于支持子流程调用，因此新开发一个 Flow 需要的实际代码量应该也很少。

五、Notary 与共识机制

Notary 是公证人的意思，作为一个独立的、交易双方（多方）都信任的角色来最终确认一笔交易的有效性，即用公证人签名的方式确保状态资产的唯一花费。Notary 是 Corda 网络交易验证和确认的核心机制，这个机制的采用本质上想要解决两方面问题：一是避免因为分布式共识机制而导致交易信息在全网广播，这主要是为了支撑交易信息"适度可见"的能力。另一个目的是将共识机制与交易流程分开，变成一种标准服务，从而可以采用不同形态的共识实现方式，而非绑定到某种特定算法上。

Notary 的具体实现机制比较简单，交易参与方将交易发送给 Notary，发送过程采用 Flow 的机制实现。Notary 接收到交易后，根据自己以往记录的所有交易的输入，查询这个交易的输入是否曾经出现在另一个交易的输入项当中。如果确认这个交易的输入项都没发生过"双花"，则可以签署交易，此时交易就达到了最终生效（Finality）的完成状态。如果 Notary 判断交易无效（其实就是发生了"双花"），就会返回异常，交易终止。

六、隐私保护

关于数据隐私保护，Corda 在账本层面各个节点之间的数据传输并非全网广播，只有交易的关联方才能收到相应的信息。Corda 通过设置公证人角色的节点来记录账本，但即便是公证人也无需保存全账本。只有当公证人所拥有的数据无法处理交易时，公证人才会从别的节点获取所需要的数据的哈希值来计算最终交易的哈希根。Corda 也采用了名为"交易部分屏蔽"（Transaction tear-offs）的加密保护方案，将交易的签名结构做成一棵 Merkle Tree，从而可以实现将一个保留了必要签名的分支发送给验证节点，使它仍然能按照签名结构完成对整个交易的签名。Corda 对记录交易历史的 Merkle 树结构进行剪枝后只留下原始数据的哈希运算结果，而现阶段的技术是无法通过哈希运算结果逆向推出原始数据的，从而保护了数据隐私。此外，Corda 也在考虑采用公钥随机化、IP 混淆技术（如 TOR）、安全硬件、零知识证明等隐私保护技术。

七、结论

去中心化数据库 Corda 的设计与实现，是在参考了成熟的区块链系统的一些标准概念和做法的同时，结合自身的目标定位做出了相应的取舍、改进和创新，打造一个信息适度可见和较高系统性能的唯一全局逻辑账本，使所有经济参与者充分互动，任何参与方均可通过一种安全、一致、可靠、私密和权威的方式，来记录和管理彼此之间的协议。Corda 平台开源后，虽在成熟度和可靠性方面还有欠缺，仍有不少需要发展与完善的地方，但 R3 搭建的金融框架战略迈出了重要的第一步，吸引了金融业界和学术界广泛的注意力。未来国内外金融机构会不会在 Corda 共享平台上研制和发布创新产品和服务，我们还要拭目以待。

国际清算银行分布式账本技术白皮书

冯 蕾 编译

摘要：分布式账本（或称区块链）技术（DLT）已经引起了金融监管层与从业机构的广泛关注，尤其是其在支付、清算、结算及其相关业务上展现出的提高效率与增强弹性的潜力。目前已经有多家主要央行宣布了与分布式账本技术相关的研究评估、概念验证、沙箱试验以及国际合作工作进展。国际清算银行新近发布的报告旨在为央行和业界机构提供一个评估分布式账本技术在支付、清算和结算领域应用的分析框架。分析框架的主要作用是用来理解分布式账本技术的应用潜力，以及识别应用分布式账本技术到金融体系中面临的主要机遇与挑战，这样就能帮助央行及相关机构更好地应用分布式账本技术来提高金融市场运行效率，同时增强金融体系的健壮性和容灾性。

一、引言

在很多人眼里，分布式账本技术（DLT）有潜力颠覆现有的支付、清算、结算和相关业务。分布式账本技术（包括区块链技术）充分利用了现有技术和新兴技术，对多个由一家或多家机构管理的同步账户进行操作。在很多国家，金融市场基础设施（FMI）受市场参与者委托，负责更新和保存中央账户，并确保其完整性和准确性，在某些情况下，还要代表市场参与者管理某些风险。DLT 则能够减小市场参与者在资金及其他金融资产的持有及转移过程中，对由某家受托机构管理的中央账户的依赖。

DLT 可能彻底颠覆资产的保有及贮存方式、债务的清偿方式、合同的执行方式以及风险的管理方式。该技术的支持者认为 DLT 能在以下几方面改善金融服务并完善金融市场：一是降低复杂性；二是提高端对端处理速度，从而提高资产和资金的可得性；三是降低信息在不同记账基础设施间的调和难度；四是提高交易记录的透明度和稳定性；五是通过分布式数据管理提高网络弹性；六是降低运营和金融风险。此外，如果账户信息在市场参与者、监管当局和其他利益相关方之间广泛共享，则DLT还能提高市场透明度。

但是，DLT的应用也伴随着风险。大多数情况下，无论使用的是单一中央账户还是同步分布式账户，支付、清算和结算相关的风险仍然存在。此外，DLT还可能带来如下新风险：一是该技术可能产生的操作及安全风险；二是与现有流程和基础设施的互用性较低；三是最终结算模糊；四是该技术应用的法律基础是否牢固；五是缺少有效稳健的治理框架；六是数据完整性、稳定性和隐私的相关问题。目前来看，DLT仍是一项不断发展的新技术，尚未证实其稳健程度是否适合大规模应用。

本报告旨在提出一个分析框架，以辅助央行和其他监管当局对DLT的概念、实验及实施阶段等问题加以研究，以便更深入地了解应用案例，识别风险与机遇。本报告也能够给市场参与者以启迪，研究框架重点探讨了DLT对效率、安全性以及金融市场整体的影响。本研究框架主要适用于受限账户（仅允许授权用户访问），这也是当前金融行业普遍使用的账户，也是监管部门比较关注的一类账户。

二、分布式账本技术

"分布式账本技术"的提法经历了多次变化，侧面反映出该技术的不断演进、市场理解的深入以及该技术应用范围的扩大。本报告所称的分布式账本技术（DLT），是指允许某一网络（或某种应用工具）中的节点能够以安全的方式，向分布在整个网络节点的同步账本提出、验证并记录（或更新）状态变化的流程和相关技术。在支付、清算和结算领域，DLT 使得机构能够通过现有程序和应用工具，在交易时不必再依赖某个中心主体去维护账本的黄金副本。

本报告中所称的"应用工具"（Arrangement）是任何基于 DLT 的应用或工具的通称，每种应用工具都有相应的技术设计和机制结构。目前业内的标准化术语还很有限，从当前来看，新兴的应用工具包括系统、平台和层。所谓的系统能够独立存在并实现各种功能，无需与其他应用工具交互；平台则是在公共基础上构建应用，以同时利用多个应用工具的功能；层主要是提高不同应用工具之间的互联互通。

（一）背景

2008 年，一个（或几个）自称中本聪的人发表了一篇论文，论述了一种名为比特币的新型加密货币的工作机制，并描述了如何在没有可信第三方的情况下完成点对点的网络转账。此种方法融合了若干现有技术进行交易验证，并形成区块，这个区块（或者说这一批交易）按照一系列程序和应用工具，被加入到由历史交易所组成的链之中，形成区块链。新区块的形成会在全网广播，各网络节点同意这个新区块后，将对各自的账本副本进行更新。这样一种各节点的共识机制，是以密码计算的方式将新区块和已有区块链接，以保存账本的完整性。

自从区块链问世以来，业界一直在探索该技术在比特币以外的领域的应用，比如记录存储和管理的平台，或者在公共账本上进行数字资产、工具和信息的转移等。这些应用探索吸引了金融行业的极大关注，因为金融行业一直以来都是依赖多个账本来维护交易信息及余额的。而支付、清算和结算则成为 DLT 应用的重点探索领域，因为该技术在提高上述业务效率额方面，具有巨大潜力，比如能够简化清算流程、简化支付清算参与者之间的调和工作。

随着 DLT 的试验不断推进，其在支付结算领域的实际应用所带来的挑战也愈发凸显，其中包括如何建立安全的、可扩展的系统。为应对这些挑战，诸多应用工具开始为金融行业量身打造 DLT 的应用路径。在分析了目前正在使用或即将使用的应用工具的基础上，我们发现金融行业对 DLT 的应用包括某些共性的设计要素，既有技术层面的，也有机制层面的，比如很多应用工具都通过限定参与者范围①或是设置系统管理员的方式，在某种程度上保留系统的信任。

（二）技术设计要素

DLT 的设计方式多种多样，能够支持部分或全部交易流程。上述应用工具一般包括一些关键技术设计理念，以明确哪些信息要记录在账本上，以及如何更新账本。

1. 在账本上保留信息。

DLT 应用工具的核心，是那些能够保留记录及其他信息的账本。支付清算领域所使用的分布式账本，主要记录所有权信息、数字资产余额或实物资产的数字表现形式等。在账本上生成的数字资产一般被称作"原生资产"（Native Assets），也叫作"原生代币"（Native Tokens）；而仅仅是在账本上以电子形式表示出来的资产则称作"非原生资产"或"非原生代币"。不同应用工具有不同的记录保留形式，但所有应用工具的数字账本都会包含交易汇总信息或使用者余额信息。

账本要么包含全部交易的历史信息，要么包含一系列账户余额信息。前者的一个典型就是区块链。如前文所述，在区块链技术中，交易被成批记录形成区块，一旦某个区块被证实有效，该区块将被链接到账本上的现有交易中。但是，区块链仅仅是分布式账本的一种，并非所有分布式账本都采用区块交易或链状交易。另一种方式则与当前普遍使用的记账方式更为相近，即仅对用户账户余额进行更新。

某些情况下，账本可能不止包含资产的所有权信息。比如分布式

---

① 本报告中的"参与者"泛指 DLT 的使用者，参与者并不是必须操作节点以支持交易。

账本可保留真实合同的条款或副本，从而成为金融合同的中央存储库。某些 DLT 应用工具更进一步，使用"自动化合同工具"，允许在账本中嵌入自动执行代码，实现合同条款的自动履约，比如在规定日期缴纳利息本金、在某特定事件发生后立即启动资金的收集或分发、在触发前期约定条款的情况下自动终止合同。这一类功能被业界称为"智能合约"。

2. 账本的更新。

DLT 的一个显著特征是将账本更新的责任分散到了多个节点之上，这些节点可以分布在多个站点或机构，甚至是多个司法管辖区（下文将详述）。图 1 描述的是多节点账本更新的典型模式，在此模式中，所有节点相互关联，并都各自保有账本的相同副本，根据协议规则，账本的变动将在一定时间范围内反映到全部副本之中（存在一定延时）。

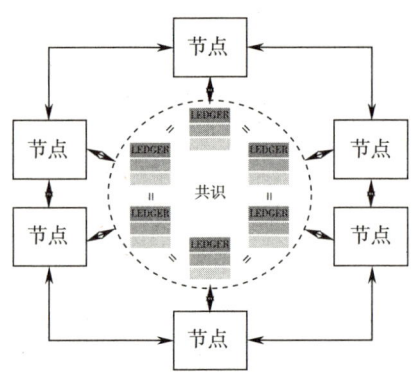

图 1　多节点账本更新的典型模式

（1）验证与共识。

为实现分布式账本的同步更新，应用工具一般会使用大量协议，促进节点间的沟通，并推动各节点就账本的当前状态及历史记录达成共识。

加密。对于 DLT 来讲，诸如公钥加密和公钥基础设施（PKI）等在内的加密工具发挥着巨大作用，能够识别并鉴定已授权使用者的身份、验证数据记录、推动就账本更新达成共识，有意变更账本的参与者需提供加密数字签名来验证身份，而验证方将使用加密工具来验证参与者是否有资格进行账本变更。此外，加密工具还可用来限制数据访问权限，仅允许授权方访问相关信息。

共识。共识机制是指网络中的各个节点就账本状态达成一致的过程。此过程一般依赖加密工具、协议规定的准则或流程，以及经济动机①（适用于任何网络设置）或治理协议②。共识一般包括两个步骤：

①验证：每个验证方根据应用工具的规则，对状态变动进行验证（验证发起人是否有权处置资产，且发起人和受益人是否有权交换资产），为此，各验证方需参考历史状态记录，要么是"最后一次达成共识的最终状态"，要么是"历史状态链"。

②达成共识：各节点就账本状态的变化达成共识。这一过程需要建立一系列机制或算法，以解决不同变动之间存在冲突的情况。最大的挑战就是，要实现分布式账本的同步变动，以确保有效变动仅发生一次。

（2）节点的技术角色（差异及非差异）。

网络中的节点扮演着多种技术角色，包括但不限于：

- 系统管理员：控制系统访问权限的保管员，并为应用工具提供特定服务，包括公证功能、纠纷调解、标准制定和监管报告。
- 资产发行人：有资格发行新资产的节点。
- 申请人：有资格申请更新账本的节点。
- 验证人：有资格对所申请的状态变更进行验证的节点。
- 审计人：有资格查看账本但不得更新账本的节点。

---

① 译者注：Economic Incentives。
② 译者注：Governance Arrangement。

此外，各节点能够查看账本记录的权限也不尽相同，比如，某节点即便保存着加密账本的完整副本，也仅有权限查看自己作为对手方的交易记录或与其客户利益相关的交易记录。图2展示了多节点分布式账本中各个节点的角色及权限。

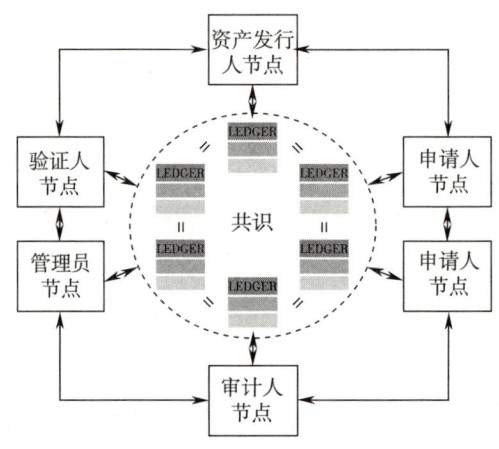

图2　多节点分布账本中各节点的作用及权限

3. 流程。

DLT 在支付结算领域的应用可以有多种设计方式，实现多种功能。图3描述了分布式账本转账系统的典型业务流程，突出展示了分布式节点、账本和共识等概念在支付交易中的应用。

在上述例子中，交易流程大致包括三个步骤：

（1）为发起支付，机构 A 使用加密工具签署数字申请书，申请变更共享账本，将资金从账本上的机构 A 账户中转入机构 B 账户。

（2）在接到转账申请后，其他节点鉴定机构 A 的身份，并对所申请的交易进行验证，以确保机构 A 具备变更账本记录所必需的密码权限和资格，验证内容包括机构 A 是否有足够资金完成转账等。各节点也要就该笔支付达成共识，该笔支付将被记录到下一次账本状态的更新中。

（3）各节点接受对账本的更新后，转账资产的属性将被修改，后续任何关于该笔资产的交易都必须由机构 B 使用加密工具才能发起。

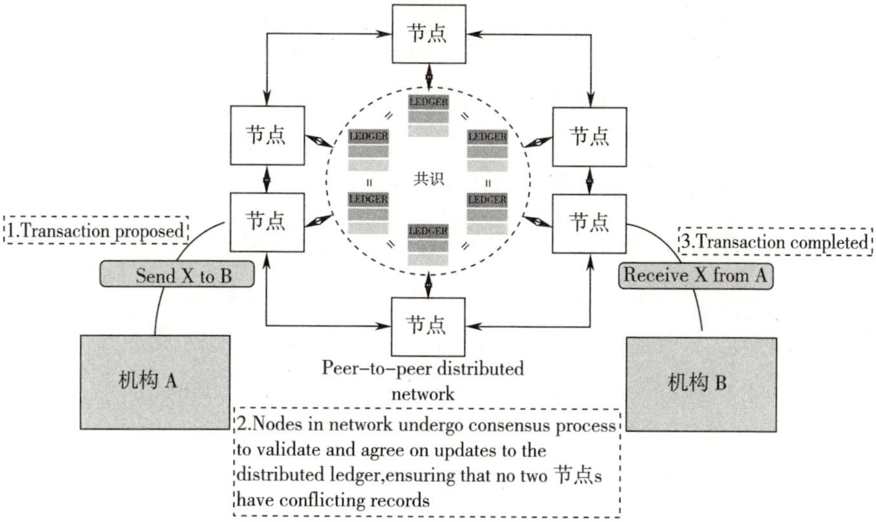

图 3　基于 DLT 的支付系统的典型业务流程

（三）机制设计要素

DLT 应用工具的技术设置还需有机制方面的设计，包括要明确各机构扮演何种角色、各机构的操作分工及权限等。

1. 应用工具的操作。

对于 DLT 应用机制来讲，一个关键要素就是要明确该应用由哪些机构负责管理，管理内容包括协议及源代码的修改或更新、授权或允许其他机构履行特定职能等。在极端情况下，某单一机构可代表参与者主持并操作全部节点，并成为账本维护的唯一负责机构。当然，维护工作也可由多家机构共同承担，每家机构负责持有账本的一个副本并履行所规定的职能。

2. 应用工具访问权限（不受限或受限）。

应用工具可通过不同的设计方式，向任意数量的参与者提供服务。

不受限应用工具是指不对应用工具的访问权限设置任何限制,对该应用中各节点的角色也不设限制。在这种完全开放权限的应用中,操作节点的各个机构不太可能互相认识,此类应用的管理难度较大,且各节点间沟通所遵守的规则需一开始就写入账本(编入计算机协议)。相反地,受限平台是指,对参与者访问应用的权限加以控制,由于权限被控制,因此节点沟通规则可以不写入账本。

上文中的图 1 和图 2 并未将机构与节点的参与者、所有权及操作相联系。如前文所述,金融业所关心的应用工具一般具有一系列机制设计,将节点及各节点的角色与机构联系起来。图 4 列举了一个受限应用的例子,其中交易验证及资产发行的权限全部集中在某单个机构身上。在此例中,机构 A 是系统管理员,也是网络中全部验证人节点及资产发行人节点的操作方。机构 B 和机构 C 则是操作申请人节点,这意味着它们有资格提出修改变更账本状态,但在没有机构 A 批准的情况下,不得单边进行变更。以上仅仅是业内可考虑采纳的众多节点及机构映射模式中的一种。

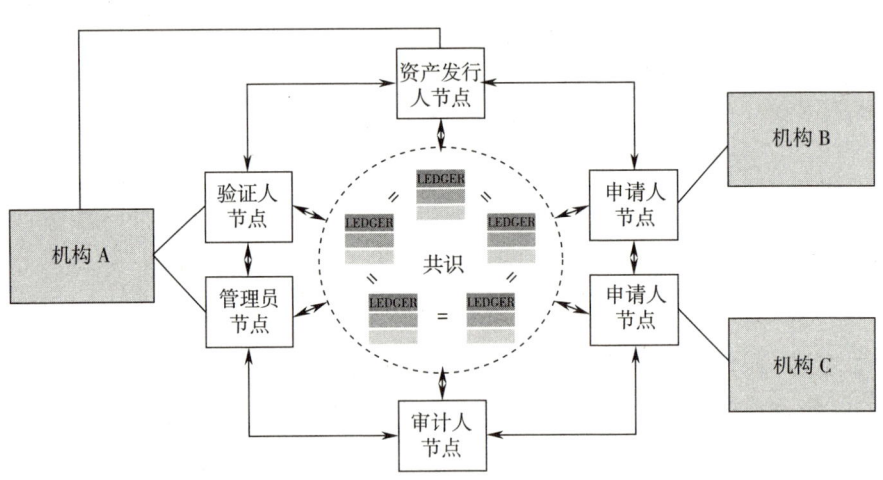

图 4 受限的 DLT 应用工具中节点的差异化技术角色

(四)设置与权衡

表 1 列举了应用工具可能采用的机制设计与技术设计组合,也展示了与当前金融生态系统的差异。根据不同的目的,可以设计出成千上万的应用工具,不仅节点数量等技术要素可以有多种变化,每个节点的作用也可调整。

设置访问权限有利有弊,因此技术应用在设计时应做好权衡,比如,不设限的应用工具可将服务开放给新参与者,减少支付结算关系的分层。但是,由于不设限的应用意味着要在大量互不认识的参与者之间达成共识,因此可能带来扩展性和信息安全等方面的问题。此外,匿名参与也需要在应用设计和规则中加入安全措施,以减小网络攻击或非法活动的影响(也就是说规则要写入账本)。正是由于上述挑战太过严峻,因此当前 DLT 在支付结算领域的应用主要采取受限应用工具的模式,这种模式也更适合现有法律及监管框架。

表 1　　　　　DLT 应用的设置模式

应用工具描述	由一家机构负责账本维护与更新(比如 FMI)	仅有授权机构才能使用服务;机构被指派不同的受限作用	仅有授权机构才能使用服务;机构可以发挥任一种作用	任何机构均可使用服务,并可发挥任一种作用
操作	单一机构	多个机构		
访问权限	受限			不受限
节点的技术角色	有差异			无差异
验证与共识	在单一机构内部完成	在单一机构内部或多个机构间完成	在多个机构间完成	

但是,将各类角色指派给大量机构及其所代表的节点,也会带来其他重大问题,比如,如果仅授予一部分节点达成共识的权利,那么达成共识的速度将提高,但这也意味着被授权节点破坏账本准确性的

难度大大降低,因此需要确保被授权机构是参与者所熟知并信任的机构。增加节点数量虽然能够提高网络的整体弹性,但却会延长达成共识的时间。此外,增加分布式角色的数量也会带来其他治理、结算与操作风险管理等方面的问题。因此,使用何种验证及共识协议的主要决定因素是访问权限规则和机构及节点所扮演的角色。

DLT 解决方案的多样性恰恰说明,在支付结算领域,不存在一刀切式的方法。表1最左侧一栏的设计方案使用单一机构记录信息,和当前模式基本相同,所做的变革较小,与之相反的是表1最右侧一栏的设计方案,代表了比特币式的应用模式,完全去中心化,代表着更加激进的变革。目前关于 DLT 应用的设计构想仍在继续,反映出人们一方面想要充分利用该技术的优势,同时也在考虑特定应用方案的局限性。

三、分析框架

本报告提出的分析框架旨在协助中央银行及其他监管机构了解 DLT 在支付、清算及结算领域的应用工具,并提供一种结构化的分析手段对应用工具进行利弊分析。分析框架的基础是四个核心要素:

1. 范围,了解应用工具的功能及服务实质,了解应用有效实施的要素;
2. 效率,分析应用工具对效率的影响;
3. 安全性,分析应用工具对安全性的影响;
4. 广泛影响,分析应用工具对更广泛的金融市场的影响。

本分析框架应作为研究 DLT 的起点,以分析监管机构及其他利益相关方所关注的问题,本框架所涵盖内容并不全面,挂一漏万,不能穷尽 DLT 及支付结算相关的所有问题。对于尚处在开发初期的应用工具,由于其对某些问题还没有形成具体方案,因此本框架可指导未来的工作方向。此外,本框架并不推崇特定的某个设计要素。

（一）了解应用工具

DLT 应用工具由于不同的功能、服务特质、设计、技术及流程，可表现为多种形式。为分析各种类的应用工具，有必要使用结构化的分析方法来研究某个给定服务的功能、特质，以及该服务有效实施的关键要素。

1. 应用工具有哪些功能及特质。

DLT 的核心，是一个能够记录所有信息的账本。应用工具一般要履行以下至少一项与账本维护相关的功能：记录；资产转移或余额更新；使用自动化工具。其他辅助性服务包括数据查询、筛选和分析。要想了解应用功能及服务特质，需要先知道应用工具希望做出哪些优化、价值链中的哪一部分会被影响、这种优化是如何设计的以及哪些参与者或用户会受到影响。

（1）明确存在哪些问题和低效环节，需要做哪些优化。

研究应用工具的功能及特质的一个重要方面，就是了解 DLT 如何解决现有问题，以及如何完善当前服务及流程，比如简化流程、改善信息流动、降低操作成本、扩大金融服务可得性、推动普惠金融等。如前所述，应用工具可通过自动化功能，减少对人工的依赖程度，从而提高效率和准确性。此外，在研究过程中不仅要关注效益，还要考虑潜在成本及风险。应用工具要想达到某个特定目标，需要在提升弹性和效率之间做好平衡，取舍权衡的决策过程尤为重要。

（2）明确价值链中受影响的部分。

明确应用工具将影响价值链中的哪个或哪些部分，以及研究应用工具对金融市场是带来了新理念（颠覆式创新）还是改善现有服务（渐进式创新），将有助于我们更好地把握服务的功能和实质。价值链可有多种分类方式，包括：

- 客户识别：数字身份识别、KYC 合规、反洗钱合规、反恐融资合规等。

- 交易前：支付、转账指令或其他债务的创建、验证和传输，包括验证资产持有情况、结算数据链接等。
- 清算：交易的传输、核对及确认，还可能包括交易轧差、建立最终结算头寸等。
- 结算：资产或金融工具的转移，以及FMI或其参与者按照合同条款偿还债务等。
- 结算后：结算完成后的相关工作，包括对账、记录与报告、资产清偿（比如还本付息）、合同条款的履行（比如智能合同）等。

某些应用工具可能影响上述流程中的一步或两步，比如行业目前关注的某些DLT应用工具主要从事清算业务，为交易相关方提供新的信息共享方式，但是并不提供具体的交易结算服务。还有一些应用工具就端对端交易处理方式进行了创新，比如不仅可以交换信息，还可通过账本资产的形式进行价值交换。

（3）了解应用工具的设计、技术及相关流程。

不同应用工具的设计、技术及相关流程大相径庭，反映出了在服务特质、技术发展、应用工具组织架构、当地市场结构及行为、司法因素等方面的差异性。了解这些差异，有助于分析应用工具到底解决了哪些问题、改善了哪些服务。

（4）明确哪些市场参与者会受到影响。

明确应用工具将影响哪些市场参与者及用户，有助于了解该应用对金融体系效率和安全性的潜在影响，比如应用工具在提高某些市场参与者效益的同时，可能增加了其他参与者的风险。需要考虑的市场参与者种类包括FMI、银行、其他金融机构及其客户、相关监管机构。由于金融市场的全球性，受影响的市场参与者可能分布在多个司法管辖区。

2. 有效实施的关键要素有哪些。

明确并分析可能影响应用工具开发及使用的因素，是十分重要的。某些应用工具的使用者仅是一家或少数几家机构，而其他应用则需要金融行业大规模使用才能产生效益。此外，应用工具的使用可能需要市场进行更基础性、结构性的改革，包括变革市场规则及实践。下面所列的环境、技术和金融因素可能会对应用工具的实施产生重要影响：

- 环境因素：包括机构对新兴技术的接受程度；市场规模、市场结构及实践、监管及法律环境、行业协调程度等市场因素。
- 技术因素：比如技术成熟度、与现有系统和流程的互操作性等。
- 金融因素：如果项目能够通过节省成本、创造收入等方式提高投资回报，则更容易被机构和市场接受。

（二）对效率的潜在影响

在很多人眼中，DLT能够提高市场效率，而效率是个很广泛的概念，包含应用工具的设计、功能和资源需求等。在本报告中，效率的测量方式是整个资产转移周期的速度和成本，以及应用工具是否能够很好地满足市场需求。在综合考虑速度和成本影响的情况下，对账、信用及流动性管理和自动化是重要的考虑因素。

1. 端对端处理速度。

DLT被认为能够提高单个应用工具中的交易结算速度，通过减小参与者之间的信息共享摩擦，实现现有流程的简化。需要注意的是，DLT可能提高整个金融生态体系的端对端处理速度（跨价值链层面），但单个基础设施内部的交易结算速度可能会下降，比如，DLT应用工具完成一笔结算所需要的时间比实时结算系统（RTGS）更长，因为从技术角度来讲，与中心化系统相比，DLT的交易验证与达成共识的过程更加复杂。

关键问题：
- 应用工具如何影响现有支付结算流程的端对端处理速度？或者与现有流程比较有何特征？

2. 处理成本。

有必要将分布式账本的维护及更新成本与现有及其他替代的解决方案进行比较。原则上来讲，业界正在研究多种DLT应用工具，以减小价值链特定部分的成本，同时还需考虑对市场整体及社会成本的影响。此外，DLT应用工具还会改变成本在各参与者之间的分配方式，比如，如果分布式工具允许各参与方共同维护和更新共有账本，那么维护成本将由各参与方共同承担，而不是直接由某单个机构承担（比如维护由FMI完成，FMI向各参与者收费）。在这种责任共享的模式下，负责操作特定节点的参与者将会发现，对该分布式系统操作贡献越多，所需承担的直接成本也越大。

关键问题：
- 应用工具是否能够降低整体成本？成本在参与者之间如何分摊？
- 在分布式环境中操作某应用工具将产生哪些社会成本？

3. 对账速度与透明度。

对账旨在确保某笔交易的内部记录与相关方对该笔交易的记录能够相互匹配，由于对账过程牵涉多个账本的信息，且信息以不同格式记录并储存，因此对账是一项十分耗时的劳动密集型工作。DLT的使用可以为交易信息设置通用格式，从而减小数据差异性，提高对账速度，消除或减少后台工作负担。此外，全部或部分对账数据还可与其他市场参与者共享，或者与监管部门共享，从而加强市场透明度，促进信息报告。但是，在提高对账速度、降低对账成本的同时，也要考虑数据保护与隐私问题。

> 关键问题：
> - 应用工具如何影响对账流程？
> - 其他参与者、市场及相关监管机构能够获取哪些信息？各方如何获取信息？

4. 信用与流动性管理的成本。

处理速度的提高与对账工作的减负，将使得部分市场能够完成更多实时交易或准实时交易，这可能对支付清算活动的信用及流动性需求产生影响。以 RTGS 为例，实时与准实时转账能够降低信用风险敞口，但同时也提高了流动性需求。转账速度提高意味着参与者能够更快速地接收到资金和证券，从而释放了部分本应作为抵押物的流动性。当然，并非所有的 DLT 应用工具都能够实现实时交易和准实时交易，对于能够实现此类功能的应用，需要分析其对信用和流动性的影响，而这将取决于应用工具的设计方式，以及该应用带来的市场参与者行为的变化。

> 关键问题：
> - 应用工具对参与者、系统及整个市场的信用及流动性有何影响？与现有系统如何比较？

5. 自动化合同工具的效益。

应用工具记录、维护、共享数据的方式将对支付结算的安全性产生影响，包括智能合同在内的自动化合同工具能够提高协议中某些条款的执行效率，比如到某一日期时自动还本付息。另一个例子就是，某些数据槽可作为账本的输入项,可设置门槛,达到门槛后则触发追加保证金通知或其他行为。DLT 能够将信息嵌入账本,因此能够实现自动执行应用。自动执行合同条款可减少人工执行交易的负担,从而提高效率,也降低人为错误率。自动化合同工具与其他增值功能将极大简化后台流程和记录管理工作。

同时,自动执行的应用可能为金融体系带来新的挑战和风险,比如,自动化合同工具仍然会受到恶意代码或错误代码的影响,如果此类代码被执行,那么账本数据的准确性值得怀疑。此外,自动同步执行多个合同(及代码)可能在金融体系内导致负面的、不可预测的行为模式,相类似地,合同(及代码)之间的互相依赖性可能为未知风险的传播提供渠道。

> 关键问题:
>
> • 对于嵌入自动化合同工具的应用,有哪些要素被自动化?是如何自动化的?
>
> • 应用工具如何应对恶意代码和错误代码的问题?
>
> • 应用工具可采用哪些程序或机制防止、探测并快速应对恶意代码及错误代码的执行?

(三)对安全性的潜在影响

对于支付结算领域的应用工具来讲,一个关键的政策目标就是识别、监测并管理此类应用可能带来的重大风险。技术和系统设计能够提高应用工具的操作性和财务健康度,但也可能成为风险的来源。此外,在压力情景下,应用工具可能成为不稳定和不确定因素的传导渠道,造成金融风险的传染。

1. 操作及安全风险。

DLT 有能力提高支付结算的安全性,但同时也会带来新风险,其对安全性的最终影响结果，取决于对风险和效益的权衡分析。

弹性与可靠性。推动 DLT 应用的一个主要因素，就是该技术能够提高应用工具的弹性及可靠性，其分布式的实质，以及多个同步账本和操作节点的使用，使得该技术能够降低单点故障的风险，如果某个账本或节点不可操作或发生故障，其他节点可继续处理交易。这一优势对政府机构来讲颇具吸引力，有助于应对网络威胁。但是，多个节点意味着恶意攻击可以有多个入口，导致账本的保密性、完整性和可及性受到破坏。

安全性。应用工具的安全性对于保障金融体系的安全与稳健具有重大意义。诸如公钥加密等加密工具在保障现有系统的安全性方便发挥着关键作用，对于 DLT 来讲也是意义重大。虽然现有加密工具已经效果显著并得到广泛使用，但随着技术演进，现有加密工具的安全性和有效性可能被削弱，这一点对于治理结构较薄弱的应用工具来讲尤为明显，导致此类应用无法对新兴安全问题及威胁作出快速响应。在现有基础设施中使用 DLT，或者将现有系统迁移到分布式账本环境下，都可能产生新的安全风险，这些风险可能并不是新技术本身的产物，但是却带来较严重的操作问题。因此，应用工具不仅要依靠加密工具，还要在不同程度上使用其他安全工具。

操作性能与可扩展性。良好的支付结算应用工具需要有效应对交易量的大幅波动，因此需要具有良好的操作扩展性。操作性能主要包括两方面：一是较大的日处理量；二是有效应对峰值交易量，包括在市场压力或波动性较大的情况下作出有效应对。无法满足上述要求的应用工具可能会削弱支付结算的安全性。应用工具的可扩展性取决于若干因素，包括记录的数据类型、共识机制和中心化程度。

> 关键问题：
>
> ● 应用工具的关键操作风险有哪些，特别是可能影响应用弹性及可靠性、安全性、操作性能及可扩展性的因素？应用工具如何管理上述风险？
>
> ● 上述风险及其管理与传统应用工具相比有何区别？

2. 结算问题。

DLT被反复提及的一个优势，就是能够缩短金融交易的端对端处理时间，此外，该技术还可能对安全性造成影响。在这个问题上，有必要对结算流程的几个关键组成部分进行研究，即结算资产、如何完成结算操作、如何获取符合法律要求的最终结算。

结算资产。某些应用工具的原理是更新账本余额，即账本通过借记和贷记记录头寸；某些应用工具的原理是转移账本上的数字资产，即账本记录的是某项仅存在于账本上的数字资产的所有权的转移情况；还有一些应用工具的原理是转移被托管实物资产的数字表现形式，即账本记录的是在其他地方持有的资产的转移情况。比如，对于支付系统来说，应用工具的职能可能是更新余额、转移数字货币，或者是更新某项被储存在托管银行的钱款的账户余额。

实际操作结算。对于某些DLT应用工具来讲，就账本变更状态进行更新和同步可能需要花费一定时间，比如第一次更新发生的时候，并不意味着发生了实际结算操作，因为还需要一定时间等待系统节点就账本状态达成共识并同步。如果应用工具使用的是工作量证明（POW）模式，那么结算是基于概率而发生的，也就是说，某笔交易在账本上被确认的次数越多，那么交易被撤回的可能性就越低。如果交易涉及资产之间的交换，则实际操作结算将更加复杂，比如将证券与对等现金进行交换，或者将一种货币换成另一种货币。

合法的最终结算。最终结算是指法律上认定的资产或金融工具的转移行为、债务清偿行为已不可撤销并无条件发生的时间点，此时该笔结算不会因为参与者发生破产或资不抵债而受到影响。在传统支付系统中，最终结算是一个清晰的、明确的时间点，是得到强有力的法律支持的。对于 DLT 应用工具来讲，最终结算的概念可能不是很清晰，对于那些需要依靠共识算法才能使最终决算生效的应用工具来讲，可能不存在最终决算的单个时点，同时，此种情况下的最终决算可能不会得到现有法律框架的明确支持。

关键问题：

- 哪些状态变化会被记录到账本上，比如余额、数字资产转移、实物资产或非实物资产的数字表现形式的转移？

  应用工具所反映出来的资产或记录的法律实质是什么？

- 操作结算是如何在账本上完成的？由谁完成？与传统系统有何区别？

- 适用的法律框架对最终结算是如何规定的？

- 对于价值交换类型的结算，交割与支付、交割与交割、支付与支付是如何实现的，包括各独立账本之间如何实现，以及账本与传统 FMI 之间如何实现？

---

3. 法律风险。

健全、清晰、透明且可执行的法律基础是支付结算业务的核心要素，如果应用工具的法律基础模糊不清或存在不确定性，那么 DLT 的应用会进一步增加法律风险。由于 DLT 对于支付结算业务来讲是新兴技术，因此法律环境可能不如传统系统所适用的法律环境那么健全。相反地，DLT 可用来减小法律风险，比如对法律协议的某些条款设置自动执行功能（比如自动还本付息），能够减小违约的发生。

某个应用工具的法律所包含的法律框架应该涵盖财产、合同及债务相关的基础性法律法规，还应包括应用工具的规则、程序及合同。诸如所有权、最终结算等在内的法律问题应在应用工具中予以明确界定，并由各参与方知晓，且得到适用法律的支持，比如相关方的资产、权利与义务等的所有权及转移相关的法律基础并非一直都很清晰。在明确权利、义务和流程时，应用工具一般倾向于使用标准化规则或合同，在此情况下，需要研究相关法律基础的稳健性及可执行性。跨境交易使这一问题更加复杂，因为相关业务所适用的法律需要得到其他司法管辖区的认可和采纳。

> 关键问题：
> - 应用工具是否具有清晰、健全且可执行的法律基础来支持其业务，特别是在跨境交易的情况下？
> - 如何识别并应对潜在的法律冲突？
> - 参与者的权利与义务有哪些？是如何界定的（比如通过规则、合同或代码界定）？争议解决机制是什么？

4. 治理。

治理结构有助于提高应用工具的安全性（比如能够加强应用设计及技术演进的决策流程，或者能够广泛听取诸多利益相关方的意见），也可能削弱安全性（比如高度复杂的治理结构可能降低对突发事件的应对效率）。对于那些提供信息共享和账本维护功能的应用工具来讲，设置周全的治理结构尤为重要。近期，不受限 DLT 使用情况的发生，对治理结构提出了挑战，凸显了围绕变更管理、事件管理及治理决定执行等方面建立清晰的治理结构的重要性。

> 关键问题：
> - 应用工具采取何种治理架构？是否能够有效支持决策、风险管理、突发事件响应以及管理监督？
> - 应用工具是否涉及多个机构间的信息共享或账本维护？如果是，那么都涉及哪些利益相关方（包括直接和间接参与者）？利益相关方的职责在治理结构中是如何定义的？
> - 是否有明确的决策机制？对于应用工具的修改，是否有明确的共识机制？

5. 数据管理与保护。

应用工具的数据记录、维护及共享方式对支付结算业务的安全性有很大影响。对于任何一个信息记录系统来讲，最基本的要求就是记录的结构和维护方式能够确保合法机构可以验证记录的相关历史，也就是说，系统应该确保数据的可追溯性。此外，可追溯性意味着数据不得被遗失、破坏或篡改。对于应用工具的安全性来讲，数据的完整性和准确性是核心。同时，可追溯性也是KYC、反洗钱及反恐融资合规的重要要求。但是，在注重可追溯性的同时，也要考虑隐私和信息保密。

根据应用工具设计的不同，对隐私性的要求也有所差异。某些应用工具中，所有节点都可访问账本副本，并且在允许的情况下可以看到全部交易历史。但是对于金融行业来讲，参与者可能不希望所有数据都可见，在此情况下，信息的访问权限可能受到限制，比如通过数据加密，使得各节点即便保留有账本的完整副本，也只能看到有访问权限的那部分账本的信息。在某些情况下，节点可能只保留与自身相关的那部分数据。无论对隐私性有何种要求，有一点是很重要的，那就是在对数据访问权限进行有效控制的同时，还要确保全部节点能够就账本变更和交易的有效性达成共识。

> 关键问题：
> - 应用工具如何保障数据的完整性和准确性，包括保障数据的可追溯性？
> - 数据是否有不可变性？如果是，如果发生数据、交易或处理错误，该如何应对？
> - 应用工具如何处理数据隐私及保密问题？

DLT 应用的另一个优势就是账本记录的不可变性（Immutability），也就是说数据一旦被记录，则不可再被单边更改，这对于应用工具来讲是十分重要的属性。但是，虽然数据的不可变性很重要，但在某些特定情况下，也可能需要对数据进行修改，比如发生记录失误、欺诈或其他事件。账本可以允许对交易数据进行修正或撤销，实现方法包括创建新交易等，对于自动执行代码来讲，这个问题尤为棘手，因为代码错误或其他突发事件需要非常迅速地予以修正，因此，需要有良好的治理和操作程序来有效应对此类特殊情况。

（四）对金融市场的潜在影响

随着 DLT 不断发展并逐渐进入大规模应用阶段，该技术对金融市场整体将产生更广泛的影响。金融市场各部门之间有着大量互联互通的环节，比如金融机构深入参与各类支付系统和其他 FMI 之中。同时，证券结算需要多个系统的支持，比如需要有支付系统完成价值转移，需要有单独的证券结算系统来完成证券转移。此外，金融机构、支付系统和其他 FMI 可能横跨多个司法管辖区。

1. 连通性和标准制定。

随着金融行业正在试验大量的 DLT 应用工具，各种应用工具相继涌现，提供的服务功能有的差异性很大，有的很相似，有的互补性很强,这也为我们提出了一个技术难题,即如何实现各应用工具之间的互联互通,从而提高各类金融交易的效率。制定互操作性技术标准将有助于解决这一问题,标准能够提供互联互通的技术基础,并有利于降低应用实施及整合的成本。有效的标准制定也将推动DLT在金融领域得到更广泛的应用,从而进一步释放规模效应。

> 关键问题:
> - 应用工具使用了哪些系统、平台、层或以上三者的组合?
> - 应用工具使用何种协议?
> - 协议代码是公开代码还是自有开发?如果是自有开发,那么代码在提高应用的互操作性方面是否足够灵活?

2. 金融市场架构。

DLT可能对整个金融市场架构产生影响。在某些场景下,DLT的应用更偏向于对当前应用工具的升级,因此未对现有业务操作产生太大影响。还有一些场景下,DLT的应用可能导致部分功能或机构完全脱媒,这种影响可能改变金融市场的竞争格局,从而影响金融市场架构,还可能引入当前尚未被纳入监管框架的新兴非银行参与者。

> 关键问题:
> - 应用工具将如何改变现有金融中介的作用,如何引入新的参与者加入?
> - 应用工具如何改变当前市场和监管行为?

3. 金融市场风险。

DLT还可能对金融市场风险产生影响。DLT应用到互联互通系统中的一大好处就是,数据可在多个关键机构间共享,从而提高市场透明性和跨系统风险管理的有效性。但是，DLT 也可能产生负面影响，比如某应用工具嵌入大量自动执行工具，那么宏观经济环境的变化可能导致多个 FMI 自动触发保证金追加要求，从而导致金融体系流动性需求激增，甚至演变为系统性风险事件。因此，有必要研究自动化工具在金融体系中的关联性，并评估是否需要额外的保护措施以防止风险传染。

> 关键问题：
> - 应用工具在当前的开发和使用阶段，是否会对金融市场带来风险？
> - 应用工具与其他系统（包括其他 DLT 应用工具）的关联性如何？

分布式账本技术架构比较及趋势分析

钱友才

摘要：以比特币为代表的加密数字货币的影响不仅限于货币金融层面，在社会组织、计算机科学、信息安全、会计学等多个领域都有创新性启发。作为支撑加密货币产品的底层架构，分布式账本技术被视为实质性的重大创新，拥有数据不可篡改、系统可靠性高、智能合约自动强制执行的优良特性，尤被金融行业所重视。

本文尝试追溯分布式账本技术的概念演变，对不同的技术类型进行分类，并从基本数据模型、共识算法、智能合约引擎、安全和隐私方案、跨链机制设置等多个角度进行研究。

通过分析发现，分布式账本技术的潜力释放依赖于以上维度的技术创新和应用扩散进程，未来不同应用如果通过跨链机制实现互联互通，就会形成更广泛的协同，体现出网络外部性优势。

中本聪以比特币启发了密码朋克和投机者们，催生了第一波竞争币（Alt coin）浪潮，从2011年4月第一个竞争币域——名币（Namecoin）开始，到2014全年发行1667种竞争币，去中心化货币的概念得到了广泛传播。去中心化货币的理念从未得到过传统金融行业的认可，但比特币背后的技术创新却获得了深入研究，其基本特征被概括为"区块+链"，即区块链（Blockchain）。作为一种新的分布式系统形态，区块链用哈希链的数据结构改变了电子数据易被篡改的属性，用"区块+共识算法"解决了分布式系统的数据一致性问题，拜占庭容错能力保证跨实体运行的系统不受少数节点恶意行为的影响，从而解决业务层面的信任难题，被《经济学人》杂志冠以信任机器（Trust Machine）之名。

因为这样一种特殊性质，区块链很快成为华尔街的新宠，并逐渐被金融行业寄予厚望，以解决现有金融系统低效的运作模型。自此，区块链开始了新一轮的演化，在此过程中，有两个因素促使分布式账本技术（DLT）概念的提出：一是技术本身的发展逐渐摆脱了"区块+链"的固有模式，比如IOTA项目中以单笔交易的有向无环图代替了哈希链的结构，系统中不再有区块和链，但其基本思想和比特币仍然是一脉相承的，因此"区块+链"并不能代表这类技术的本质特征；二来区块链是一个技术名词，不能直观说明其应用场景，不适合向非技术人普及概念，因此在金融行业中，尤以R3为首，更乐意使用DLT一词。

分布式账本出现的历史虽短，且仍在快速演化中，但其内核已逐渐清晰，通过梳理其历史渊源并横向比较不同时期具有代表性的一些项目的特点，有助于我们更好地理解其技术本质，也有助于我们判断其未来走向。本研究选取的比较研究对象是比特币、以太坊、Ripple、Fabric、Corda这五个具有一定时间跨度以及结构和特征差异性的，不同场景中的代表性项目。

表1　　　　　　　　　　分布式账本代表性项目概况

	历史	主导机构	重要的组织/生态成员
比特币	中本聪 2008年底	无主导机构	由开发者（core, classic, unlimited）、矿工、矿池、业内公司（blockstream, blockchain.info, Circle, 21.co, 各交易所）、投资者等自由博弈，共同治理
以太坊	Vitalik 2012年底	以太坊基金会	企业以太坊联盟（Enterprise Ethereum Alliance），参与者包括微软、Intel，摩根大通、桑坦德、芝商所等，提供许可链的解决方案，以适合金融、企业的特殊需求；以太坊的关键组件EVM被移植到很多其他区块链项目中

续表

	历史	主导机构	重要的组织/生态成员
Ripple	2012年创立	Ripple inc.	主要投资方：IDG、桑坦德、芝商所、华岩、华创等
Fabric	由IBM于2015年3月开始，2016年2月纳入Linux Foundation的Hyperledger项目计划中	IBM	属于Hyperleger的孵化项目，Hyperledger的成员包括IBM、思科在内的100多个科技及金融公司
Corda	R3 CEV设计开发，2016年底开源	R3 CEV	R3 CEV的联盟成员包括高盛、摩根大通、UBS等大多数知名银行；2016年11月，高盛、桑坦德、摩根士丹利退出联盟

本研究抽取了系统架构、基本交易模型、智能合约引擎、共识机制四个关键维度，对代表性项目的现状与发展趋势进行了分析，其对比总体结果如表2所示。

表2　　　　　　　　　不同项目的关键要素维度比较

	架构分类	交易模型	智能合约引擎	共识机制
比特币	公共	UTXO	Bitcoin Script/非图灵完备	PoW
以太坊	公共/许可	Account	EVM/图灵完备	PoW －> Casper
Ripple	公共	Account	无	RCP
Fabric	许可	Account/UTXO	Docker/图灵完备	PBFT/SBFT可替换
Corda	许可	UTXO	JVM/图灵完备	未指定，可替换且可同时存在多个

此外，机密与隐私性和跨链互操作性是目前分布式账本技术的热点问题，但尚未形成理论体系，本文在最后两部分初步介绍目前的研究进展。

一、公有链 vs 许可链

分布式账本本质上是一个由全体参与者共同维护的分布式数据库

系统：每一个参与方都维护一个完整的数据副本，这些数据副本在不同实体的控制之下，并且之间的数据保持完全一致。和传统分布式数据库的主要差异在于，分布式账本的数据副本在不同实体的控制之下，数据副本之间完全对等，参与方依据约定的规则（共识算法）独自进行各自数据副本的数据更新。

根据系统参与者是否需要获得授权，可以分为公有链和许可链。

（一）公有链

公有链通常的设计目标是去中心化，如果需要根据身份获得授权，必然需要一个用户登记认证中心，有违去中心化的设计目标。

公有链以比特币为代表，任何人都可以运行比特币节点，获得全部账本数据。只要有意愿并支付计算成本，任何人都可以参与竞争记账权，往区块链写入交易获得奖励。所有比特币参与者认可一样的出块间隔、挖矿奖励、区块大小等参数，这些参数硬编码在比特币的节点软件中，如果要修改这些参数，不但需要开发者团队的配合、矿池的认可，也需要每一个最终用户的同意。比特币的开发者、矿工、矿池、用户、交易所、技术公司以不同的方式参与到比特币社区的治理中，以博弈的形态维持平衡。

（二）许可链

在许可链中，情况有些不同。上述描述中，"任何人"需要重新定义为"获得授权的任何人"，授权可能是来自一个中心节点，也可能来自系统中部分节点的共同授权。

除此之外，许可链仍然保留了公有链的大部分特征。即便在许可链中，也不存在某个单一用户拥有对系统的绝对控制权。如果允许存在，那么这个超级用户就和通常数据库或者服务器的管理员一样，拥有随意删除或者修改账本数据的能力，这样的许可链与传统中心化数据库相比并没有提高安全性，而使用这样的分布式账本也就没什么特别的好处。

所以，公有链和许可链的区别主要在于系统的参与限制，通过修改技术架构，加入验证和授权机制，一个公有链项目可被改造成许可链。比特币和以太坊都有类似的改造项目，比如 Chain 公司基于比特币代码改造的用于 Nasdaq Linq 项目的许可链，以及 2017 年 2 月 28 日刚成立的企业以太坊联盟（EEA）计划打造的系统。

（三）演化与改造

公有链改造而来的许可链可以共享公有链项目的生态，因为架构上的类似，将来不同链之间进行互联互通互操作时，也相对容易，有利于标准化的推进。

公有链改造成许可链，不只是简单的增加一些验证和授权模块。为了满足延迟，吞吐量等性能指标，符合金融监管要求，保护用户的机密信息，支撑复杂的业务场景需求，必然需要对公有链进行深入改造，或是基于新的抽象模型重新设计系统架构。

R3 基于其对金融业务场景的深刻理解，设计了全新的技术架构 Corda，其系统架构如图 1 所示。

以最古老的比特币和最新的 Corda 的设计做对比，如图 1 所示，可以看到：

1. 在 Corda 的系统架构中，有多个和身份管理相关的模块；

2. 没有全局状态的共识，而是让每笔交易都可以指定不同的共识范围（如 Notary Service），以避免在交易排序阶段的性能瓶颈；

3. 引入了 Flow 的概念，以组合利用多个 UTXO 的完成贸易、证券衍生品这样的复杂商业合约。

Corda 的设计虽然使用了 UTXO 的交易数据模型，但没有拘泥于"区块+链"的结构，更多的站在实际业务需求角度提出技术解决方

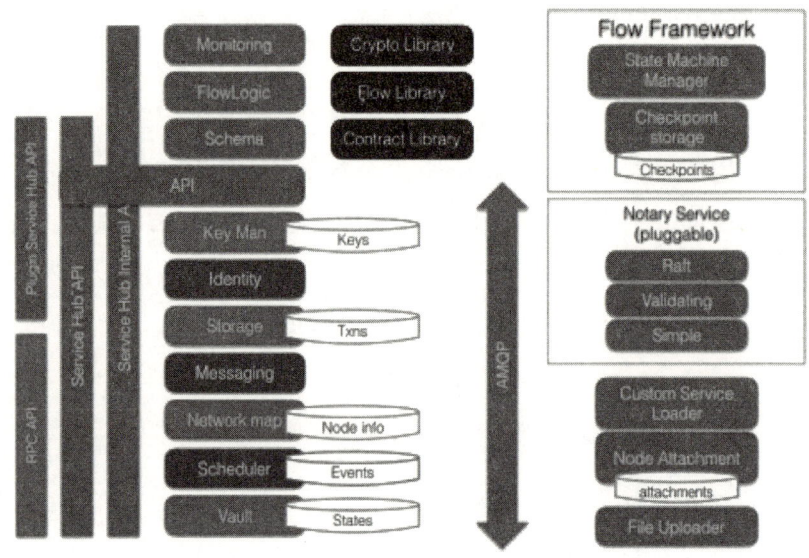

图 1　Corda 节点的系统架构图（黑色所示为比特币中也有的类似功能模块）

案，是一种更务实的态度。

二、UTXO 模型 VS 账户（Account）模型

除了系统结构上的巨大差异外，即便是功能类似的模块，不同的分布式账本体系的设计目标也不尽相同，比如最基本的交易信息的数据模型，就有两种完全不同的表示方法：UTXO 和账户模型。

金融系统中的常见设计以人/所有者为中心，都是从账户出发去描述其他概念。UTXO 模型是少见的以资产为中心的设计，视角相反。

（一）UTXO 模型

UTXO 是 Unspent Transaction Output（未经使用的交易输出）的简称，是比特币的一个重要概念。在比特币中，UTXO 是被持有者锁住，记录于区块链并被视作货币单元的，一定量的不可分割的比特币。比特币网络跟踪着数以百万计的所有可用的（未花费的）UTXO。

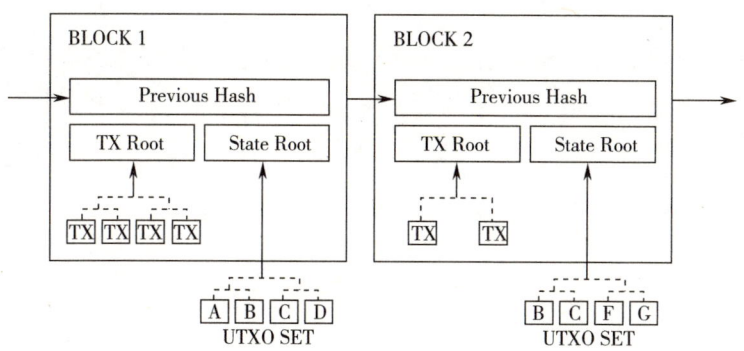

图 2　区块结构以及 UTXO 集

UTXO 模型通常需要"钱包"的概念，比特币的链上没有所谓"一个用户的比特币余额"，钱包通过扫描区块链并聚合所有属于该用户的 UTXO 来计算该用户的余额。区块链上的 UTXO 是一个动态集合，新的块包含的交易会消耗集合中的一些 UTXO，然后把当前块的交易输出加入到 UTXO 集合中。在图 2 的例子中，A、D 被消耗，加入了区块 #2 包含的交易输出 F 和 G。

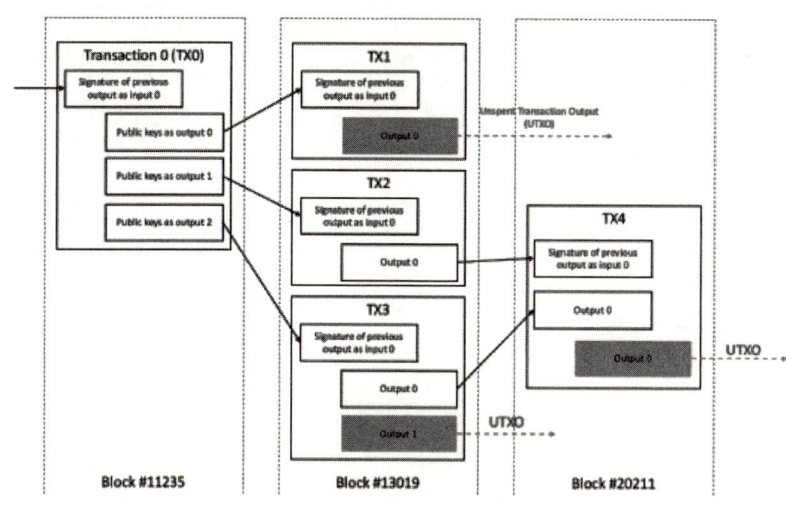

图 3　UTXO 的引用消耗关系

UTXO 也可被用来表达任意资产，在 UTXO 模型中，每一个交易都要引用未花费的交易输出作为输入，并且创造自己的交易输出。资产从被引用的输出转移到新建的输出中，资产总量保持恒定。每一个未花费交易只能被引用一次。通过这种方式，资产可以在不同的地址上转移，账本中保留了资产的流动记录。

（二）账户模型

账户模型中的 Account 更接近银行系统中的"账户"概念。账户中保存了总余额信息而不是零散的支票。交易中只需要记录收款人与转账金额，然后使用账户对应的私钥签名。转账会从付款人账户余额扣除相应金额，并且往收款人账户余额中增加相应金额。Account 或者说身份（Identity，既可以代表人，也可以代表程序或是物）是 Account 模型中的数据主体，算法围绕账户展开。

UTXO 的模型更容易实现并发，且用户行为更难被追踪，有利于保护用户隐私，但账户模型也有它的优势，比如更节省空间，更简单易于理解等。不同的项目会选择不同的模型，以太坊选择账户模型的主要原因是，以太坊作为一个去中心化应用的支撑平台，需要保存状态数据和代码，基于账户的实现要容易很多。比特币以及 Corda 选用了 UTXO，但其智能合约功能要么非常简单，像比特币这样，不能持久化程序的状态，难以实现复杂功能；要么像 Corda 一样，需要借助链外机制安排间接实现智能合约的业务逻辑。

三、智能合约

智能合约（Smart Contract）一词由尼克·萨博（Nick Szabo）于 1993 年创造，他在发表于自己网站的几篇文章中描述了智能合约："智能合约是一组承诺，也包括合约方如何执行这些承诺的协议。合约通常以计算机网络上的程序或者电子产品的形式实现，因此，这些合约比它们的纸形态的前身更加智能（但没到人工智能的层面）。"

分布式账本技术为智能合约提供了技术基础，但不同实现对智能合约的支持程度不同，能力有别。

比特币中 UTXO 的解锁脚本可视为智能合约，出于安全的考虑，比特币的脚本故意设计为图灵不完备[①]，限制了循环和递归，保证脚本的执行一定会终止。否则，攻击者可以在区块中放入一个无限循环的交易脚本，节点在处理该区块无法停止，导致系统瘫痪。因此比特币的脚本可以支撑多重签名这样的需求，但并不具备写复杂程序，表达任意逻辑的能力。

以太坊的目标是提供一个去中心化应用的运行平台，通过以太坊提供的智能合约编程语言，可以在以太坊上写出任意的应用，这就要求以太坊的智能合约系统必须是图灵完备的。因此，为了解决停机问题，以太坊引入了指令级别的收费机制，即运行合约需要预先支付一定的费用，然后每运行一条指令会扣除一定的费用，直到程序运行结束或者费用扣除完毕，因为能支付的费用是有成本且是有限的，这样一个智能合约总会在运行一段时间后终止。这是以太坊的创新之处，同时解决了公地悲剧和停机问题。图灵完备也为以太坊上智能合约的开发带来一定的复杂度，若使用不慎会给用户造成损失，使用中需考虑配合诸如形式化证明等其他技术来保证智能合约的安全可靠。

除了停机问题，智能合约系统还要解决计算确定性的问题，即一个智能合约，由任意节点运行任意多次，其结果是确定不变的。因此，以太坊的智能合约系统设计了专用的虚拟机 EVM（Ethereum Virtual Machine）和编程语言（Solidity，Serpent 等）。

在许可链上有很多限制手段可以使用，公地问题不那么突出，因

---

① 在可计算理论里，一个数据操作规则的系统（比如：指令集、编程语言、细胞自动机）被称作图灵完备，当且仅当它可以被用来模拟单带图灵机。一台计算机也是一个图灵机，一个图灵完备的语言意味着这个语言可以使用计算机完成任何计算机可以完成的任务。

此智能合约系统的实现方式可以有其他选择，比如 Fabric 选择了部署于 Docker 容器中的 Linux 作为智能合约的运行环境，这样就可以支持任意的编程语言，降低了开发者的学习门槛。对于停机问题，Fabric 通过设置超时参数来控制程序的运行时间，但因为不同节点服务器的环境有差别，所以同样的智能合约在不同的节点执行的时候，可能结果不同。因此在 Fabric 中，除了需要对交易的顺序达成共识，还需要再次对交易的执行结果进行共识。

Corda 的设计和 Fabric 类似，采用 JVM 作为智能合约的运行环境，任何可以编译成 Java 字节码的编程语言都可以用来写智能合约。Corda 的智能合约是在 UTXO 模型上实现的，通过将比特币的 UTXO 扩展为更复杂的 State Object，并引入 Flow 控制 State Object 的生命周期，其智能合约的编写相对复杂。

四、共识机制

根据公有链和许可链的分类，共识算法也可以大致分为两类，一类是受比特币启发，基于经济激励的，开放网络上的共识算法，另一类是传统分布式系统一致性算法的各种改进版本，其中应用最多的就是 PBFT。

（一）公有链共识机制

中本聪共识是第一个适用于开放系统的共识机制，通过公开的猜谜游戏（需要大量的计算工作），由首先解决谜题的节点获得记账权，从而避免了对参与者的身份认证。这种基于工作量的共识机制称为 PoW。PoW 最被诟病的一点在于解谜过程需要消耗大量的能源，浪费资源。为了解决 PoW 的能耗问题，Peercoin 提出了权益证明（Proof-of-Stake）的共识机制：以持有权益（代币）多少来确定谜题的难度，持有权益越多，则谜题难度越低，越容易抢得记账权。除了 PoS 之外，

BitShares 社区还提出了一种新的协议：DPOS（Delegated Proof - of - Stake）。BitShares 的账本是由 101 个受托人轮流写入，而这 101 个受托人由 BitShares 的代币持有人一币一票的选举上去的。如果说 PoW 和 PoS 分别是一个芯片一票和一个代币一票的直选制度，那么 DPoS 则是代议制，间接民主。

以太坊目前使用的是 PoW，但其最终会切换到名为 Casper 的共识协议上。Casper 的基本思路是，任何人抵押足够多的以太币到系统中就可以成为矿工参与到挖矿过程。共识算法要求所有的矿工诚实工作，如果一个矿工有意破坏，不遵守协议，系统就会对矿工做出惩罚：没收之前抵押的以太币。有人把 Casper 这样的挖矿机制称为"虚拟挖矿"，比特币的矿工要参与挖矿需要先购买矿机，Casper 则要先抵押以太币到系统中；比特币的矿工如果不按规则挖矿，则会损失电费以及可能的挖矿收益，而 Casper 中，不守规则的惩罚更为严重，除了失去挖矿收益，还要销毁"矿机"——抵押的以太币会被系统没收。

Ripple/Stellar 使用了基于信任的共识算法，由节点自行选择信任的其他节点形成可信节点列表（UNL），由列表中的节点投票形成共识。该共识算法也避免了能耗问题，但只能容忍小于 20% 的拜占庭节点，可信节点列表的选择也需满足一定的网络联通性要求。

（二）许可链共识机制

上述公有链的安全只依赖系统自身的经济激励：违反游戏规则的惩罚大于收益。而许可链的经济激励可以安排在系统之外，比如不守规则的参与方，可以线下直接处罚或者诉诸于法律等。但是许可链通常的性能要求会更高，对于延迟的忍受度也更低，这是公有链和许可链的需求差异所在。

去除激励要素的许可链就是一个标准的分布式系统，可用经典的一致性算法保障系统安全。最早的分布式一致性算法 Paxos 由 Lamport

于 1989 年提出，目前已有很多变种。

许可链的节点通常部署在多个不同机构内，机构之间互不信任，具有潜在的利益冲突，其节点可能是拜占庭节点，因此不具备拜占庭容错①（Byzantine Fault Tolerance）能力的 Paxos 算法并不合适。

PBFT 算法于 1999 年由 Castro 和 Liskov 提出，依靠系统节点投票的法定多数（quorum），一个节点一票，少数服从多数，实现了拜占庭容错。PBFT 算法至多可以容忍不超过系统全部节点数量的 1/3 的拜占庭节点，即如果有超过 2/3 的正常节点，整个系统就可以正常工作。

PBFT 是包括 Fabric 在内的很多许可链项目的首选算法，不同项目针对不同场景的不同需求，有针对性地做了一些改进，主要集中在：修改底层网络拓扑的要求，使用 P2P 网络；可以动态地调整节点数量；减少协议使用的消息数量等。

许可链中，为了保证系统的适应性，其共识算法通常是可替换的，由系统实施方根据具体情况选择合适的算法。Fabric 的共识算法被设计成可插拔的，目前提供了 PBFT 和 SBFT 两种共识供选择。

Corda 则更进一步，对于整个系统的状态，不再要求一个统一的共识算法，而是对验证节点进行分组，每一个组只负责验证部分交易，组内部节点之间进行局部共识，保持数据的一致性。每个组整体被称为一组 Notary，系统可以有多组 Notary，而每组 Notary 内部成员共识的算法并没有指定，不同的 Notary 甚至可以选用不同的共识算法，保证了最大的灵活性。

（三）共识机制的创新和融合

基于法定多数的一致性算法的优势是资源消耗少，交易确认快，

---

① 拜占庭容错是指一致性算法可以容忍拜占庭节点，在算法的过程中，拜占庭节点没有限制，可向其他节点发送任意数据，以干扰破坏一致性的达成。

吞吐量大，但需要预先限定参与共识的节点，因此通常只能适用于许可链。Tendermint 共识算法先以持有权益（资产）为基础形成特定的验证节点集合，再由此半开放的节点集合通过 PBFT 类算法进行共识，首次将传统 BFT 共识算法引入了开放网络，提出了 PoS 的新思路，可视为公有链为了提高性能指标向许可链共识协议的靠拢。

基于法定多数的一致性算法在投票节点较少的情况下，共识的额外性能开销不大，但随着投票节点规模的增大，需传递的消息规模几何级增加，性能下降严重，在一个超过 100 个共识节点的系统中，PBFT 已经基本不可用。所以对于某些场景，需要一些 PoA、Sleepy 这样的牺牲了确定性，交易延迟较长，但对共识节点规模不敏感的创新共识算法，可视为许可链在特定场景需求下向公有链共识协议的借鉴。

五、机密性和隐私

传统中心化系统通过身份认证、权限管理来控制数据的可见范围，系统运营方为用户承担隐私的责任。而分布式账本中，账本数据多方可见共享，在有些场景中，节点运维方也是业务参与方，传统的访问控制手段已经失效。用户希望保护身份信息和交易数据，而商业机构将用户和交易信息视为重要的数据资产和商业机密，不希望公开分享。所以，区块链上信息的机密性和隐私保护问题越来越受到各方重视[①]。

六、跨链和互操作性

和互联网的发展历程类似，当建立足够多的局域网后，不同局域网之间的互联互通的需求就越发强烈。比特币可以看作是一个价值孤岛，随着越来越多的基于分布式账本技术的价值网络的出现，不同网

[①] 对机密性和隐私问题的详细研究请参加数字货币研究所的研究专报《区块链信息机密性与隐私保护技术研究》，对相关 11 项关键技术进行了深入浅出的精彩分析。

络之间的价值交换的需求也开始凸显,自然需要所谓跨链技术,来解决不同系统之间的价值交换和互操作性的问题。

最早的尝试是基于资产质押思路的比特币跨链资产原子互换协议(Atomic cross-chain trading protocol),随着研究的深入,一些新的思路提了出来,比如对节点角色进行分工(Polkadot),使用状态通道(Aeternity),信任传递(Corda),甚至于可信中间人(Interledger)等。这些新的思路目前尚无实际可用的项目可供研究,可行性还未得到验证。因此本文仅以跨链资产原子互换协议为例,简要介绍其基本思想。

跨链资产原子互换协议是为了解决两方,比如 Alice 和 Bob,在不依赖第三方的情况下,直接交换不同的加密货币链上拥有的资产。

协议细节如下:(其中的 H(x)是对 x 进行哈希运算后的结果,协议的关键是利用哈希函数的单向特点,即知道一个哈希结果 H(x),无法倒推出 x,这样的结构被称为哈希锁,其中 x 就是钥匙)。

○ Alice 选择一个随机数 x

○ Alice 创建交易 TX1:"如果提交能打开 H(x)的 x 并且有 Bob 的签名或者同时有 Alice 和 Bob 的签名,支付 w 个比特币给 <Bob 的公钥>"

○ Alice 创建另一个交易 TX2:"从 TX1 中,支付 w 个比特币给 <Alice 的公钥>,锁定 48 个小时,Alice 签名"

○ Alice 把 TX2 发送给 Bob

○ Bob 对 TX2 签名并发送给 Alice

1) Alice 把交易 TX1 公布到网络上

○ Bob 创建交易 TX3:"如果提交能打开 H(x)的 x 并且有 Alice 的签名或者同时有 Alice 和 Bob 的签名,支付 v 个 altcoin 给 <Alice 的公钥>"

○ Bob 创建交易 TX4:"从 TX3 中,支付 v 个 altcoin 给 <Bob 的公

钥>，锁定 24 个小时，Bob 签名"

  ○ Bob 把 TX4 发送给 Alice

  ○ Alice 对 TX4 签名并发送给 Bob

  ○ Bob 把交易 TX4 公布到网络上

2）Bob 把 TX3 发送到网络上

3）Alice 公布了 x，花费掉 TX3

4）Bob 使用 x 花费掉 TX1

  ○ 其中 1）、2）、3）、4）是关键步骤，是在链上的操作，其他步骤为链外的信息交互。可以论证，交换过程是原子性的，公平的，交换的过程停留在上述流程中的任意一步，都能保证两个链上的交易要么同时成功，要么同时失败。

  比特币脚本的可编程性，为这样的协议设计提供了可能。哈希锁的思想可以运用到任意的两个系统之间进行不依赖第三方的价值交换，而不仅限于比特币。

  目前实际运行的跨链协议有以太坊上的 BTCRelay 项目，得益于以太坊更完备的智能合约能力，其在以太坊的链上实现了一个比特币的 SPV 协议，使得以太坊上的应用可以直接使用比特币完成支付，实现了单向的互操作性。

  在目前分布式账本技术自身尚未成熟的情况下，跨链更是刚见雏形，但这个问题是如此重要，技术不成熟、需求不明确也毫不影响行业的研究热情，目前在 Ripple 和 Chain 等公司的推动下，W3C 已经成立了跨链协议工作组，开始了技术标准的研究。

七、结语

  相比传统信息系统，分布式账本技术上的数据具有公开透明、可信度高等优点，且因为系统特殊的开放性，其边界可轻松扩展，纳入更多的参与方;而随着技术应用的深度和广度的拓展,未来越来越多的资产的底层技术支撑切换到分布式账本上,这些不同架构、不同特性的分布式账本还可以通过跨链技术互联互通,形成更广泛的协同。网络外部性是分布式账本技术相比现有的金融系统架构的最大潜在优势。

全局同步日志（GSL）初探

蒋国庆

摘要：数字资产控股（Digital Asset Holdings）公司近期发布了一份技术预览白皮书，重点阐述了对分布式账本系统设计中关键要素的理解，提出了应用于关键金融业务领域的分布式账本技术的正确架构应基于 UTXO 模型，并给出了相应的平台解决方案。

本文初步介绍了 DAH 的分布式账本平台架构以及基于该平台的业务流程，着重探讨了其中的一个重要服务组件——全局同步日志（Global Synchronization Log）。该技术优化了分布式账本的隐私保护与可扩展性，为金融行业部署分布式账本提供了一种低成本的可行思路，对法定数字货币的研究具有一定的借鉴意义。

利用分布式账本技术能够建立一个这样的系统：让所有的关联方可以看到并使用相关的数据，并提供数据全局复制、防篡改等特性。即便如此，分布式账本仍存在很多问题，例如：全局数据共享导致账本容量臃肿、共识算法效率瓶颈以及匿名使用账本产生的反洗钱监管漏洞等。

DAH 的技术预览白皮书阐述了对上述问题的理解，提出应用于关键金融业务领域的分布式账本技术的正确架构应基于 UTXO 模型，并发布了相应的解决方案——全局同步日志服务组件。

一、DAH 平台架构概述

数字资产控股（Digital Asset Holdings）公司，主要为金融机构的结算与清算提供分布式账本解决方案。该公司的股东包括荷兰银行、埃森哲、澳洲证券交易所、法国巴黎银行、证券托管清算公司

(DTCC)等金融服务集团。

数字资产控股公司提供的分布式账本平台（DA Platform）是一个完整的解决方案，包括应用程序、智能合约开发语言（DAML）、执行环境以及独特的底层账本服务。整体架构可划分为三层：应用层、业务逻辑层、分布式账本层。业务参与角色可分为市场运营者、市场参与者、非直接参与者。

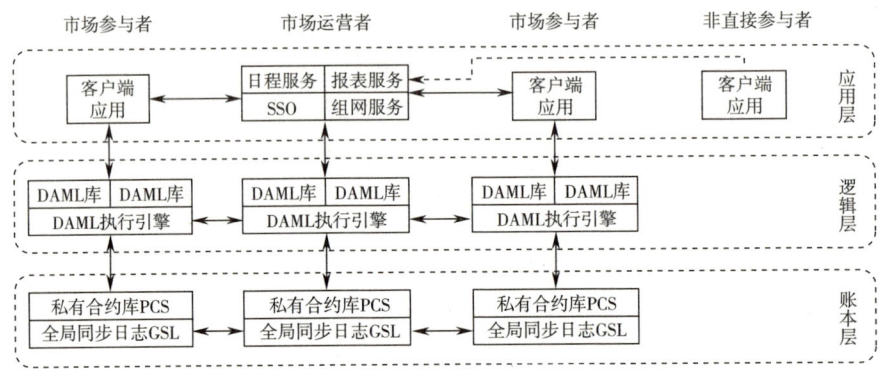

图 1　DA Platform 参考架构

如图 1 所示，架构中的每层都具有独立的通信渠道，使业务流程能够分层分阶段展开，为数据、业务逻辑实现物理隔离提供了可能。

DA Platform 中的交易流程如图 2 所示，具体步骤如下所述：

1. 市场运营者接收交易请求。

2. 交易请求转变为 DAML 合约并被发送给市场运营者的 DAML 执行引擎。

3. 实例化相关的合约，留存合约至私有合约库，更新相关的交易摘要至 GSL。

4. GSL 将相关的交易摘要广播至全网。

5. 发送通知至交易参与方。

6. 交易参与方向市场运营者或者其他参与方申请验证交易摘要，

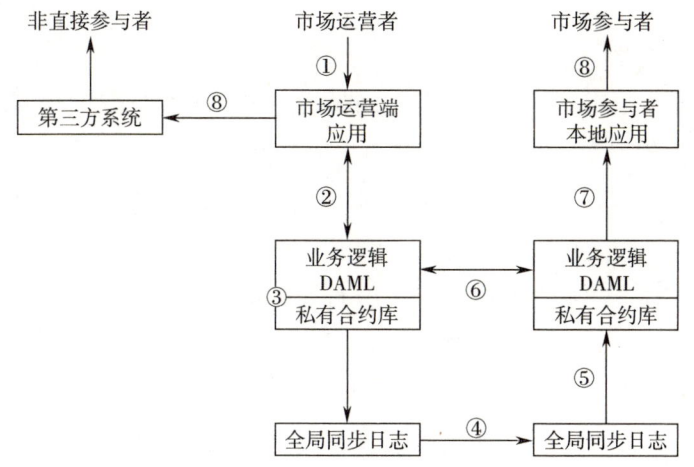

图 2　DA Platform 交易流程

如正确则获取相关的合约并独立执行，同时留存合约至私有合约库。

7. DAML 事务执行结果返回至参与者本地应用。

8. 通过 API 或者其他方式通知交易参与者与非直接参与者。

交易流程中比较突出的是全局同步日志（GSL）的作用，后续章节将专门探讨 GSL。

二、GSL 的主要功能与服务组件

在全球金融机构对分布式账本技术（DLT）的研究热潮下，传统的 DLT 部署已无法满足金融行业在隐私保护、交易吞吐量、运营规模等方面的需求。因此开展在新的加密技术、账本分层、外部服务集成等技术方面的研究，以满足企业级需求。究其根本，该问题在于隐私信息的存储与协作，现阶段针对该问题的解决方法有以下几种：

1. 匿名交易。如比特币。

2. 交易信息加密。交易内容密文传输，密钥只在指定参与方之间生成。

3. 零知识证明（ZKP）。向全网证实交易有效性，但是数据只在指定参与方之间共享。

4. 隔离账本。在一个大的网络环境中维护一个少数参与方的账本，使用公共的协议或者可信中介方来交互账本数据。

5. 数据与执行分离。在 DLT 上流转隐私数据的指纹，隐私数据被隔离并通过私有的通道传输给交易相关方。

其中第一种方法不适用于金融行业，第二种方法存在数据正向保密（Forward Secrecy）的问题，第三种技术在部署中尚未成熟以及在生产环境中存在适用性问题，需要时间来考察。

由此看来，物理隔离隐私数据是较优的选择，可以满足金融行业对于数据报送与留存的监管要求，因此结合第四种和第五种方法形成一个组件服务，即全局同步日志，是可行的。DAH 认为只有随着小型化与模块化的可复用组件的创新并推广，整个行业发展才有基础。

全局同步账本的主要功能有以下几点：

1. 确定交易排序。

2. 确定交易的唯一性，杜绝交易互斥事件，维护账本数据的状态。

3. 提供可信的通知机制，确保交易相关方同时收到通知。

GSL 通过以下服务来提供全局账本同步的功能：

1. 可用合约（Active Contract）。GSL 中没有采用智能合约的说法，而是使用了更为传统的合约来表述。合约指的是线下的业务逻辑，但不是实际的法律文本，而是通过代码保障执行的一系列约束条件。DAML 是开发与执行合约的工具。系统状态由一系列可用合约定义，合约是状态的实例化展现。可用合约采用 UTXO 结构，即新可用合约的产生需要消耗一系列的旧可用合约。特殊之处在于，DAH 设计了一类不被消耗的可引用合约，可以在交易中被反复引用，比如框架合作协议（Master Service Agreement）。GSL 会在交易落盘的时候记录可用合约的摘要（Footprint）与相关的状态。

2. 交易（Transaction）。GSL 是通过实例化合约和打包相关参与者的方式更新相应的账本，确认交易的。交易由 GSL 与外部服务共同定义，GSL 无需知道交易细节。外部服务，如合约的验证，并不会累积状态，另外合约的验证通过 DAML 执行，执行者仅限于合约相关方，使得底层账本成为一个真正的信任网络，大幅减少账本同步量。交易只能通过账本的状态来验证，保障无条件的可重复性。

GSL 的交易在逻辑上分为两部分，第一部分是全网可见的交易证据（A Merkelized Hash）以及交易相关方的通知，通知机制采用 ECDH 方法。第二部分是合约打包信息在交易相关方之间的共享。类似于隔离验证，UTXO 的主数据结构对交易的公证方不可见，公证方仅能获取到包含有限信息的辅助数据结构。

1. 通知（Notification）。通知是一个密码学意义上的共享信息，被通知方可以识别，其他无关方即使截获也无法理解其含义。被通知方验证无误后可以通过预先设定好的渠道索取完整的交易信息。如未能通知到列表中的接收方，合约验证服务将不会成功完成交易验证。

2. 交易排序（Ordering Transaction）。GSL 中的交易排序与交易执行无关，交易结果提前计算并验证，避免不确定交易。GSL 组件不依赖 BFT 共识协议，但是也支持 BFT 协议的部署。

3. 账本完整性（Ledger Integrity）。GSL 完成交易流的构建并验证状态正确性后，另一个通信服务确认交易相关方是否被通知，同时在交易发送前，还需要将被引用的合约提供给 GSL。

在一些场景中，只有市场运营方拥有更新账本的权限，此时交易参与方可以扮演实时审计的角色，根据自己掌握的账本信息来确认交易。通过仔细设定审计角色，并保持一定的交叉重叠，在无需提供真实数据的基础上可保障账本的完整性。

三、总结与展望

DAH 数字资产的 GSL 账本服务是一个有中心的完全集中式的解决方案，其业务组织与网络结构如图 3 所示。只有基础设施的"运营者"需要部署该平台，而参与者只需互动即可，这与传统金融业务中的做法类似，并且极大地增加了系统的可用性。

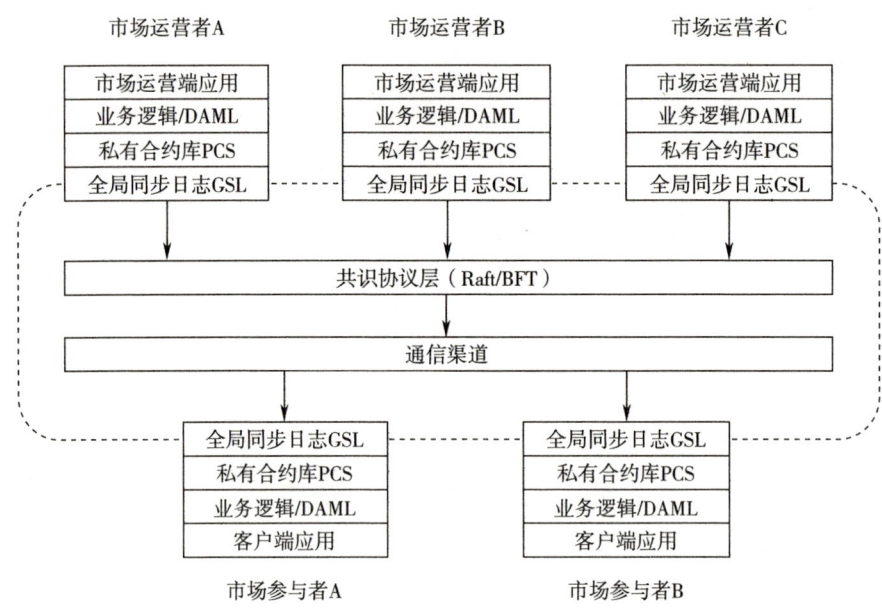

图 3　业务组织与网络结构示意图

GSL 的可用合约 UTXO 设计模式，部分解决了目前分布式账本应用中难以去除代币的问题，为分布式账本在金融服务行业落地提供了一种可行的思路。

GSL 的解决方法将交易有效性问题与通知问题紧密结合起来，满足了很多现实业务中的需求。交易内容仅对指定群体可见，交易验证掌握在交易参与方手中，公证人只能获取到有限信息，如果交易被提交，交易参与方就都能够接收到结果。

　　GSL是一种通用性较强的方案，适用于现实中广泛的非金融应用场景。但如果应用在金融行业，该方案依然存在交易容量、可维护性、灾难恢复能力、企业级部署等问题。但不可否认的是，该方案对于法定数字货币的研发具有一定的借鉴意义。

区块链信息机密性与隐私保护技术研究

赵新宇

摘要：区块链作为一项新兴技术，其信息机密性和隐私保护问题是应用场景中需要重点解决的问题。商业机构在业务系统上应用区块链，需在业务数据公开透明与系统状态分享间做出平衡。本文梳理了解决区块链上信息机密性与隐私保护问题的 10 种前沿技术。值得注意的是，每项技术各有特点，在实际应用中须根据业务场景组合解决方案，来达到信息机密性和隐私保护的目的。此研究或对法定数字货币的安全性设计和私人数字货币监管技术开发具有一定参考意义。

一、概况

信息安全的核心问题是保障授权用户能够在需要信息的任何时间点，获得保密的、没有被非法更改过的数据，其本质可以概括为保密性（Confidentiality）、完整性（Integrity）和可用性（Availability），即 CIA 三元组。对于区块链系统，可将信息安全的保密性解释为机密性（Confidentiality）和隐私性（Privacy）。机密性是指保护数据（交易细节、交易价格、资产类别、钱包余额等）不被未授权的第三方获取；隐私性是指保护区块链上交易方的身份不被识别和侵犯。

以比特币为代表的加密数字货币是通过隔断交易地址、地址持有人以及持有人真实身份的关联实现隐私保护的，但通过交易图分析、大数据以及一些社会工程学手段，依旧可以分析账户和交易间的关联性，追踪用户身份，其隐私保护程度相对薄弱。比特币系统和以太坊是目前基于区块链技术、应用最广泛的系统平台，可以根据这两个系统一窥当前区块链系统在完整性、可用性、机密性和隐私性方面的现状。如表 1 所示，区块链自身具有的去中心化、不可篡改等特性很好的支持了信息安全模型的完整性和可用性，但由于比特币系统和以太坊对于区块链上交易参与方没有限制，链上的信息对所有人可见，其信息机密性和隐私性相对薄弱，已有一些技术和方法用来解决区块链的隐私保护问题，按照技术的复杂程度，由简到繁进行简要介绍。

表1　比特币、以太坊完整性、可用性、机密性和隐私特性

	比特币	以太坊
完整性	使用 ECDSA 公钥体系 使用基于 SHA-256 的 POW 机制 51%攻击	使用 ECDSA 公钥体系 使用基于 Ethash 的 POW 机制 51%攻击
可用性	无中心体系结构，保证无单点故障	
机密性	无，所有交易细节是公开的	
隐私特性	假名地址	

二、实现技术与方法

目前，已有多种技术用于解决区块链系统的信息机密性和隐私性问题，主要可以分为基于架构、基于交易地址和基于密码学三类。其中，基于架构的技术包括许可方式和链外方式，核心是通过改变区块链架构实现机密性和隐私性。基于交易地址的技术指每次交易都使用新地址或者将多笔交易打乱，使攻击者难以分析交易地址和用户身份之间的联系。基于密码学的技术则依靠密码学中的同态加密、环签名算法和零知识证明等技术，在信息不外泄的基础上，保证系统正常运行。

但提供信息机密性和隐私保护的代价是增加交易字节数（包含密码学证明过程）和计算量（生成零知识证明），如表2所示。

Zcash中加密币的交易需要生成零知识证明，计算量较大，目前只适合于低频交易中。因此，提供信息机密性和隐私保护的程度与交易执行效率方面互为制约，需要结合场景选择不同的方法和技术，以满

足系统需求。

表2　　　　　几种技术或加密数字货币交易尺寸比较

技术或加密数字货币	典型交易尺寸
Bitcoin	300 字节
Confidential Transactions	5000 字节
Cryptonote	1600 字节
Monero with Ring CT	13000 字节
Zcash	2000 字节

以下对各种技术进行详细介绍：

（一）许可方式

一种保护区块链用户隐私的简单方法是限制区块链数据的访问权。最早的区块链是公有链系统，任何个体或者团体都可以发送交易，任何人都可以参与共识过程，是完全开放的网络。与公有链相比，许可链只允许经过授权的节点连接到区块链网络，并获取区块链数据。一定程度上实现了区块链上信息的机密性和隐私保护，即对于外部用户是保密的，但对许可链参与者是透明的。

然而，许可方式的不足之处在于许可链内部信息的机密性与隐私保护问题。一种解决方法是引入一个或多个管理者负责许可链信息的访问控制。但这样就需要引入可信的第三方，往往会带来额外的管理费用和潜在的单点故障隐患。另外，一旦访问控制规则失效或被破解，许可链上存储的信息都将暴露在风险之下。

（二）链外方式

链外方式与许可方式有些类似。在链外方式中，交易信息存在区块链以外其他系统，并通过访问控制加以保护和限制，区块链上存储的通常是交易的散列值，交易信息无法从散列值计算出来，但交易双方可以通过计算并验证散列值确认交易的有效性。链外方式与许可方式的不同之处在于区块链自身是公共、开放、无限制的，节点访问区块链数据时无需进行访问控制。

链外方式提供了相对较强的机密性和隐私性，而存储信息数据的链外系统可以通过配置改变访问控制的严格程度和细粒度。但由于链上没有交易的具体信息，获取完整信息必须依赖对链外系统数据的引用，导致区块链系统不再是一个独立、共享的数据源。

另外，将信息数据存储于链外，需要交易方各自维护交易信息或者引入可信第三方代为处理，从而带来成本增加和单点故障等问题。

（三）一次性地址

相同的交易地址在交易过程中多次使用，会降低观测者分析交易信息的难度。如果每次交易使用之前没有交易记录的新地址，将令观测者难于收集、跟踪到完整的交易流图。每次交易使用新地址的方法称为一次性地址。

但是当这些新地址所属的加密数字货币再次被使用时，利用交易图技术还是可以分析出上次交易的发送方以及这次交易的接收方地址，与这些地址关联的用户的匿名性就会受到威胁。

使用一次性地址接收加密数字货币的接收者，其身份在下次交易前不会被泄露，因此一次性地址适用于接收方只需要在一段时间内对交易信息进行保密的场景。保密期过后，可以将这些一次性地址中的加密数字货币转移到主钱包中。

一次性地址交易的交易细节仍发布在区块链上，这种方法仅能保护接收者的身份信息。另外，观测者可以通过监测区块链上一次性地址的交易信息，获知接收者何时使用此次交易接收了加密数字货币，并分析出交易流图。

（四）隐形地址

一次性地址方法的缺点在于接受方难以管理过多的地址，每次交易都要生成新地址并秘密告知发送方。就如每次接收邮件前都要生成新的邮件地址并通知发送方，是件很麻烦的事情。

隐形地址允许发送方自主生成一次性地址，而接收方拥有该地址相应的密钥。通常使用 Diffie – Hellman 密钥交换协议[①]生成一次性地址，工作原理如下：

1. 接收者生成主密钥对，并对外发布主公钥，即为隐形地址；

2. 发送者生成临时密钥并使用接收者的隐形地址联合生成一次性地址；

3. 临时密钥附加于交易数据中，接收者使用临时密钥和主私钥生成对应一次性地址的私钥，用于提取接收到的加密数字货币。

隐形地址方式与一次性地址方式具有相同的隐私保护强度，优点是接收者只需要维护主密钥对，不需要每次为交易生成接收地址及对应私钥。隐形地址技术已经应用于 CryptoNote 和 Zerocash 协议中，提供更强的信息机密性和隐私保护解决方案。

改进的隐形地址技术也已应用于比特币钱包软件中，如暗黑钱包（Dark Wallet）。当一个暗黑钱包用户公布其隐身地址后，其他暗黑钱包用户发往这个地址的资金还会经过额外的混淆过程。发送者的暗黑钱包客户端会对地址进行加密，并将资金发送至该加密地址，收款者的暗黑钱包客户端对区块链进行扫描，找出来自隐身地址的支付请求，并进行解密以收取资金。

[①] Diffie – Hellman 密钥交换协议由 Whitfield Diffie 和 Martin Hellman 在 1976 年公布，是一种建立密钥的方法，所产生的密钥可用于加密、进一步的密钥管理或任何其他的加密方式，奠定了公开密钥密码学的基础。

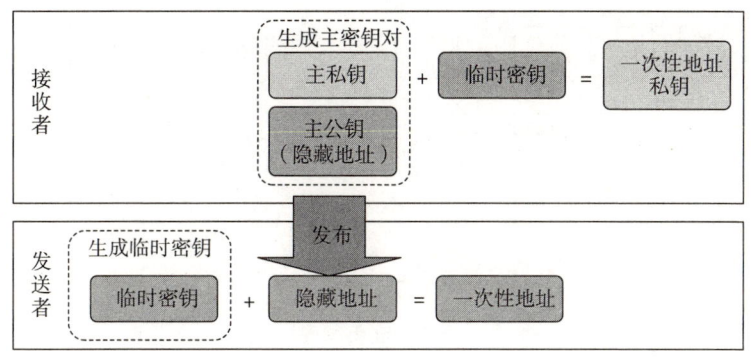

图 1　隐藏地址原理

（五）混币

混币服务的目的是令加密数字货币的交易流向难以被分析和跟踪，其原理是割裂输入地址和输出地址之间的关系。即一个交易由许多用户参与，包括大量的输入和输出，很难在输入和输出中找出每个参与方的对应关系，输入与输出之间的联系被隐藏，将交易细节随机化。多次混币、每次少量币，会达到更好的效果。

早期的混币服务由第三方运营的中心化网站提供，如 Blockchain.info、Darkwallet（混币需求通过暗黑钱包服务器收集）。用户使用混币服务只能暂时将资金委托给第三方，往往会带来第三方混币服务商盗币、混币期间服务商宕机或被攻击无法取回资金、混币服务商知悉混币记录等问题。

CoinJoin 混币策略不依赖于第三方混币服务商，通过将多个交易合并，隐藏输入和输出之间的关系，避免攻击者通过读取区块链信息获得具体的交易信息。

CoinShuffle[①] 是在比特币系统上对 CoinJoin 策略的一种实现，并在

---

① CoinShuffle 由德国萨尔布吕肯大学研究人员于 2014 年提出。

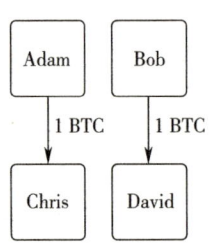 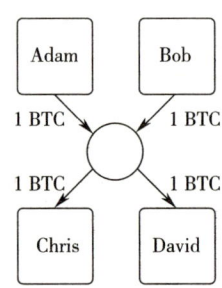

图 2 混币原理

一些具有匿名功能的币种得到了实施，例如 Dash 和 JoinMarket。经过 CoinShuffle 处理的交易，未授权的第三方以及参与方对于混币细节信息和其他参与方的地址均不知悉。和 CoinJoin 一样，为了达到较好的混币效果，CoinShuffle 必须有足够多的参与者，代价是带来额外的通信开销。其原理流程如下：

1. 宣告阶段：参与混币交易各方（以三方为例）生成新的密钥地址对，并向参与方广播自己公钥地址；

2. 洗牌阶段：按规则将新的密钥地址加密后按顺序发送，最后一个参与方建立输出地址列表，并创建交易，如图 3 所示；

3. 验证阶段：各方检查最终输出地址列表包含自己的输出地址后，对交易签名；

4. 追责阶段：如果某个参与方发现最终输出地址列表不包含自己的输出地址，协议进入追责阶段，查找问题。

混币服务虽然提供了较强的保密性和隐私性，但混币业务不符合金融行业 KYC 要求，很难被金融业监管者接受。

（六）侧链与状态通道

侧链（Sidechains）和状态通道（State Channels）技术可以用来增强区块链隐私性。两种技术允许各方在与主链平行的链外进行交易，

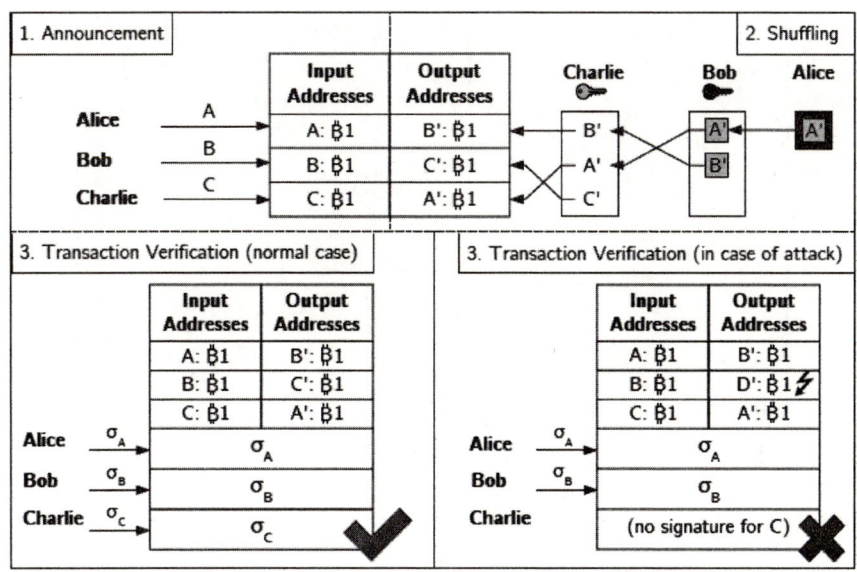

图 3　CoinShuffle 原理

并在之后某个时间点，将交易的输出结果记录在主链上。其中侧链与主链并行、持续服务所有用户，而状态通道是为特定、有限的用户建立的临时支付通道。

侧链是指遵守侧链协议的所有区块链。侧链协议是保证加密数字货币可以安全地从主链转移到其他区块链，也可以从其他区块链安全地转移回主链的一种协议。其意义在于主链上的加密数字货币不仅可以在主链上流通，还可以在其他区块链上流通，进一步扩展了区块链技术的应用范围和创新空间，使区块链可以支持包括股票、债券、金融衍生品等多种资产类型。

侧链协议的目的是实现双向锚定（Two-way Peg），使得比特币可以在主链和侧链中互转。双向锚定分为以下几个阶段：

1. 发送锁定交易，将比特币锁定在主链上；
2. 等待一个确认期，防止假冒锁定交易和拒绝服务攻击；

299

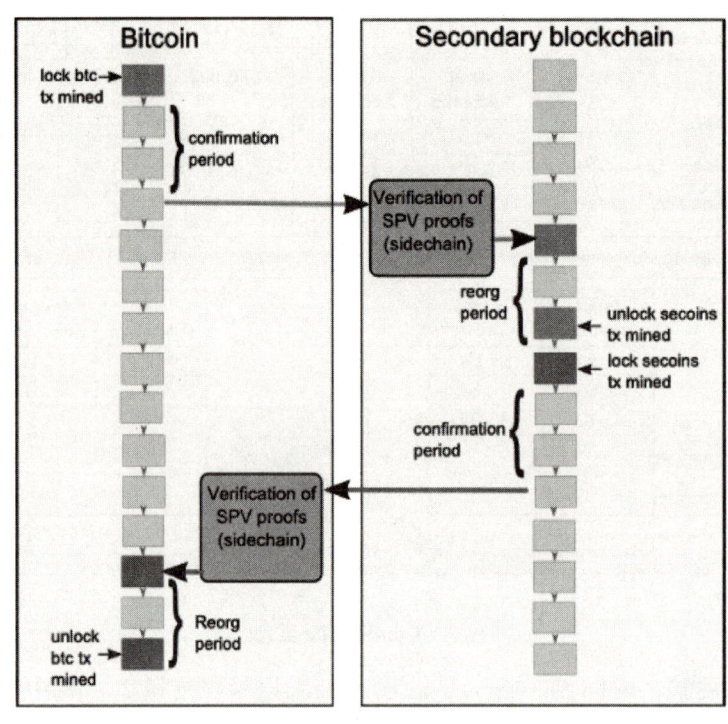

图 4 侧链原理

3. 确认期结束后，用户在侧链上创建一个交易花掉锁定交易的输出，并且提供一个 SPV 工作量证明，输出到自己在侧链上的地址中；

4. 等待一个竞争期。在此期间新传输到侧链的比特币不能使用，竞争期结束后，该交易将被打包到区块中，用户可以使用比特币。

从侧链转比特币到主链的过程也是如此。

状态通道技术是一种提高交易处理能力的方式①。建立状态通道时，至少一方需要将资金注入到状态通道中，交易双方不断更新状态通道的余额。注意需要定义在状态通道关闭时，余额如何分配。

---

① "闪电网络"（Lightning Network）、雷电网络（Raiden Network）分别是状态通道在比特币和以太坊上的实现。

侧链与状态通道的思路是将交易和智能合约放在链外执行，仅在必要的时候才将其在链上公开。对于合适的业务场景，这两种方法可以为区块链在吞吐量、确认时延、隐私保护等方面带来质的提升。

下面介绍两个侧链和状态通道的实际应用案例：

1. BOLT。

现有状态通道专注于解决可扩展性和交易确认时间等问题，虽然可以在交易通道开启和关闭时隐藏交易方信息，但小额支付信息除外，状态通道中的交易（不论有几个）都是连接在一起的。

匿名链下轻量级交易方案 BOLT[1] 旨在探索链下小额支付网络的匿名性，实现私密、即时的链下匿名交易。BOLT 通过解除各个交易在支付通道中的联系来解决隐私问题，通过使用数字承诺、盲签名和零知识证明等密码学技术，隐藏交易金额和交易方身份，实现匿名性。

2. Tumblebit。

Tumblebit 是一种去信任化的混币服务平台[2]，提供实时、匿名的链下交易方案。交易方通过与中间人"Tumbler"建立链下支付通道的方式进行交易。

交易流程如下：

第一阶段托管，付款方 A 与收款方 B 分别与 Tumbler 建立支付通道，A 与 Tumbler 执行托管交易，将要交易的货币存放到链上，B 与 Tumbler 执行谜题承诺协议，并将盲化解发给 A。以上步骤都在链上完成。

第二阶段支付，A 与 Tumbler 执行解谜协议，Tumbler 将经 A 确认的谜题发送给 B。Tumbler 并不知道谜题与交易方的对应关系。注意，第二阶段在链下执行。

---

[1] BOLT：Blind Off – chain Lightweight Transactions 由美国约翰·霍普金斯大学的研究者提出。

[2] Tumblebit 由波士顿大学、乔治梅森大学和北卡罗来纳州立大学的研究者提出。

第三阶段提款，A、B 分别与 Tumbler 执行提款交易，B 获得支付，未支付的货币退还 A。所有交易同时进行，因此更难以识别在任何特定交易中涉及哪些参与方。第三阶段再次回到链上执行。

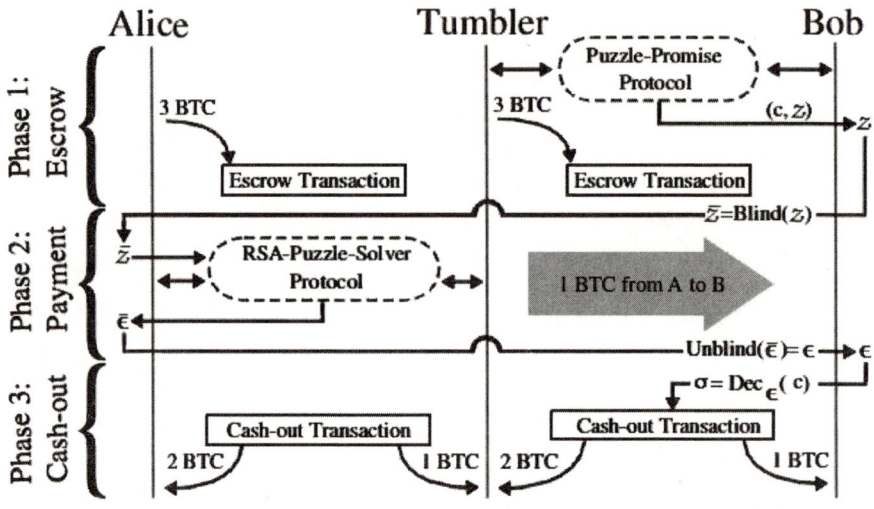

图 5　Tumblebit 原理

（七）数字承诺

数字承诺是证明者向验证者承诺一个预测，但直到某个时间点之后才揭示证明者的预测，验证者可以验证证明者在承诺了预测后没有改变想法。Adam Back 于 2013 年第一次提出使用数字承诺保密比特币交易金额，Maxwell 进行了形式化证明并命名为机密交易（Confidential Transactions），在 Blockstreams 的 Elements 侧链解决方案中均有应用。

机密交易利用椭圆曲线的加法同态属性，保证输入和输出间的平衡。在机密交易中还用了一种密码学算法——范围证明（Range Proofs），可以证明数值在一个特定范围内，在机密交易中用于证明输出是非负，避免发送方创建有漏洞的交易。

迄今为止所有的隐私性解决方案都需要在可扩展性和隐私性之间

做出平衡。区块链开发者在侧链上实施的机密交易也有技术缺陷，要求交易规模不能太大。

（八）环签名

环签名是一种特殊的数字签名算法，最初由 Rivest 等人提出，因签名中参数根据一定的规则首尾相接组成环状而得名。环签名是一种只有用户、没有管理者的简化的类群签名，环中任何一个成员都可以使用自己的私钥和环中其他成员的公钥签名，而不需要其他成员同意，且其他的环成员可能完全不知道他们的公钥已经被真实签名者用于签名。交易发送方使用环签名对交易进行签名，接收方或第三方能确认发送方是来自于一个群组中的一员，但不能确定具体身份。发送方的身份可以被完美地隐藏在他所在的环中，因此环签名是一种可以匿名方式透露可靠消息的数字签名算法。

下面介绍两种环签名的实际应用案例：

1. CryptoNote

最初使用环签名隐藏区块链交易发送方的是 CryptoNote 协议，CryptoNote 是由 Nicolas[①] 在 2013 年提出的比特币替代币的协议[②]。基于 CryptoNote 的加密货币有十几种，其中最著名的是 Monero。

使用环签名可以隐藏交易的发送地址，使交易拥有多个发送者，而其中只有一个是真正的交易发送方。仅通过查看环签名不可能辨别是哪个地址发起并最终签署了交易。但是单纯依靠环签名，会使得加密数字货币中双花问题变得难以检查。为了在增强交易隐私性的同时保证其可靠性（防止双花），CryptoNote 使用可追踪环签名[③]解决这个问题。可追踪环签名是一种防止匿名性滥用的环签名方案。可追踪环

---

① CryptoNote 协议包括其一系列标准的提出者与中本聪一样，也是假名。
② CryptoNote 白皮书 https：//cryptonote. org/whitepaper. pdf。
③ "Traceable Ring Signature"，更早的文献是 2004 年的 Linkable ring signature。

签名方案中有一个包含环用户列表的标签，在某一标签下每个用户只能做一次匿名的环签名。如果同一用户在某一标签下对相同消息做了两次环签名，则追踪算法可以发现这两次签名是相关联的；若同一用户在某一标签下对不同消息做了环签名，则追踪算法不仅可以发现这两次签名是相关联的，而且可以指出签名者。在 CryptoNote 中，将签名者的私钥映像（散列值）加入交易中，每个节点维护一个使用过的私钥映像列表。任何双花行为将导致相同的映像出现在不同的交易中，如果节点检测到交易中的私钥映像出现在该列表中则拒绝交易，带来的影响是每个地址只能使用一次。

2. Monero

加密数字货币 Monero 使用 CryptoNote 协议隐藏交易的发送地址，同时使用了机密交易隐藏交易金额。

（九）零知识证明

零知识证明技术近来被应用于区块链中，用来提供信息机密性，实现隐私保护，其显著特征是无需揭露数据内容即可证明关于数据陈述的有效性。零知识证明对加密后的交易数据进行验证，确认发送者和交易额是合法的（尽管它们仍是保密的）。Zerocash[①] 是 Zerocoin 的改进版本，也是 Zcash 的学术版本，它们都使用了零知识证明技术，在区块链记录中隐藏了交易者的所有信息，包含交易双方的地址和交易金额。用户只和加密货币本身进行交互，以此来隐藏交易信息，做到了"所有货币生来平等"的可互换性。

---

① Zcash 源自早期的 zerocoin 以及 zerocash，通过使用密码学技术提供交易隐私和可选择的透明性，其特色是采用零知识证明技术，程序实现使用的是 libsnark 库。团队成员包括以色列理工大学、特拉维夫大学、加州大学伯克利分校、约翰霍普金斯大学、麻省理工的教授和博士，以及对以太坊、SpiderOak、Cryptocat、GlobalLeaks 做过安全审计工作、发现 Java 虚拟机的安全问题和设计缺陷，为 Cryptix 密码学库编写代码、开发 I2P 匿名网络的工程师。

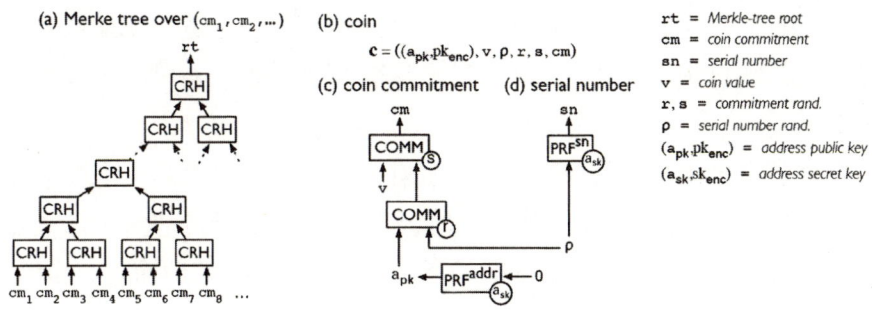

图 6　零知识证明原理

Zerocash 支持创建新币的铸币（Mint）操作以及转移所有权的熔币（Pour）操作。铸币过程相当于是用户向某个托管池（Escrow Pool）注入一定数量的基本币（非机密货币），然后向一个列表（默克尔树）中写入一个承诺（Commitment）。其中承诺必须由序列号以及相应的用户私钥才能计算得到并且计算是单向的。用户使用这个币时，需要做两件事：（1）提供序列号；（2）利用零知识证明表明自己知道生成这个承诺的用户私钥。这样用户就可以在完全不暴露身份的情况下，花掉这个币，同时序列号的唯一性消除了双花的可能。

熔币（Pour）操作可以进行分币、合币以及转移所有权。即通过一系列零知识证明，将一个币铸造成多个币，且输入输出的总和相等，每个新币都有自己的密钥、数额、序列号等。Zerocash 还采用了一系列的优化措施来提升整个运行系统的性能。

Zcash 是目前加密数字货币中匿名性最好的，因此受到市场的狂热追捧，在其发行前后（2016 年 10 月），单币价格曾高达几千比特币。

零知识证明的缺点之一是计算效率较低。除非提高性能，否则零知识证明不适用诸如高吞吐量交易的场景。

（十）智能合约

智能合约是一段自主运行，用户可与之交互的计算机程序。区块链上的智能合约消除了以往运行智能合约的可信第三方，使加密数字货币成为"可编程货币"，金融领域对智能合约技术表现出了很大的兴趣。

比特币提供的智能合约功能极其有限，以太坊提供了一个图灵完备的智能合约语言。但以太坊的智能合约存储在公开区块链上，其包含业务逻辑的代码、存储数据的状态信息以及智能合约的输入、输出，任何人都可随意获取和分析。

1. Hawk

Hawk 智能合约系统[①]结合了以太坊的优势和 Zerocash 的隐私性，目的是为以太坊提供可编程性和表达力，同时加强区块链交易环节中的隐私保护。

Hawk 将智能合约分为公有合约、私有合约两个部分：

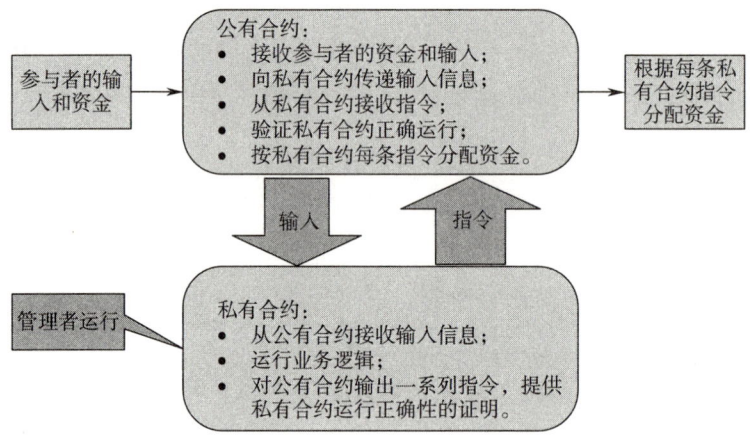

图7 Hawk 公有合约与私有合约

公有合约收集合约参与者的输入和资金，私有合约利用密码技术

[①] Hawk 于 2015 年由康纳尔大学和马里兰大学学者提出，Hawk 智能合约系统最初采用开源 Zerocash 协议的简化版，并以其为智能合约系统的基础。

对资金进行处理。由于私有合约必须在链外运行，因此 Hawk 需要一个管理者负责私有合约的运行，管理者虽然不会影响智能合约的运行结果，但他能够知悉所有的私有合约运行逻辑，还能终止私有合约的运行。智能合约的用户必须完全信任管理者。

为防范管理者的恶意操作，可以在合约编程时规定如果私有合约不能在事先约定的时间内结束运行，公有合约要退还各方的资金。或者要求管理者在公有合约中注入一定资金，如果私有合约运行失败，管理者将失去这些资金。如果公共区块链支持私有交易（如 Zcash），那么交易参与者的身份将对所有参与者保密，交易输入和资金仅对管理者可见。

2. Enigma

Enigma[1] 是处理隐私数据的去中心计算平台的高层次描述。它使用分布式安全多方计算技术（MPC[2]）处理敏感数据，保证智能合约代码运行的隐私性和正确性。

Enigma 中的敏感数据是以"隐私共享"的方式提出。Enigma 将数据分解成碎片，然后使用数学方法对每一碎片进行完全掩盖，从单一碎片获取原始数据在计算上是不可行的。

Enigma 中的脚本代码也分为公共部分和私有部分，公共部分代码在区块链上运行，私有部分在 Enigma 中运行。

在 Enigma 中，参与者提供敏感数据作为输入，计算逻辑编译为数字电路，每个数字电路操作分布在不同节点，协同计算，每个节点都不能单独地恢复出完整的信息。Enigma 协议提供协同计算的框架，输出的结果只有参与者可以解密。

Enigma 系统的一个应用领域是机器学习，机器可以利用该系统做

---

[1] Enigma 由 MIT 学者于 2015 年提出。
[2] A Yao. "Protocols for Secure Computations."

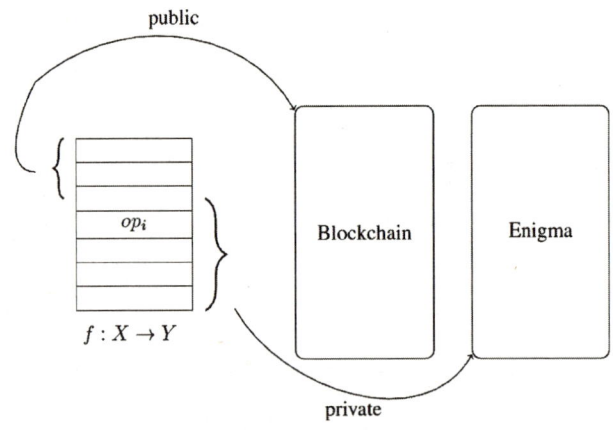

图 8　Enigma 代码运行模型

数据汇总或者进行一些私密工作。例如，医药公司常常要存储很多敏感数据，这些数据必须保密，内部研究人员和合作的公司或研究机构均无权访问。因为数据非常敏感，所以不能轻易地把数据提供出来做研究。而使用基于 Enigma 的机器学习模型或者预测模型处理数据可以保障数据的安全。

另一个潜在应用是金融监管领域中的隐私保护。利用该技术，监管机构不需要去查看银行客户的账户余额，即可确定交易额是否超过某一定值或者交易是否来自某个特定地址。

三、结语

区块链提供了一种新的信任机制，同时具有数据公开透明的特点，但对机密性及隐私保护的支持尚不完善。随着数据价值的增加，数据所有者对安全性的担忧程度也会加重。只有当区块链的各个参与方认为数据隐私和安全性得到充分保障的时候，数据才能得到有效共享，从而创造更多价值。

本研究梳理了区块链信息机密性及隐私保护的技术和方法。如表 3

所示，每项技术都有一定的针对性。本研究一方面有助于，在进行法定数字货币研发的过程中，根据业务场景的需求，达到信息机密性和隐私保护的目的。另一方面，在我们监测私人数字货币的发展情况时，有助于针对不同数字货币产品开发针对性的监管技术。

表3　　　　　信息机密性与隐私保护技术与方法分析比较

技术与方法	对交易细节保护程度			密码学基础	可应用性	监管合规	智能合约保护
	发起方	接收方	交易金额				
许可方式	有限	有限	有限	不适用	简单	可开放接口	—
链外方式	有限	有限	有限	不适用	简单	可开放接口	—
一次性地址	无	强	无	不适用	简单	可开放接口	—
隐形地址	无	强	无	成熟	已有应用	可开放接口	—
混币方式	有限	有限	有限	不适用	已有应用	不合规	—
侧链与状态通道	有限	有限	有限	成熟	不足	可开放接口	—
数字承诺	无	无	强	成熟	不足	可开放接口	—
环签名	有限	无	无	成熟	已有应用	可开放接口	—
零知识证明	强	无	强	成熟	不足	可开放接口	—
HAWK	有限	有限	强	成熟	不足	可开放接口	提供
Enigma	强	强	强	成熟	不足	可开放接口	提供

区块链系统架构演进：传统分布式系统视角

王继伟

摘要：本文通过分析区块链系统与传统分布式系统技术架构和运行架构的差异，探讨区块链系统通过架构改进提升性能的几个发展方向。借鉴传统分布式系统分区、分层、横纵扩展优化业务和数据处理思路，未来区块链系统架构改进可能包含几个方面：一是链式数据结构改进或改变；二是单块链节点可横向扩展提升性能及可用性，"节点"成为小分布式集群系统的代称；三是节点及服务可按能力自动分层，突破木桶效应，提升系统整体性能；四是技术组件进一步分层，组件耦合度进一步降低，甚至形成独立的分支生态。

当然，区块链系统发展还包括安全、标准化、运维特性等多个方面，本文仅从架构提升性能角度分析，未来具体如何发展还有待观察。

一、背景

金融场景因高并发量等特点，对信息系统性能、可扩展性等方面要求较高。区块链系统作为金融科技领域的一项重要创新，若要获得深度应用，性能是其必须突破的瓶颈。而传统分布式系统架构已经成熟，在金融场景应用广泛，其取得的成功经验或可供区块链系统借鉴参考。

进一步分析之前，首先需明确两个问题：

一是选择传统分布式系统作为参考的原因。从系统目标看，区块链系统目标是分布式业务平台，如将区块链作为分布式数据库类专项技术解决方案并与之类比，则抹杀了区块链系统的业务特性。而传统分布式系统作为业务的整体解决方案，从系统目标上与区块链系统更为一致。从系统的发展过程来看，传统分布式系统架构是从单机、分层集群、分布式集群逐步演进而来，分布式存储系统、分布式计算等成为解决系统性能瓶颈的成熟技术解决方案。目前，采用分布式集群架构的传统分布式系统已经非常强大，具备海量业务及数据的并发处理、运维治理等能力。如今的区块链系统更似处于系统发展的单机阶段，因此可参考传统分布式系统的发展成果，明确进步方向，加速自身完善过程。

二是从系统架构的角度考虑性能提升的理由。系统架构决定了系统的主体结构、宏观特性和基本功能。系统架构设计体现了系统的可靠性、安全性、可伸缩性、可扩展性等所能达到的高度，是确定性能的根本因素之一。所以考虑性能提升，首先需进行系统架构的完善，其次才是算法等具体实现技术的优化。

二、区块链系统技术架构和运行架构概要

区块链是比特币系统的核心技术，于中本聪2008年发表的论文中首次提出[1]。通过区块链实现了去中心化支付能力的比特币系统。然而中本聪论文侧重介绍比特币，对于区块链技术体系本身的描述并不清晰。随着研究者对区块链技术体系的深入挖掘，区块链已经突破了原来区块和链的狭义概念，一定程度上成为了一种分布式公共账本技术的代名词。目前已发展出众多区块链系统平台，其中最具代表性的有以太坊[2]、Hyperledger Fabric[3] 和 Corda[4]。在此从宏观视角来分析这些平台的技术架构和运行架构。

---

[1] Nakamoto S. Bitcoin：a peer-to-peer electronic cash system [Online]，https：//bitcoin.org/bitcoin.pdf, 2009.

[2] https：//www.ethereum.org/.

[3] https：//www.hyperledger.org.

[4] https：//www.corda.net/.

(一)技术架构

2016年有研究者在一篇区块链综述文章[①]中将区块链的技术体系分为数据层、网络层、共识层、激励层、合约层、应用层六层结构。这种划分具有一定的合理性和局限性(例如层次的依赖关系不准确),接着进一步扩展,从功能组件视角来描述区块链的技术架构:

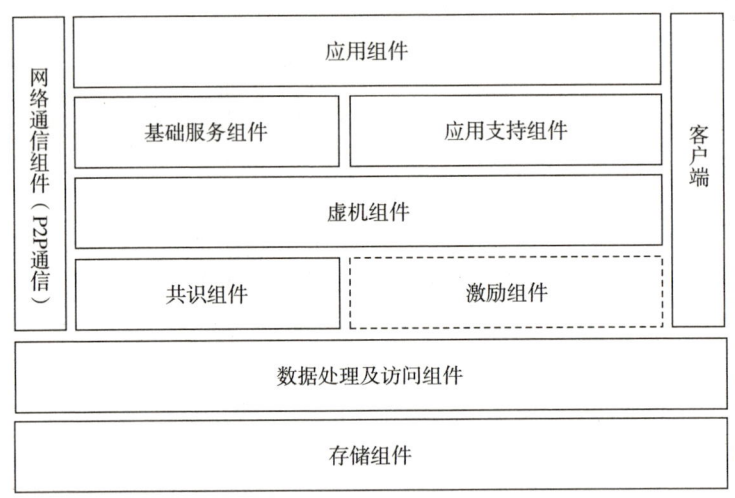

图1 技术架构

总体上看,区块链是横纵交叉的分层组件结构,主要功能组件概述如下,各平台在实现时各有差异:

1. 存储组件:负责区块链节点(区块链系统的运行单元)的数据存储,一般默认采用文件存储及轻量级数据库等实现。例如以太坊采用"文件+LevelDB 数据库",Hyperledger Fabric 采用"文件+Rocks-DB 数据库"(准备迁移到 LevelDB),Corda 采用"文件+H2 数据库"等。

---

① 袁勇,王飞跃. 区块链技术发展现状与展望[J]. 自动化学报,2016.

2. 数据处理及访问组件：负责访问数据存储层及基础的数据处理。为保证数据不可篡改、不可抵赖、数据安全及验伪效率，通常采用 Merkle 树、链式结构、哈希函数、数字签名和非对称加密等技术处理数据；数据模型主要有账户模型、UTXO 模型等，例如以太坊采用的是账户模型，Corda 采用的是 UTXO 模型，Hyperledger Fabric 两者兼容。核心的数据模型及处理方式由平台初始设计完成。

3. 网络通信组件：负责节点间的信息通信，又称点对点通信，组合成 P2P 通信网络。通常采用点对点通讯协议、消息通讯及远程调用技术实现，例如 Hyperledger Fabric 采用 gRPC、Gossip、kafka，Corda 采用基于 AMQP1.0/TLS 协议的 ActiveMQ Artemis 消息中间件；以太坊采用点对点通讯协议及 RPC 等。

4. 共识组件：负责提供一种机制，实现全网所有验证节点对交易和数据达成一致，防范拜占庭攻击、女巫攻击、51% 攻击等共识攻击，其算法称为共识机制。共识协议主要有 POW、POS、DPOS、PBFT、DBFT 等。各平台需达成的共识范围可能不同，以太坊是全网共识，Hyperledger Fabric 和 Corda 为分区局部共识。

5. 激励组件：提供一定的激励机制鼓励节点参与区块链的相关工作，主要有挖矿激励、费用激励等。某些平台下，共识与激励机制是有机结合的整体，不可拆分。公有链具有挖矿激励机制，联盟链采用无需挖矿的许可授权机制。费用激励能够保证区块链中的服务通过提供节点获取相应的报酬。

6. 虚机组件（或智能合约组件）：主要用来部署和执行智能合约，支持事务处理和状态保存，支持图灵完备的状态机。例如以太坊采用 EVM、Hyperledger Fabric 采用 Docker[①]、Corda 采用 JVM[②]。

---

① Fabric 采用经过签名等安全处理的 Docker 容器技术支持 Go，JAVA，Node. js 语言的运行环境及 SDK，并非通用的 Docker 容器。

② Corda 也对 JAVA 虚拟机进行了定制。

7. 基础服务组件：提供一些基本业务服务或智能合约的默认实现，提升平台业务开发的适用性，同时供应一些底层的支撑服务。例如 Corda 提供获取交易数据、变更 Notary[①]、交易组中确认等基础处理业务[②]，提供参与方交易等业务模板，提供网络映射、认证等基础服务；Hyperledger Fabric 还提供了身份管理服务等。

8. 应用支持组件：提供访问其他功能组件的 API 接口及开发工具包。例如以太坊提供了 RPC 接口及 Truffle，web3.js 等。Hyperledger Fabric 和 Corda 提供了 Restful API、RPC 接口以及 SDK 等。

9. 应用组件：主要指基于虚机组件、基础服务组件、应用支持组件之上的智能合约应用，由商业逻辑和算法实现，是实现区块链系统灵活编程和操作数据的基础。去中心化应用（也被称为 DApp, Decentralized Applications）服务器端处理逻辑主要在此层实现。

10. 客户端：指钱包、DApp 客户端以及一些具备管理功能的客户端。最终用户、其他系统使用此层的接入 API 进行系统对接，或访问客户端 UI 执行业务请求。例如钱包接口，Corda explorer 客户端等。

（二）运行架构

区块链的运行架构相对简单：以上述技术架构建立单节点运行环境，互连单节点后即可构成区块链的运行网络。单节点可为各种设备，如笔记本电脑、服务器、手机等。

虽然各区块链系统均采用点对点通讯，但依据平台性质，可将运行架构抽象概括为两类，一类是公有链运行架构，如图 2 所示：

另一类是联盟链运行架构，如图 3 所示：

公有链运行架构中各节点采用 P2P 网络互联，均参与共识及数据

---

① Notary，即 Corda 区块链网络中的验证节点。
② Corda 称之为 flow。

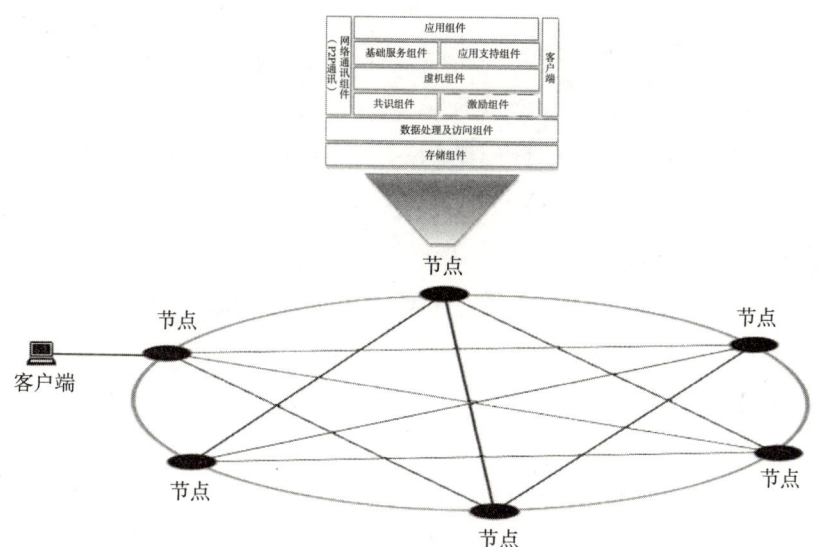

图 2　公有链运行架构

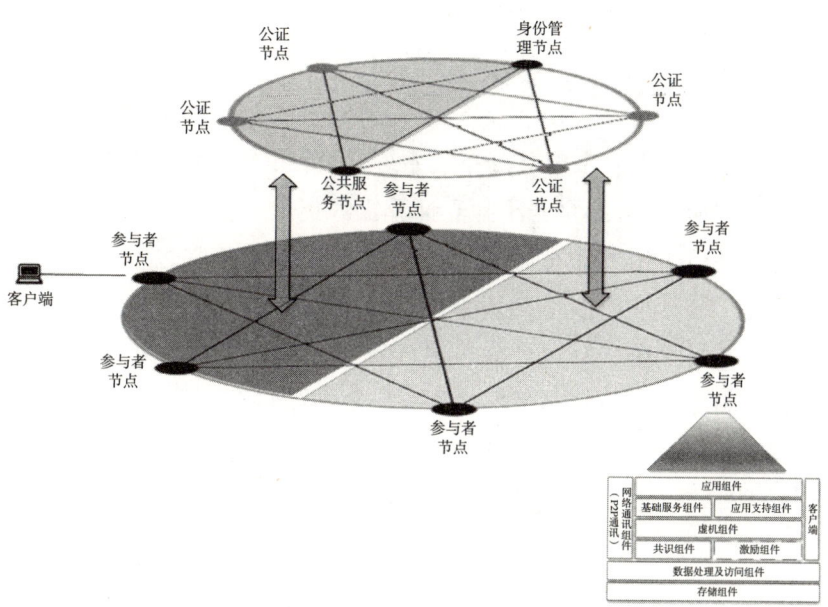

图 3　联盟链运行架构

处理，地位等同。典型案例是以太坊。

联盟链运行架构已经发展出明显的分层分区特性。能力分层主要指：形成以公证节点、身份管理节点、公共服务节点等为上层节点，普通参与者为下层节点的分层结构。由上层节点提供验证、身份认证等基础服务。节点（用户）分区主要指：按业务相关性对参与者节点、负责验证其交易的公证节点等进行分区，缩小共识和数据传递范围，降低共识压力及数据泄露风险，同时提升性能。典型代表为Hyperledger Fabric与Corda。

综上，区块链技术具备一些明显的特点。一是去中心化的分布式记录及储存。全部验证节点在参与记录的同时也来验证其他节点记录结果的正确性，在全部参与者达成共识后完成信息记录，以确保记录结果真实性。二是分布式节点采用能够解决拜占庭问题的共识协议达成共识。三是采用数学算法及特殊的数据结构保证数据不可篡改及保密性，解决业务上的信任问题。

三、传统分布式系统架构概要

可从不同的角度来定义分布式系统，《分布式系统原理和范型》如此定义："分布式系统是若干独立计算机的集合，这些计算机对于用户来说就像是单个相关系统"。可见分布式系统涵盖范围之广泛，分类维度之多样。从系统功能维度划分，可分为分布式基础设施、分布式消息队列、分布式存储系统、分布式计算系统等。分布式基础设施包括分布式锁服务、协调、集群监控等，分布式存储系统包括分布式文件、分布式缓存、分布式数据库等，分布式计算包括MapReduce、内存计算、流式计算、图计算等。

本文的"传统分布式系统"一般指大型分布式互联网信息系统[①]（以下简称传统分布式系统），涵盖分布式基础设施、分布式消息队列、分布式存储系统、分布式计算系统等，目的是为海量用户提供服务，例如互联网电商系统等。

（一）技术架构

传统分布式系统多以 N 层技术架构[②]为主，如图 4 所示：

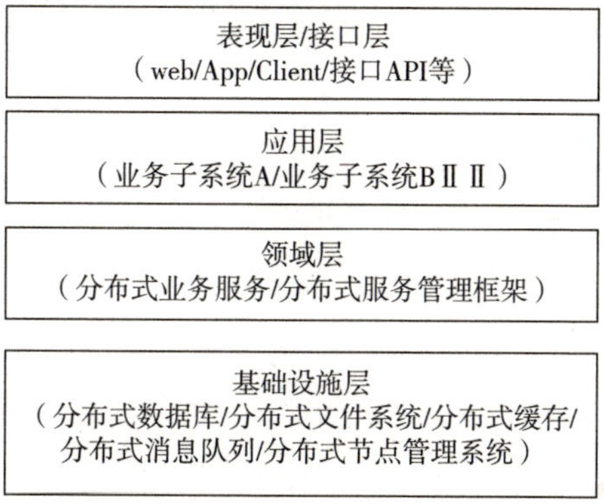

表现层/接口层
（web/App/Client/接口API等）

应用层
（业务子系统A/业务子系统BⅡⅡ）

领域层
（分布式业务服务/分布式服务管理框架）

基础设施层
（分布式数据库/分布式文件系统/分布式缓存/分布式消息队列/分布式节点管理系统）

图 4　分层技术架构

这是业务视角下的典型分层架构设计，在实践中应用较广：

1. 表现层负责与用户交互，接收用户数据信息输入，提供系统外部接口。

2. 应用层负责驱动应用程序的工作流程，协调领域层逻辑，横跨事务、高级别日志和安全，各业务子系统在此层划分。

[①] 美国卡内基·梅隆大学软件工程研究所称此类系统为超大规模系统（Ultra - Large - Scale System），即系统的系统。系统的系统也可以被定义为一个系统，它由一系列子系统组成，这些子系统本身也是系统，它们一起完成一个或多个特定的任务。

[②] 分布式系统业务领域不同，组件架构丰富多样，本文仅参考《领域驱动设计（Domain Driven Design）》（Eric Evans）典型的分层架构进行简要概括说明。

3. 领域层是系统的核心层，实现全部业务逻辑，设计技术模型，并以服务的形式对外提供接口。

4. 基础设施层为其他层提供基础服务，这些基础服务通常与业务无关，常包括各种基础的中间件，例如分布式数据库、分布式文件系统、分布式缓存、分布式消息队列服务，分布式节点管理系统（系统中各类分布式节点提供锁服务及协调服务）。

在不同的业务场景下，上述各层进一步横纵切分，达到改进标准化、降低耦合、增强复用、提升性能的目的。

（二）运行架构

运行架构通常体现为集群、分区、分布式技术。运行架构①的上层应用为中心化或多中心化集群，领域层及基础设施层为分布式，分布式节点依靠集群进行管理，系统统一为用户提供服务。

1. 接入层：采用代理服务器集群，结合负载均衡服务器，根据负载策略对访问流量进行分流。

2. 应用层：应用层在分区后，在其中采用多机集群方式提供服务。例如以用户维度进行分区。

3. 领域层：构建业务分布式集群为应用层提供服务，通过分布式集群降低单服务器压力，进行服务细粒度拆分，分散业务压力。

4. 基础设施层：采用分布式文件系统、分布式缓存系统、分布式数据库提供分布式存储服务，以满足不同的数据读写需求。采用分布式消息队列提供异步流程功能，解决数据最终一致性的问题。

同时，系统建立分布式节点管理集群用以提供分布式锁服务，巩固集群节点协调管理能力。

---

① 大型分布式系统运行架构场景不同，架构复杂度不同，细微之处差异更大，没有统一的架构模式，本文为便于说明，以不含具体业务的抽象结构进行说明。

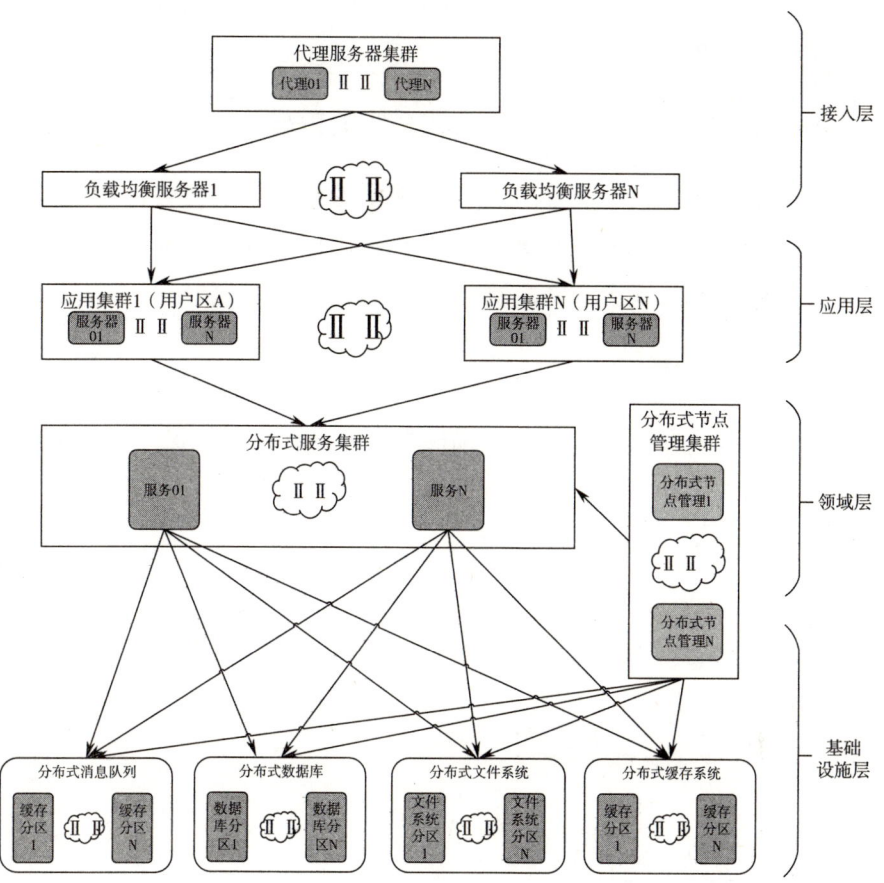

图5 运行架构

根据业务场景需求，此类架构中各分布式要素主要为多机房多活部署提供服务。

总体来看，系统实现高性能、高可用的关键在于三个方面。一是通过集群、分布式，实现业务能力的水平扩展，分散事务处理带来的负载。二是通过对功能和数据进行分区实现系统的纵向切分，减轻业务和数据的并发压力，例如查询和写入数据功能的拆分，数据字段的分表分库存储。三是基于业务属性实现横向拆分的分布式处理，例如从客户分类维度通过一致性哈希算法对数据进行横向切分,响应定向客户请求的业务服务器。

四、区块链系统与传统分布式系统的差异

区块链系统与传统分布式系统最大的差异,在于区块链系统为业务层面的分布式,而传统分布式系统是技术层面的。区块链业务上是去中心化的,而传统分布式系统是中心化或分布式(多中心化)的。

（一）架构策略不同

传统分布式系统是通过分布式技术作为基础支撑构建中心化系统。区块链系统是先构建独立能力节点再组合成为分布式系统。区别如图6所示：

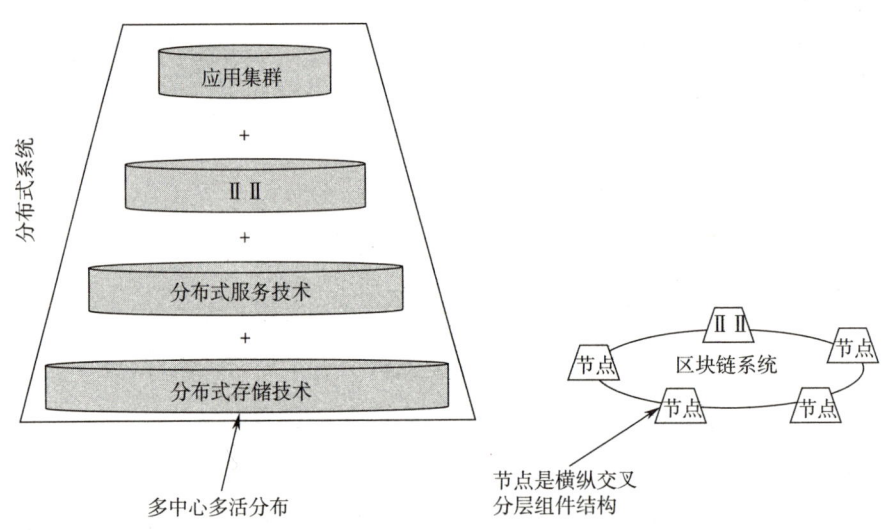

图6　架构差异

区块链系统中各组件先组成有机统一的整体,形成节点,然后构成对等网络,各节点均有提供业务服务的能力,是典型的对等体系

结构。

相比之下，传统分布式系统先技术分层，分别优化各层之间低耦合性，再依据需求采用分布式技术，系统本身作为一个整体提供业务服务，是典型的客户－服务器（分布式）体系结构。

因此区块链系统各节点之间耦合更松散，各节点的软硬件标准大可相同，节点的增删不影响其业务运行，业务扩展能力较强，但由于节点能力不同，区块链系统在性能上的木桶效应更明显。从理论上讲，传统分布式系统节点增加，性能可以线性扩展，扩展能力强，但对软硬件基础环境有统一要求，且各节点能力差异不能过大，有时为提升效率，不得不采用原子钟来校对时间，辅助处理全局时间问题。

（二）架构目标不同

区块链运行架构中，各节点物理上分布式运行，以在安全、非信任环境下建立信任、数据不可篡改为目标。传统分布式系统是以可扩展、低成本、高性能、高可用等特性为目标。主要表现为以下方面：一是区块链数据最终串行化处理，通过数据的复制及安全加密保证数据不可抵赖、不可篡改。二是区块链各节点概念上是等同的（甚至数据完全一致），系统节点增加代表其业务参与方甚至用户的增加而与性能提升无关。三是区块链采用分布式共识机制保证业务可信，达成共识有明确的业务意义，传统分布式处理本质上是为了提升性能。

（三）分布式共识处理要求和范围不同

一方面是要求不同。传统分布式系统处理数据一致性，主要是指在硬件错误、网络拥塞或断开以及遭到恶意攻击等信道安全问题发生后（但是消息不会损坏，消息内容不会被篡改，即不考虑拜占庭问题）解决数据的一致性、正确性问题，属于技术层面。而区块链系统需要在非完全可信（消息内容可被篡改）的环境下保证数据的一致性、正确性，即解决拜占庭问题，上升到了业务层面，比传统分布式系统要求更高。

另一方面是范围不同。传统分布式系统上层应用采用中心化或多中心化，一般设有总控节点，单一业务处理过程中多采用集中式，基础设施层采用分布式技术，数据副本数量设置有限且合理，使得一致效率较高。总控节点发生故障时，分布式节点管理系统便会提供分布式锁服务，协调分布式节点重新选主。全系统最终一致性（主要指分布式数据库、分布式缓存等不同分布式组件之间的数据最终一致性）采用分布式消息队列等补充技术来支持。然而区块链系统目标为支持非完全可信环境下的业务一致性，采用典型的P2P架构，数据副本较多且无中心协调节点，共识范围较大。此时在要求全网共识的情况下，区块链系统参与的业务节点越多，共识范围越大。

五、区块链系统架构可借鉴传统分布式系统进一步发展

区块链系统与传统分布式系统这些差异导致二者能力的不同。当然传统分布式系统架构的演进过程是业务逐渐复杂，数据量逐渐增加，性能、可用性逐步提升的过程，至今已非常成熟。虽然区块链系统开创了一个新的去中心化业务实现模式，业务起点较高，但技术上，如果把传统分布式系统发展过程概括为单机、分层集群、分布式集群三大阶段，区块链系统目前可能仍处于单机阶段，因此可借鉴传统分布式系统架构进一步发展：

一是链式结构的改进。区块链特殊的链式结构，是其保证非可信环境下数据不可篡改的数据结构基础，但存在不相关交易写入需要排序的问题。目前很多平台正在不断调整结构致力于解决该问题，如分区（多链）结构（例如Corda、Hyperledger Fabric），甚至取消区块保留链。传统分布式系统不依赖具体的数据处理架构，在性能扩展上有充分的灵活度。所以未来区块链的链式可能发展成更好的数据结构、

或采用更好的机制来保证数据不可篡改。

二是块链节点性能的改进，实现节点能力的横向扩展。区块链性能依赖节点的处理性能提升，目前平台节点功能已经出现细分的趋势，例如 Corda、Hyperledger Fabric 已出现验证节点、身份管理节点、服务节点等，这种细分有助于提升区块链整体性能，但这些特殊节点的能力仍是限制区块链性能提升的根本，未来这些特殊功能节点可参考传统分布式系统的扩展方式，继续发展支持集群、甚至分布式集群的功能，提升性能，打破单节点能力限制。

三是实现能力自动分层，突破分布式系统木桶效应。如果说传统分布式系统是先纵向再横向发展的过程，那么区块链可能是先横向再纵向发展的过程。未来，解决纵向发展问题除上述块链节点性能的提升之外，或可能实现块链节点自动能力分层机制，能力越强的节点承担更多的处理任务（包括验证、服务等），能力强大的节点自动形成顶层共识或服务网络，为低能力节点提供服务，从而突破分布式系统木桶效应使整个系统更加高效。这种机制可能形成伪中心化结构，中心不固定。

四是块链节点可用性的提升。在完全由个人用户构成的非信任网络中，单节点出现稳定性方面节点崩溃的问题，可从网络上重新恢复数据来解决。但机构之间的互信远不像个人场景那样简单，机构内部具备业务稳定性、风险控制等需求，块链节点作为机构的业务系统，其可用性必须达标，因此提升块链节点的可用性也是未来发展的一个重要方向。目前已经有平台考虑采用节点集群等策略，例如 Hyperledger Fabric 已在规划。

五是技术架构的分层及完善。传统分布式系统分层架构功能完备，各层形成互相独立的生态。目前很多区块链系统通过组件式设计、基础服务的区隔，不断完善系统技术架构，具体措施有：数据存储层采用可插拔式设计，用以支持存储系统扩展；在共识机制上采用可插拔式设计，并行不同的共识算法；在基础服务方面通过注册机制可提供不同的服务等。未来技术架构可能会继续完善，各组件层次不断发展甚至成为独立的系统，以支持高并发、大数据量的应用场景。同时，可能技术上、规范上将业务与技术进一步解耦，技术能力与业务能力更加独立。例如智能合约虚机（EVM、JVM、Docker等）单独扩展为独立生态，支持集群，支持海量业务并发等。

当然，区块链系统的发展可能包括提升安全性、易用性、标准化、运维特性等多个方面。区块链生态目前独立性较强，理论、概念、业务场景大部分自成体系，本文仅从性能角度分析系统架构可借鉴发展的方向，诸如区块链未来能否不拘泥于去中心化思想与现有各类系统生态实现融合，传统分布式系统能否融入区块链不可篡改的理念等问题，具体发展还有待观察。

金融科技研究

◇ 从供需两侧透视金融科技
◇ 美国货币监理署《探索向金融科技公司发放特殊目的国民银行牌照》
◇ SM2数字签名算法的分析与比较
◇ 分布式架构的共识问题研究

从供需两侧透视金融科技

狄 刚

摘要： 科技推动金融创新由来已久，因此，从广义上讲"金融科技"并不是一个全新概念。伴随信息技术发展，金融业经历了电子化、信息化、网络化、移动化阶段，正朝智慧化迈进。纵观我国金融业发展到今天的成绩，正是源于金融科技与改革开放双轮驱动的结果。当前，金融与科技的融合不再是简单的"物理叠加"，而是量变到质变的"化学反应"，总体呈现出快速迭代、螺旋上升的变革趋势。根据2016年金融稳定理事会（FSB）对金融科技的定义，在金融科技创新中，技术是"因"，创新是"果"，技术已成为金融创新的关键要素。可以说，科技催化下的金融创新不再是简单升级，而是模式蜕变。为此，理解新时代金融科技的内涵与发展，视野必须兼具高度、广度及深度。本文拟从供给侧和需求侧两个角度对我国金融科技的发展轨迹进行剖析：在供给侧，我国金融科技生态环境的形成、技术快速进步和迭代，为金融市场、产品和服务模式创新提供了新的动能；在需求侧，我国金融业需要现代科技支持以适应新时代要求，实体经济转型更需要金融科技作为助推器。

一、金融科技创新的供给侧驱动

从20世纪80年代开始，科技持续驱动金融业态不断向前，至今已由当初金融创新的推动者变成了引领者，催生出更高阶的金融业态与创新模式。

1. 人工智能技术发展提升了金融机构的服务能力

近年来，随着计算能力和大数据分析技术的提高、数据的快速积累以及智能芯片的发展,深度学习在语音识别、图像处理等领域的应用取得了巨大突破。人工智能(AI)概念引起了广泛关注。对于金融服务而言,该领域很早就已开始应用人工智能技术,例如,印章识别比对系统即是图像识别技术在金融领域的成功应用。随着人工智能技术的进步,传统的静态图像识别正逐步升级到动态的视频人脸识别。作为实名核验的辅助多因子之一,刷脸可以用很低的成本提升银行账户的安全性,并有效扩展服务与营销场景。

除了图像语音识别,人工智能在金融领域还有许多其他的应用场景。借助人工智能技术,金融机构可以将用户特征从二元的收益/风险进一步拓展到多维"画像",针对不同用户偏好,构建一个基于市场状况和个人特征的资产组合,进行动态跟踪管理,有效提升资产管理服务质量。比如,招商银行的"魔羯智投",即是在资产配置投顾方面有益的尝试。

可以预见,随着人工智能技术的快速发展,金融产品与服务的提供方式及用户体验必将大幅改进,金融的专业性及繁琐性被加以屏蔽,留给用户的是亲民、友好、便捷。目前,无感支付已经开始在无人售货店进行尝试和应用。相信未来人工智能与金融场景的结合将会有越来越多的成功案例,从而大幅降低金融的获得难度与使用门槛,使其真正融入生活场景。

2. 移动金融技术变革扩展了金融服务的覆盖范围

网络技术的发展,促使金融服务由柜台延伸到墙外、由网点延伸到家中、由八小时延伸到全天候、从 ATM 到网银,变得随时随地。如今,手机等移动终端技术的迅猛发展,进一步成就了金融的无缝"场景化"。依靠现代科技手段,移动金融的服务范围已远超出了传统金融的服务边界。人们只要拥有一部智能手机,就可以方便快捷地进行支付、投资、融资、理财等几乎所有的交易,实现"线上线下一体化"

的金融服务。

可以说，移动金融技术对传统金融服务形成了很好的补充，使金融机构由一个钢筋水泥构成的"场所"变成了随场景而泛在的一种"服务"。

云计算进步降低了金融机构的服务成本与准入门槛。云计算是从机构对 IT 资源的传统思路进行的一个重大转折。云计算具有低费用、高灵活性、可全局缩放、高效率、高性能、高可靠性等优点，特别是对于中小金融机构而言，大量后台建设和基础设施投入，不仅资金成本高，还会耗费大量的人力成本和时间成本。云设施的成熟使这些中小金融机构可以更加专注于业务前台的产品与服务，有效降低了中小金融机构的技术准入与开办门槛。

3. 区块链技术创新实现业务流程优化与监管可穿透

在传统金融中，由于多种原因，系统间缺乏联通，信息碎片化，形成很多孤岛，此外，数据孤岛还会带来数据寡头问题。为避免数据寡头利用信息优势获取垄断收益，需要由中心权威机构制定市场规则，但这也容易引发市场分歧，监管激励的不兼容在一定程度上加剧了监管压力。

区块链技术具有透明性特点，可以消除市场参与主体的信息不对称性，增强监管和被监管对象的合作，建立起参与方的互信机制与监管者的穿透式监管机制。除了助力监管科技外，区块链技术的分布式记账具有不可篡改、点对点对等交互、异构多活、多方协作以及智能合约保障等优势，可实现信任与价值的传递，商业应用优势显著，特别是在数字票据领域、供应链金融、资产证券化等方面的应用前景广阔。

4. 金融科技基础设施建设营造良好生态环境

近年来，在政府、金融机构、非银行支付机构、互联网金融公司的共同努力下，我国金融科技基础设施日趋成熟与完善，为金融科技发展营造了良好的生态环境。一是支付体系建设取得积极进展。除了央行主导的二代支付系统、人民币跨境支付系统、银联、网联平台之外，近年来，商业银行、非银支付机构也积极参与移动支付网络建设，为移动支付的快速发展奠定了重要基础。二是金融科技发展的政策支持体系日益完善。国务院和央行均发布了有关信息技术"十三五"发展规划等一系列重大政策措施。三是互联网科技企业兴起带来丰富的人才和技术资源。当前，我国在人工智能、物联网、智慧出行、芯片制造、共享经济等多个领域均取得飞跃式发展，为金融科技创新带来极大的溢出效应，包括技术储备、人才供给和资源共享等。四是多层次资本环境助力金融科技发展。我国已初步形成多层次资本市场，与金融科技相关的各类基金纷纷设立，有效改善了金融科技的资本供给和孵化环境。

二、需求侧拉动下的金融科技创新

今天的中国，"80后""90后"等新生代正逐步成为社会的中坚力量，这些线上成长起来的用户逐步成为 GDP 的主要贡献者，数字化和智慧化的科技手段要比传统线下更能契合新生代的需要。从需求侧看，在数字经济时代，金融科技是现代金融发展的需要，也是实体经济转型发展的刚性需求。

1. 数字经济时代提质增效的需求

党的十九大报告指出："推动互联网、大数据、人工智能和实体经济深度融合，在中高端消费、创新引领、绿色低碳、共享经济、现代供应链、人力资本服务等领域培育新增长点、形成新动能。"发展数字经济已成为新时代我国推动经济发展质量变革、效率变革、动力变革的重要举措。

不同于传统工业经济，数字经济时代的社会再生产具有智能化、数字化、个性化的特征，势必对传统金融服务和功能提出新的要求。移动支付、网络融资、智能投顾等正是传统金融服务在科技的支撑下，为适应数字经济时代下生产和消费场景的变化而产生的新型金融模式。当前，金融科技在服务数字经济发展、助力经济提质增效上的作用日趋明显。例如，央行基于区块链技术的数字票据试验性生产系统，可以有效降低票据市场信息不对称，实现票据价值传递的去中介化，从而消除票据市场中介乱象，为企业票据管理和交易提供更有效率、更节约成本、更安全的服务。

2. 共享经济时代金融普惠的需求

长期以来，农村偏远地区一直难以得到充分的现代金融服务。如何成功跨越各类"金融鸿沟"，让广大消费者享受高效便捷的普惠金融服务，已经成为新时代金融发展的重大命题。

金融科技是提高金融可得性的有效手段。一是可以重塑金融机构的服务流程和价值创造，拉近机构与客户关系；二是利用大数据分析技术不仅可以"千人千面"精准营销，还可以有效防控风险，更好地服务"三农"与小微企业；三是最大限度地延长了金融机构服务半径，促进金融的普惠和公平。

3. 体验经济时代消费升级的需求

当前，随着我国居民收入水平的提高，居民消费从追求消费数量向追求消费质量转变。消费者更注重体验式消费，更强调商品对消费需求的满足度。金融科技的发展为提升金融消费者体验创造了有利条件。一是金融科技能为消费者提供消费和投资双重体验。二是金融科技可以为金融消费者提供更智能、更便利、成本更低廉的投资理财服务。

4. 绿色经济时代金融业转型升级的需求

党的十九大报告要求"发展必须是科学发展，必须坚定不移贯彻创新、协调、绿色、开放、共享的发展理念"。传统金融依靠人力和物理网点模式消耗资源较多、成本较高。金融科技深刻改变传统金融服务模式，不仅在管理和服务半径上远优于传统物理网点模式，而且能够通过现代金融科技技术，节约资源，降低能耗，提升效率，使金融服务越趋环境友好型和资源节约型。如数字货币有助于减少纸币印刷、运输、存放的环境成本。数字经济时代的到来催生了货币形态的再一次革命和技术升级，数字货币将从功能、效率、成本等方面充分满足数字经济发展的刚性需求。

5. 开放经济时代全面竞争的需求

根据第五次全国金融工作会议精神，我国将扩大金融对外开放。面对即将到来的全面开放竞争，金融业在制度上需要深化金融体制改革，破除体制机制障碍，在业务上则需要加快创新转型和能力建设，培育核心竞争力。为此，金融科技将是重要的实现手段。一方面，金融科技可以有效催生我国传统金融服务模式转型变革，创造新的竞争优势。另一方面，金融科技有助于我国金融机构重组改造业务流程，优化服务价值链，开拓创新金融产品，建立起具有国际竞争力的全方位金融综合服务体系，做好"一带一路"建设的金融服务工作。

三、金融科技创新带来的机遇与挑战

金融科技是金融行业再造服务价值和增强服务实体经济能力的一

把利器。金融机构要充分认识到新一代信息技术革命不是零散、断点、局部性的技术革命，而是集群式、排浪式、全面的技术革命。因此，金融机构要及时转变观念，积极拥抱金融科技革命，抓住机遇，优化业务流程，重整价值链条，提高金融产品水平与服务能力。

对于新型技术的研发与应用，金融机构应循序渐进，切忌盲目跟风、追求噱头，尤为要注意披着技术外衣、迷惑性强的伪金融创新。风险防控是永恒主题。金融科技蕴含的风险主要来自四个方面：一是技术会让金融风险扩散更快更广、隐蔽性更强、杀伤力更大；二是混业跨界套利带来的模糊性导致实质难以穿透；三是技术本身的风险易导致新的系统性风险；四是非法收集数据和不恰当运用数据而带来的客户隐私保护问题，以及数据被窃取和泄露所引发的安全风险。为此，金融机构应做到及时预警和风险处置，并做好穿透性测试、灾备应急、数据备份等风险防范工作。

美国货币监理署《探索向金融科技公司发放特殊目的国民银行牌照》

孙 浩 译

译者按：美国货币监理署拥有对美国国民银行系统的监管职权。为了应对金融科技兴起对金融服务业造成的根本性影响，货币监理署 2015 年引入"负责任创新"（Responsible Innovation）概念，致力于理解金融科技创新以及搭建一个支持创新的监管框架。在进行调研并与各界讨论以后，货币监理署 2016 年 3 月发布白皮书，勾勒了建立支持"负责任创新"监管框架的指导原则。2016 年 10 月，货币监理署发布了"负责任创新"监管框架的实施方案，其中包括创建"创新办公室"（Office of Innovation）制度作为对接和解释金融科技创新的枢纽体系。通过在国内金融科技产业集聚地区设置创新办公室，可以承担对银行和非银行机构关于监管预期和监管原则的推广工作，同时在技术咨询及其他资源上提供支持。

2016 年 12 月，货币监理署发布了《探索向金融科技公司发放特殊目的国民银行牌照》论文，希望通过这项创新性的监管制度安排来达到促进"负责任创新"的监管目标。根据商业模式和产品的不同，本文将金融科技业务分为四类：

1. 向消费者和中小企业提供互联网贷款；
2. 提供支付相关服务；
3. 数字货币和分布式账本相关创新；
4. 提供理财规划和财富管理产品及服务。

论文阐述了向金融科技公司发放特殊目的银行牌照的法律权限以及行使这项权限的必备条件。明确指出监管一致性原则，即如果向金融科技公司发放国民银行牌照，取得牌照的金融科技公司将接受与其他持牌机构相同的在安全稳健、公平接入和消费者公正对待等方面的高标准要求。但与此同时,论文在阐述特殊目的国民银行牌照的特征和属性时,强调会充分考虑与全业务牌照的差别,按照"一事一议"(Case by Case)原则考虑是否对申请机构新业务给予批准。论文在申请牌照机构的商业计划、治理结构、资本、流动性、风险合规管理、普惠金融义务以及退出机制七个方面提出了比较具体的审慎监管期望,明确了牌照发放流程,并在文章最后提出了13个征集公共反馈意见的问题。论文的发布,受到美国金融业的极大反响与关注,有从业者和监管者质疑新规会导致高利贷公司绕道规避州政府监管,形成监管套利。新规目前仍在内部审议中,现将全文翻译以供参考。

当林肯总统签署创建国民银行系统(the National Banking System)和货币监理署(the Office of the Comptroller of the Currency)法案的时候,值得注意的是这种制度安排的提出本身就是一种创新。货币监理署被授予发放国民银行牌照的职权,是因为他们认识到一个鲁棒、统一的全国性银行系统能提供巨大的社会公共价值。

国民银行系统已经成为了国家和经济运行的重要动力源。国民银行以及之后的联邦储蓄协会(Federal Savings Associations)成为行业压舱石和向消费者、企业提供金融服务的主导机构。这个系统得以繁荣的原因是其支持系统内的机构适应消费者和市场时刻变化的商业需求。

150多年之后,我们拥有了一个多元化和不断进化的金融服务产业。新兴技术让金融产品和服务可达性更广、易用性更高和定制性更强。与此同时,金融消费者的偏好和需求因为人口统计结构变迁也在时刻演变:比如美国金融市场新涌入的8500万千禧一代。作为回应,成千上万的非金融机构正裹挟着技术优势用新方式在向这个新群体提供金融产品和服务。而仅仅五年前，这些产品和服务要么仅限于传统银行系统，要么根本不存在。最初这些金融科技（Fintech）公司视自己为银行的竞争对手，而如今一些金融科技公司则在考虑是否要成为银行。

行业发展引发了一个根本性的政策问题。银行类产品由接受持续监督和考核的机构来提供对国民更有利吗？是否应该给予提供银行类产品的非金融机构一个成为银行的通道？以及一家非金融机构应该满足哪些条件才能申请成为国民银行？

以上重要问题的探索充满挑战性，尤其在本署检验自身向金融科技公司发放国民银行牌照的权限和适用条件时。论文总结了这项工作，描述了货币监理署发放特殊目的牌照的法律权限，阐明了行使这项权限的必备条件。我们也明确指出如果向金融科技公司发放国民银行牌照，取得牌照的金融科技公司将接受与其他牌照机构相同的在安全稳健、公平接入和消费者公正对待等方面的高标准要求。

公众意见有助于我们对这些问题的思考。我们欢迎所有对本文涉及议题和文末提出的问题列表作出的反馈。

一、概述

货币监理署的发牌权限包括了发放特殊目的国民银行牌照。事实上，已经有很多特殊目的国民银行正在运营——主要是信托银行和信用卡银行。金融业的技术进步和消费者偏好演变引发了一个问题，那就是货币监理署考虑向这些金融科技公司发放国民银行牌照是否合适？基于一系列理由，货币监理署相信这样做可能是更符合公共利益的。

第一，对金融科技公司实施银行监管框架将帮助这些公司以安全稳健地方式运营。这样他们就能有效服务消费者、公司和社区的需求，这跟持有全业务牌照运营的银行正在做的一样。第二，对包括金融科技公司在内的国民银行系统实施无差别监管将有助于确保法律法规在全国范围内实施的一致性，并确保消费者被公平对待。第三，为金融科技公司提供一个成为国民银行的通道能够助力联邦银行系统更强健。监管不仅能帮助确保这些机构安全稳健地运营，同时还能鼓励他们探索新的方式来促进公平接入（Fair Access）、普惠金融（Financial Inclusion）和负责任的创新（Responsible Innovation）。根据商业模式和产品的不同，金融科技公司的种类繁多：1. 向消费者和中小企业提供互联网贷款；2. 提供支付相关服务；3. 从事数字货币和分布式账本相关创新；4. 提供理财规划和财富管理产品及服务。

如果货币监理署决定授予某家金融科技公司国民银行牌照，那么该机构在安全稳健、公平接入和消费者公正对待等方面要达到的标准，将与所有国民银行和联邦储蓄协会同样严格。但是本署也意识到，批准这样一张牌照，需要考虑商业模式差别以及某些法律的适用性。例如，一家持有特殊目的国民银行牌照但无法吸储的金融科技公司，就不会得到联邦存款保险公司（Federal Deposit Insurance Corporation）的承保，进而就不受对参保存款机构约束的法律限制。

当遇到法律无法直接适用的情况，货币监理署可能会与金融科技公司沟通合作，充分考虑全业务银行（Full‐service Bank）和特殊目的银行（Special Purpose Bank）之间的差别，通过对牌照发放过程设置适当条件来满足特定法律法规的要求。这样货币监理署就能够推进重要的政策目标，例如，优化21世纪金融服务的提供方式，同时确保金融科技类银行安全稳健运营，为其所属社区提供支撑、促进普惠金融和保护消费者。

本文探索了上述问题以及其他有关对申请牌照的金融科技公司的考察事宜。本署愿听取各方建议，探讨如何通过牌照发放来培育负责任的金融创新，同时实施有效监管。

二、背景

（一）负责任创新（Responsible Innovation）的工作进展

2015年8月，货币监理署发起一项倡议来更好地理解金融服务业出现的创新以及搭建一个支持负责任创新的框架。为达到这一愿景，本署做了深入研究并与金融科技公司、银行、社区和消费者团体、学术机构以及其他监管者进行广泛讨论。这些工作成果总结为2016年3月出版的白皮书，勾勒了在联邦银行系统建立支持"负责任创新"监管框架的指导原则。2016年10月，本署宣布了"负责任创新"监管框架的实施方案，其中包括创建创新办公室（Office of Innovation）体系作为对接和解释关于创新的需求和信息中心。创新办公室也将承担对银行和非银行机构关于监管预期和监管原则的推广工作，同时在技术咨询及其他资源上提供支持。

（二）发放牌照的权限

根据《国民银行法案》（the National Bank Act）和《房主信贷法》（the Home Owners' Loan Act）的规定，货币监理署相应拥有向国民银行和联邦储蓄协会发放牌照的权限。这项权限包括了发放特殊目的国民银行牌照。特殊目的国民银行的经营范围可以是信托活动（Fiduciary Activities），或者是银行业务范畴内的其他业务。一家从事除信托活动之外业务的国民银行必须至少提供以下三项核心银行业务中的一项：吸收存款、支付或发放贷款。

特殊目的国民银行牌照制度已经应用了一段时间。这类牌照最常见的持有者是信托银行（仅限于信托公司业务的国民银行）和信用卡银行（仅限于信用卡业务的国民银行）。尽管本文专注于金融科技公司这一特定对象，但并未对申请国民银行牌照的"特殊目的"种类做出

法律上的限制，只要申请主体的业务包含信托活动或吸收存款、支付或发放贷款的活动，都属于"特殊目的"内涵。正如下文描述的那样，货币监理署拥有对界定金融服务业里银行准许业务、技术驱动的创新做出解释的法定权力。

三、国民银行牌照的特征和属性

（一）公司结构

国民银行牌照是一种联邦层面许可，持牌机构是在全国范围内从事经营活动，并按照统一标准严格接受联邦监管的银行。所有的国民银行，包括特殊目的国民银行，都必须按照《国民银行法》的要求进行组织。《国民银行法》对公司治理结构的要求（例如股份类别、表决权、董事人员数量和任期）适用于特殊目的国民银行。

（二）银行准许业务（Bank – permissible Activities）

特殊目的国民银行只能从事国民银行被准许经营的业务。在国家法律法规、货币监理署管理条例和定期出版的法律意见和决策里都有对银行准许经营业务的界定。货币监理署和经手过银行准许业务范围的法庭也意识到随着经济活动和商业模式的演进，银行业务也会发展变化。

遵循法律先例，OCC 认为《国民银行法》充分适用于允许国民银行（全业务或特殊目的）发展相关新业务或通过新方式从事传统业务。比如，票据贴现（Discounting Notes）、购买银行准许的债券（Purchasing Bank – permissible Debt Securities）、参与融资租赁交易和提供贷款都是不同表现形式的发放贷款业务。类似地，发放借记卡或从事电子支付都是现代版的支票支付业务。货币监理署将按照"一事一议"（Case by Case）原则考虑是否对申请特殊目的牌照的公司希望从事的新业务予以批准。

（三）适用于特殊目的国民银行的规则和标准

通常情况下，特殊目的国民银行遵循与其他国民银行相同的法律、监管条例、审查、申报要求和持续督导。适用于国民银行的法律条款全部适用于特殊目的国民银行，乃至未参保的国民银行。例如，有关法定贷款限额和限制不动产持有的法律法规。

其他适用于特殊目的银行的法律还包括《银行保密法》（the Bank Secrecy Act，以下简称"BSA"），其他反洗钱的法律（other Anti-money Laundering Laws，以下简称"AML"）和美国财政部外国资产控制办公室（the U.S. Department of the Treasury's Office of Foreign Assets Control，以下简称"OFAC"）实施的经济制裁。同时，特殊目的国民银行需遵守《联邦贸易委员会法》第5节的规定，严禁从事不公平、欺骗或违规的行为或操作和《多德—弗兰克华尔街改革与消费者保护法案》（the Dodd-Frank Wall Street Reform and Consumer Protection Act，以下简称《多德—弗兰克法案》）第1036节的规定，严禁参与不公平、欺骗或违规的行为或操作。货币监理署的牌照发放规定以及许可政策和流程也适用于国民银行。《联邦规章典集》第12篇第五部分（12 CFR Part 5）和监理官许可手册（Comptroller's Licensing Manual）中有关"牌照"的章节中规定了现有的发牌政策和流程，本文随后的放牌流程章节也对此进行了讨论。

根据联邦法律（Federal Law）的规定，特殊目的国民银行与全业务国民银行享有同等的地位和属性。各州法律对特殊目的国民银行的应用方式和程度与该法应用于全业务国民银行的方式和程度相同。对各州的巡访权限也按照相同方式应用。特殊目的国民银行可以参照相关法律（包括《多德—弗兰克法案》对《国民银行法》的优先原则）、规程（包括OCC的优先规程）和联邦法院对州内法律如何适用的判决先例。比如，依照上述法律、规程和判定先例，当州内法律规定国民银行需获得许可才能从事某项业务时，则该州内法律对该国民银行不适用。一些有可能对国民银行适用的州内法律包括了有关反歧视、公平借贷、债务催收、税法、区划、刑法和侵权行为等。同时，当国民银行从事得到联邦授权的借贷、存款和其他被授权的业务时，在联邦法规未优先的情况下，要接受州内法律的约束。此外，货币监理署主张针对不公平或欺骗消费者的州内法律适用于国民银行。

许多其他联邦法律适用于所有银行、金融机构或依据从事的业务进行划分的其他实体。比如，从事住宅房地产贷款（Residential Real Estate Lending）的银行须遵守《诚实贷款法》（the Truth in Lending Act）、《不动产购置程序法》（Real Estate Settlement Procedures Act）、《平等借贷机会法案》（Equal Credit Opportunity Act）、《公平信用报告法》（Fair Credit Reporting Act）、《公平住房法案》（Fair Housing Act）、《现役军人民事救助法案》（Service Members Civil Relief Act）和《军事贷款法》（Military Lending Act）等。

有一些法律只适用于得到 FDIC 承保的国民银行，而对未得到承保的国民银行不适用。比如《联邦存款保险法》（the Federal Deposit Insurance Act，以下简称"FDIA"）1831p-1（安全和稳健标准）和1829b（记录保存）只适用于被担保的存款机构。同时，如果一家国民银行未参保，FDIA 中针对参保存款机构破产管理的规定将不适用。货币监理署最近签发了关于一项规定的提案，这份提案是关于根据《国民银行法》有关破产管理的规定构建一个破产管理法律框架，以解决未参保的国民银行破产管理的监管盲区。这份提案主要关注的是未参保的信托银行，但也在考虑应用于其他国民银行。《社区再投资法》（Community Reinvestment Act，以下简称"CRA"）是另一项只适用于参保机构的法律的范例。

正如下文发牌流程章节提到的那样，如果某机构的风险和商业模式符合条件,货币监理署将对该未参保的特殊目的银行作出有条件的牌照发放决定。该机构需要满足的发牌条件,与参保银行接受的法律上的要求相似。

(四)监管协调

货币监理署是国民银行主要的审慎监管机构。基于银行的架构及其经营范围,其他监管机构同样起到监督作用。想申请国民银行的金融科技公司很有可能会在与本署合作的基础上,与其他监管机构合作。本署历来与其他和发牌有关的银行监管机构相配合,也将在适当的情况下,就一家金融科技公司申请国民银行牌照的事宜进行协作与沟通。

美联储:除极少数例外,所有国民银行,包括参保和未参保的信托银行和其他特殊目的国民银行,都必须是联邦储备银行的会员单位。国民银行通过认购适当的联邦储蓄体系股票的方式成为会员银行。鉴于大多数特殊目的国民银行将成为会员银行,适用于会员银行的法律法规也将适用于它们。这些法律法规由联邦储备理事会和联邦储备银行制定。

此外,联邦储备理事会负责执行和解释《银行持股公司法》(the Bank Holding Company Act,以下简称 BHCA)的适用范围和要求。如果一家特殊目的国民银行牌照的金融科技公司已经或计划让一家公司担任该银行的唯一或者实际控制人(投资人则将持有该持股公司的股份),则 BHCA 对该银行适用。根据 BHCA,一家国民银行在下列情况下被视为符合 BHCA 目标的"银行":第一,该银行由 FDIC 承保的银行,或接收活期存款且从事提供商业贷款的业务;第二,该银行不符合 BHCA 对"银行"所有例外情况给出的定义。

联邦存款保险公司(FDIC):金融科技公司若想以非信托基金形式吸收存款,需向 FDIC 申请,并得到 FDIC 的许可。一般来说,一家银行必须从事储蓄业务且不是信托基金,FDIC 才会考虑为其提供存款保险。比如，一些特殊目的银行只从事与信托有关的业务，不从事除信托基金之外的其他存款业务。因此，它们就不是 FDIC 承保的银行。如果 OCC 向不接收除信托基金之外存款的特殊目的国民银行（例如一家金融科技公司）发放了牌照，那么这家新银行不具备得到 FDIC 承保的资格。

消费者金融保护局：根据《多德—弗兰克法案》，一家特殊目的国民银行从事的业务受到《联邦消费者金融法》（*a Federal Consumer Financial Law*）的监管，那么这家银行也接受消费者金融保护局的监管（the Consumer Financial Protection Bureau，以下简称"CFPB"）。得到存款保险的特殊目的国民银行将接受 CFPB 或 OCC 根据其资产规模、遵循所有联邦消费者金融法律的规定实施的监管。根据《多德—弗兰克法案》，CFPB 将对所从事业务受联邦消费者法律保护的、未参保的特殊目的国民银行予以监管。

四、基本监管预期

所有国民银行都被要求达到高标准的监管要求。与货币监理署的使命相同，这些标准包括安全稳健、提供公平准入的金融服务、公平对待消费者并且符合其他相关法律法规的要求。货币监理署根据银行的规模、复杂性和风险为其制订了这些标准。作为国民银行，特殊目的国民银行也需要达到与其规模、复杂性和风险相吻合的高标准要求。

货币监理署对所有想申请牌照的机构有下述监管期待。这些基本期待强调了详细的商业计划、治理、资金、流动性、相应的风险管理、普惠金融以及恢复和解决方案的重要性。与其他国民银行牌照的申请人一样，特殊目的牌照的申请人在递交申请前，最好当面与本署沟通，讨论基本要求的细节和这些要求（针对每个方案提出的不同问题）在其银行的具体落实方式。这些会议让货币监理署与申请人合作，基于每位申请人的具体情况，包括规模、商业模式、复杂性和风险等，发展和定制监管标准。

(一) 稳健、周全的商业计划

周全的商业计划书是任何牌照申请提案的关键组成部分。本署希望申请任何种类国民银行牌照的公司清晰阐述申请国民银行牌照的原因并提供所从事业务的详细信息。商业计划是一份书面总结，它解释了递交申请的银行将如何组织其资源以实现其目标以及对项目进展的衡量标准。因此，商业计划要全面，反映出组织者、董事会和管理层的详细计划。

想申请国民银行牌照的公司所提交的这一商业计划应该清晰定义其所服务的市场和其提供的产品与服务。另外，商业计划还应该对市场需求、经济条件、竞争和客户基础做出现实的预测。商业计划还必须阐述管理层对所有风险的现实评估，描述被提案的产品和服务固有的、在管理上与 BSA/AML 的要求、消费者保护和公平借贷有关的风险，同时设计与之相应的风险管理和管理信息系统。同时，商业计划应描述申请单位包括董事会在内的管理层成员在公司治理方面的经验和专长。

商业计划书所涵盖的时间范围应该至少包括 3 年，它应该完整描述拿到所申请的国民银行牌照后为完成该银行的主要功能会采取的行动。商业计划书的描述应该提供足够的细节来阐述其希望成为的银行有令人信服的成功机会、会以稳健的方式运营，并且会有充足的资本来抵御风险。货币监理署希望商业计划书列出其希望成为的银行初始和未来的出资计划以及它将如何维持和调控合适的资本（充足）水平的相关特定信息。商业计划书也应该指明公司在必要时可获得的外部融资渠道。另外，商业计划书应该包括提供完整的在最好情况下和最坏情况下（如财务状况、利润增长情况和市场份额方面）的备选商业战略。如果适用的话，商业计划书也应该包括团队成员在服务社会方面的意愿和规划。

(二) 公司治理结构

本署希望申请获得特殊目的国民银行牌照的金融科技公司的治理结构,跟其他国民银行一样,与其所面临的风险和其计划提出的产品、服务和业务的复杂性相称。本署对国民银行识别、调控、管理和控制国民银行风险的治理标准和风险管理系统设置了高标准。本署希望国民银行能拥有专业知识、财务敏感度和风险管理框架以推行安全稳健的监管。管理层必须通过参与核心委员会和指导风险管理框架在总体的管理架构上发挥重要作用。董事会成员也必须积极参与监管,提出切实的工作要求并且保持独立判断。

(三) 资本

本署对银行资本的评估是重要的,不仅是对某个银行实力的评估,也是对整个联邦银行系统安全稳健的评估。银行资本,与其他因素一起,帮助确保公众对某一银行以及整个银行系统稳定性的信心;为其业务的规模、种类和性质提供支撑;也预估了计划外损失产生的可能性。

最低和可持续资金的水平需与拟申请业务(包括资产负债表表内和表外业务)的风险和复杂性保持一致。本署对(初始阶段和持续进行的)资本充足率的评估取决于拟申请产品、服务和运营特点的风险和复杂程度,同时考虑定量和定性两方面的因素。影响资本充足率评估的主要定性因素包括银行拟申请业务的范围和性质、管理质量、资金管理、所有权、运营流程和管理、资产质量、盈余及其保留、风险的多样性和战略规划。在评估资金质量和来源的基础上,本署也考虑表内、表外的构成、信用风险、集中度和市场风险。

从事有可能属于表外业务的特殊目的国民银行牌照申请机构,需遵从本署最低资金要求的规定，但这一最低资金要求可能无法充分反映与该表外业务相适应的风险。为了弥补这一漏洞，申请人需要提出一个拟申请银行任何时候都能满足且超出的最低资本水平。比如，国家信托银行就是典型的资产负债表上资产不多的银行，通常由存在受保银行的现金存款、投资证券、厂房设施与设备和无形资产构成。因为这些银行不提供贷款，也不依赖于存款融资，本署特别要求他们保持一个高于其他种类银行的最低资本要求。同样地，本署认为对特殊目的国民银行牌照申请人提出的资本要求能充分反映其风险并且在程度上与其适用的法律法规要求的相同。

（四）流动性

本署对流动性的评估主要集中在银行能够以一个合理成本满足预期的和未预料到的现金流和抵押需求，且不会给银行的日常运营和资本状况造成不利影响。与对资本的要求相同，对特殊目的国民银行的最低和持续的流动性（包括运营和或有债务）也要与拟经营业务的风险和复杂性相符合。在评价一家银行的资金流动情况时，本署会考虑融资渠道和融资成本。一些主要考量领域有预估资金来源、需求和成本；净现金流量和流动性资产头寸；预估借款能力；高流动性资产和抵押物头寸（包括这些资产在多种市场环境下的资质和适销性）；无担保承诺要求和应急资金计划的充分性。流动性的每一方面都应当阐述其对盈余和资本的影响、包括计划内和计划外的资产负债表的变动以及对利率水平、投资回报期和市场行情的变动。

（五）合规风险管理

本署希望全体国民银行都能进行有效的合规风险管理。强有力的合规基础设施建设有助于国民银行的安全稳健运行、提供公平准入的金融服务、平等对待消费者和遵守有关法律的规定。

特殊目的国民银行牌照的申请人，与其他国民银行牌照申请人一样，被期待阐述一种合规文化，即公司由上到下的全体成员承诺对相关法律法规的理解和遵守并且在运营过程中遵循监管规定。此外，申请人需要适合的体制和程序来识别、评估、管理和监控合规流程（例如工作准则与工作规程、实务、培训、内部控制和审计）和确保维持合规资源的充足。

恰当的合规风险管理包括一个成熟的、与拟申请行风险相匹配的合规管理系统，这个系统包括：

- 一个合规程序用来确保和监控遵守 BSA、其他 AML 法规及相关规定和 OFAC 经济制裁的要求；
- 一个消费者合规计划为了确保消费者被公平对待和公平准入金融服务，也为了遵从《联邦贸易委员会法》《多德弗兰克法案》中禁止不公平、欺骗或违规行为或实践的规定和其他所有适用的消费者金融保护法律法规的要求。

本署希望所有特殊目的国民银行牌照的申请人提供详尽的拟提案银行的业务说明，以便本署理解申请人面临的 BSA/AML 及相关的合规风险，进行风险评估、管理和检测的方法，以及要如何遵守相关法律法规和要求。

与所有国民银行一样，适合特殊目的银行的合规风险管理系统应考虑公司业务的本质、规模、多样性和经营过程中风险的复杂性。尽管对所有国民银行的一般标准是相同的，但是对金融科技公司的商业模式使用的标准可能需要新的考量。在评估一张金融科技牌照的申请时，本署将会考察并公布申请人商业模式中的创新元素是否以及如何对其合规风险结构产生影响。

（六）普惠金融

本署的监管任务包括了确保国民银行公平对待消费者和提供公平

接入的金融服务。本部分介绍的任务与普惠金融直接相关。对于受保的存款机构，这一任务在某种程度上来说是超前的，依照 CRA 的监管框架。本署评估该机构在帮助整个社区，包括中低收入家庭和个人以及未覆盖的区域的用户，满足信贷需求方面的记录。但未参保的特殊目的国民银行不受 CRA 的约束。

与其他任何 CRA 的直接责任不同，本署遵照特定的原则来决定是否发放一张建立国民银行的牌照。这些原则包括"鼓励"国民银行"通过帮助其所属整个社区达到信贷要求的方式践行金融服务的公平准入原则"和"以更高效、优质的服务来公平对待消费者"。本署期许从事借贷业务的特殊目的国民银行银行牌照申请人作出普惠金融的承诺，即提供公平准入的金融服务和公平地对待消费者。承诺的实质内容建立在申请人的商业模式及其所提供的借贷产品和服务的种类之上。

根据牌照发放章程，通常国民银行牌照的申请人需要提交一份商业计划书。这份商业计划书需要阐明申请单位将如何满足所属行业或社区的需求，并坚持安全稳健的银行运营准则。尽管不是强制要求，但本署希望从事借贷业务的特殊目的银行申请人能在其商业计划书里阐明对普惠金融的承诺。在商业计划书里阐释普惠金融的有关内容时，计划从事借贷业务的特殊目的银行申请人需要考虑如下几个因素：

- 对相关市场、消费者基础和社区概念的辨识及其界定方法；
- 对申请人计划提供的（与其商业计划书上一致的）产品或服务性质的描述、营销和推广方案，以及该营销和推广方案在其产品或服务的交付机制；
- 举例说明这样的产品和服务、营销方案和交付机制如何践行普惠金融（例如，向未覆盖到的消费者或小企业提供服务）；
- 有关申请单位的政策、流程和操作的全部信息都应建立在确保产品和服务公正、无歧视的基础之上。比如，本署有可能要求计划从事信贷业务的申请人提供拟定的借贷条款，其中需包含对个体消费者和小企业提供的保护方案的叙述。

与申请人商业计划书阐述的其他部分一样，如果实际情况与其计划书中对普惠金融的描述产生极大偏离，该申请人需得到本署的批准或无异议证明。

（七）恢复和退出策略；解决方案及权限

如上所述，本署希望申请人的商业计划书包括替代业务（Alternative Business）和恢复策略以应对最好和最差的情况。简而言之，本署希望商业计划书详细阐明有可能诱发董事会和监管层决定有序关停运营的金融风险或其他风险诱因。这些策略必须提供一个综合框架以评估在可能对公司产生影响的极端环境下的财务影响以及在这一环境里可以采取的几种应对举措。商业计划必须解决机构规模、风险结构、业务、复杂性和外部威胁上的重大变动，并将这些元素融入总体风险管理框架。方案必须针对申请单位自身的实际情况，并与其他方案相匹配，同时与相关的总规划或子规划相协调。方案需包括对风险和极端情况出现的预警机制、用以恢复财务实力和存续能力的充裕的应对措施，以及升级和通知程序。尽管这些做法和恢复策略的目的是保证实体的存续性，本署可能还是会要求公司提供一份清晰的退出策略。

五、牌照发放流程

本署标准的对牌照申请的审理和决议流程适用于申请特殊目的国民银行牌照的金融科技公司。牌照的申请资料由 OCC 许可部（Licensing Department）审理。《监管官许可手册》中"牌照"部分包括了流程的具体信息，共有四个阶段：

• 提出申请阶段，潜在申请人与背面设计进行正式和非正式的会面来讨论提案、发牌流程和申请要求。本阶段，申请人还需准备包括商业计划书在内的、完整的申请资料。

- 申报阶段，组织者递交申请材料。组织者还须在递交日之前或之后立即发表牌照申请声明。
- 受理和评估阶段，本署进行背景调研和实地考察，对申请材料进行审阅和分析确定申请单位是否：有合理的成功概率、按照安全稳健的原则运营、提供公平准入的金融服务、确保符合法律法规的要求、公平对待消费者，以及促进良性竞争。
- 决议阶段，包括三个步骤：

○ 初步有条件的批准阶段，本署将决定是否给予初步有条件的批准；

○ 组织阶段，银行扩充资金、准备开张，本署进行开业前的考察；

○ 最终授权阶段，本署决定银行是否符合开张的要求和条件。

本署在发放初步有条件授权时，会对银行实行一些标准要求，例如，建立适当的制度和流程、应用于申请单位的规模、性质和业务范围相适应的内部审计系统。出于不同的原因本署可能会对申请单位设立额外的条件，例如，确保新取得牌照的银行不会在未得到批准前改变其在提案中介绍的商业模式；规定更高的资金和流动性要求；以及在必要时要求银行具有推销自己或缩减业务的恢复方案。对未受保的银行提出与受保银行类似的要求，比照程度与申请人拟定的商业模式和风险预测相适应。本署可能会根据申请特殊目的国民银行牌照的金融科技公司的商业模式和风险预估的具体情况，在发牌时提出相应的附加条件。

本署意识到有可能需要修订一些适用于全业务国民银行的要求以适应特殊目的国民银行的商业模式。本署拥有对不同的商业模式施以相应的法律要求的经验。比如，正如前文所示，本署调整了对特定信托银行的资本要求。同样地，本署会考虑在符合法律法规的前提下，调整对申请特殊目的国民银行牌照的金融科技公司提出的要求。

本署建议潜在申请人仔细阅读方法牌照章程和《监管官许可手册》

中关于"牌照"章节里的申请流程和要求，也强烈建议对特殊目的国民银行牌照感兴趣的团体或个人在递交申请资料之前与本署进行良好沟通以确保对有关要求的理解。建议相关机构查阅《监理官手册》以获取更多关于本署如何管理和审查国民银行的信息。创新办公室对于想了解特殊目的国民银行牌照有关信息的金融科技公司来说也是一个重要的信息来源。在 OCC 官方网站可以找到许可部和创新办公室的联系方式。

六、征集反馈意见

在考虑向金融科技公司发放特殊目的国民银行牌照的过程中，本署希望得到有关本论文的全角度反馈信息。诚征对以下问题的反馈。回信者应于 2017 年 1 月 15 日（自本文刊发后的第 45 日）之前提交书面反馈。反馈意见书应发送到：specialpurposecharter@ occ. treas. gov.

1. 允许金融科技公司持有国民银行牌照会对公共政策产生哪些积极影响？风险有哪些？

2. 在 OCC 为没有受保的特殊目的国民银行设定资金和流动性要求以限制其持有的资产类型时，需要考虑哪些因素？

3. 特殊目的国民银行需要向 OCC 阐述哪些信息以体现其对个体、企业和社区的普惠金融的承诺？例如，特殊目的国民银行需要建立哪些新的或替代方式（比如产品，服务）以促进普惠金融？不受保的、使用创新性方法在虚拟或实体社区发展或提供金融产品或服务的特殊目的国民银行要如何阐述其对普惠金融的承诺？

4. OCC 是否应当要求不受保的、不从事借贷业务的特殊目的国民银行作出普惠金融的承诺？如果应当，此类银行要如何阐述其对普惠金融的承诺？

5. 一家不向公众提供银行类服务的特殊目的国民银行将如何促进普惠金融？

6. OCC 是否应当将其发牌权限视为一次填补对保护消费者和小企业借款空缺的机会?如果是,要如何做?

7. 在运行或使用一个金融科技商业模型以满足法律规定时有哪些潜在的挑战?以及有哪些具体的、针对特殊目的国民银行的业务监管条件需要 OCC 考虑?

8. OCC 应当采取哪些举措以确保特殊目的国民银行安全稳健地、符合公共利益地运营?

9. 与全业务银行相比,特殊目的国民银行是否有需要 OCC 考虑的竞争优势?全业务银行是否受到来自无银行牌照的金融科技公司的风险?

10. 是否对一些金融科技公司提供的特定产品或服务,例如数字货币,需要采取不同的监管方法以管控对机构自身和整个金融系统产生的风险?

11. 对特殊目的国民银行及其母公司或其业务有监管权限的其他监管机构,OCC 应如何加强监管协作和沟通?

12. 对特殊目的国民银行来说,某些风险会增加,因为它专注于经营某些特定的业务。OCC 如何确保特殊目的国民银行能够有效控制风险?

13. 对潜在的金融科技申请人来说,申请过程中,还有哪些额外的信息、材料和技术支持需要 OCC 提供?

SM2 数字签名算法的分析与比较

张大伟[①]

摘要：本文的研究对象是由国家密码管理局于 2010 年发布的 SM2 数字签名算法。SM2 相比传统的椭圆曲线签名算法 ECDSA，加入了较多的检错功能，提高了签名验证系统的数据完整性、系统可靠性和安全性。SM2 主要用于替换 RSA 签名算法，与 RSA 算法相比，SM2 在同等安全强度下所需密钥位数更少，且密钥对生成速度、签名速度均优于 RSA 算法，但 SM2 的验签速度相比 RSA 处于明显的劣势。从数字货币的应用角度来看，期待未来 SM2 算法在验签性能、国际化推广和应用以及新型签名技术的设计方面取得进一步的提高和发展。

一、概况

为了保障商用密码安全，国家商用密码管理办公室制定了一系列密码标准，包括 SSF33、SM1（SCB2）、SM2、SM3、SM4、SM7、SM9、祖冲之密码算法等。

SM2 由国家密码管理局于 2010 年 12 月 17 日发布。相关标准为《SM2 椭圆曲线公钥密码算法》（GM/T 0003—2012）。

在商用密码体系中，SM2 主要用于替换 RSA 签名算法。SM2 基于椭圆曲线密码学，256 位的 SM2 算法的安全性与 2048 位的 RSA 签名算法相当。基于此，本文主要比较 SM2 数字签名算法与传统的基于椭圆曲线的数字签名算法（以下简称 ECDSA），从参数选择、密钥对生成过程、签名过程、验签过程这几个方面进行比较，分析 SM2 数字签名

---

① 北京交通大学计算机与信息技术学院、国家保密学院的副教授、博士生导师，专注于区块链、智能卡安全和可信计算技术的研究工作。

算法与 ECDSA 签名算法的异同与改进。再从密钥对生成过程、签名过程、验签过程这几个方面比较 SM2 数字签名算法与 RSA 数字签名算法，并给出加密机的测试数据，佐证两者的性能差异。

二、SM2 数字签名算法与 ECDSA 的比较

SM2 与 ECDSA 均是实用性的算法，二者在许多工业实践中均有运用。比如，比特币中使用了 ECDSA 数字签名算法；在许多金融领域，比如金融 IC 卡中使用了 SM2 数字签名算法。

（一）密钥对生成比较

ECDSA 生成密钥对的过程如下：
①椭圆曲线为 $y^2 = x^3 + ax + b \bmod n$；
②G 为椭圆曲线的基点，n 为素数且为 G 的阶；
③签名者 A 的私钥为 d_A：随机数 $d_A \in [1, n-1]$；
④签名者 A 的公钥为 P_A：$P_A = [d_A]G = (x_A, y_A)$。

首先选择参数，包括椭圆曲线方程的系数 a、b 和 p，椭圆曲线的 G 点坐标 (x_G, y_G)，椭圆曲线的阶 n。

其次生成随机数 d_A 作为签名者 A 的私钥，随机数的取值范围为 $[1, n-1]$。

最后由私钥和 G 点进行一次标量乘法，生成签名者 A 的公钥 P_A。

生成密钥对的步骤中，若要破解用户私钥，即由 P_A 求 d_A，在数学上是求解椭圆曲线离散对数的困难问题。

SM2 生成密钥对的过程如下：
①椭圆曲线为 $y^2 = x^3 + ax + b \bmod n$；
②G 为椭圆曲线的基点，n 为素数且为 G 的阶；
③签名者 A 的私钥为 d_A：随机数 $d_A \in [1, n-2]$；
④签名者 A 的公钥为 P_A：$P_A = [d_A]G = (x_A, y_A)$。

可以看到两者的生成私钥的过程基本相同，主要区别在于私钥的取值范围有所不同，ECDSA 的取值范围为 [1, n-1]，而 SM2 的取值范围为 [1, n-2]，关于取值范围差别的原因，在最后的签名过程中会给出解释。

SM2 推荐使用的椭圆曲线参数如表 1 所示。

表 1   SM2 推荐使用的椭圆曲线参数

参数名	参数值
素数 p	FFFFFFFF FFFFFFFF FFFFFFFF FFFFFFFF FFFFFFFF 00000000 FFFFFFFF FFFFFFFF
系数 a	FFFFFFFF FFFFFFFF FFFFFFFF FFFFFFFF FFFFFFFF 00000000 FFFFFFFF FFFFFFFC
系数 b	28E9FA9E 9D9F5E34 4D5A9E4B CF6509A7 F39789F5 15AB8F92 DDBCBD41 4D940E93
G 点坐标 xG	32C4AE2C 1F198119 5F990446 6A39C994 8FE30BBF F2660BE1 715A4589 334C74C7
G 点坐标 yG	BC3736A2 F4F6779C 59BDCEE3 6B692153 D0A9877C C62A4740 02DF32E5 2139F0A0
阶 n	FFFFFFFE FFFFFFFF FFFFFFFF FFFFFFFF 7203DF6B 21C6052B 53BBF409 39D54123

（二）签名过程比较

ECDSA 的签名过程如下：
①用随机数发生器产生随机数 $k \in [1, n-1]$；
②计算 $(x_1, y_1) = [k]G$；
③计算 $r = x_1 \bmod n$，若 $r = 0$，则返回①；
④计算 $e = H(M)$；
⑤计算 $s = k^{-1}(e + d_A r) \bmod n$。若 $s = 0$，则返回①；
⑥将 r、s 的数据类型转换为字节串，消息 M 的签名为 (r, s)。

其中第③步计算 r 的值时，若 r 等于零，需要重新选取随机数 k 再计算新的 r 值，直到 r 不为 0，因为在第⑤步骤计算 s 时，若 $r = 0$，则签名中的 s 分量和用户私钥没有关联，这显然是不合理的。其中第②步进行的标量乘法是签名过程中最耗时的操作。

SM2 的签名过程如下：

① 置 $\overline{M} = Z_A \| M$，其中 $Z_A = H(ENTL_A \| ID_A \| a \| b \| x_G \| y_G \| x_A \| y_A)$；

② 计算 $e = H(\overline{M})$；

③ 用随机数发生器产生随机数 $k \in [1, n-1]$；

④ 计算 $(x_1, y_1) = [k]G$；计算 $r = (e + x_1) \bmod n$，若 $r = 0$ 或 $r + k = n$，则返回 ③；

⑤ 计算 $s = ((1 + d_A)^{-1} \cdot (k - r \cdot d_A)) \bmod n$，若 $s = 0$，则返回 ③；

⑥ 将 r、s 的数据类型转换为字节串，消息 M 的签名为 (r, s)。

需要说明的是，在私钥选取时，私钥的取值范围为 $[1, n-2]$，之所以与 ECDSA 取 $[1, n-1]$ 有所不同，是因为在第⑤步中，若私钥取值 $n - 1$，则 $(1 + d_A) \bmod n = 0$，显然私钥不可取 $n - 1$。

其中第④步进行的标量乘法是签名过程中最耗时的操作，可以看出在签名的时间复杂度上 ECDSA 和 SM2 时间复杂度基本一致。

由二者的签名算法流程比较可以看出，两者的基本思想是一致的：

1. 都是以 r，s 为签名。

2. 以标量乘法 kG 生成 r。

3. 以 d_A，r，k 生成 s。

但是二者也存在诸多不同：

1. 在对消息进行哈希运算计算 e 时，ECDSA 签名直接使用 $e = H(M)$ 进行签名；而 SM2 使用 $\overline{M} = Z_A \| M$，$e = H(\overline{M})$，其中 $Z_A = H(ENTL_A \| ID_A \| a \| b \| x_G \| y_G \| x_A \| y_A)$。可见 SM2 使用了用户参数和系统参数，起到一定的认证作用，提高了安全性。

2. 在计算 r 值时，ECDSA 的计算方法是 $(x_1, y_1) = [k]G$，$r = x_1 \mod n$；而 SM2 的计算方法是 $(x_1, y_1) = [k]G$，$r = (e + x_1) \mod n$。SM2 中计算 r 时再次用到了由消息生成的哈希值。

3. 计算签名 s 时，ECDSA 计算签名的方法是 $s = k^{-1}(e + d_A r) \mod n$，私钥 d_A 作用一次；而 SM2 的计算方法是 $s = ((1 + d_A)^{-1} \cdot (k - r \cdot d_A)) \mod n$，私钥 d_A 作用了两次。

4. SM2 增加了合理性检查，确保了签名的正确性，提高了安全性。例如在④中检查 $r + k = n$ 是否等于 n，如果 $r + k = n$，则 $k = -r \mod n$，显然是不合适的。

（三）验签过程比较

ECDSA 的验签过程如下：

为了检验收到的消息 M′及其数字签名 (r', s')，作为验证者的用户 B 应实现以下运算步骤：

①检验 $r' \in [1, n-1]$ 是否成立，若不成立则验证不通过；

②检验 $s' \in [1, n-1]$ 是否成立，若不成立则验证不通过；

③计算 $e' = H(M')$；

④计算 $w = s^{-1} \mod n$；$u_1 = e'w \mod n$；$u_2 = rw \mod n$；

⑤计算 $x = (x_1', y_1') = u_1 G + u_2 P_A$，令 $v = x_1' \mod n$，验证 $v = r$ 是否成立，若成立则验证通过；否则验证不通过。

验签算法中最耗时的操作为第⑤步进行的两次标量乘法。

SM2 的验签过程如下：

为了检验收到的消息 M′及其数字签名 (r', s')，作为验证者的用户 B 应实现以下运算步骤：

①检验 $r' \in [1, n-1]$ 是否成立，若不成立则验证不通过；

②检验 $s' \in [1, n-1]$ 是否成立，若不成立则验证不通过；

③置 $\overline{M}' = Z_A \parallel M'$；

④计算 $e' = H(\overline{M}')$；

⑤计算 $t = (r' + s') \bmod n$，若 t=0 则验证不通过；

⑥计算椭圆曲线点 $(x_1', y_1') = [s']G + [t]P_A$；

⑦计算 $R = (e' + x_1') \bmod n$，验证 $R = r'$ 是否成立，若成立则验证通过；否则验证不通过。

其中最耗时的操作为第⑥步的两次标量乘法。

由上面验签算法分析可以看出，两种签名算法都是进行了两次标量乘法，所以验签算法的复杂度也是基本相同的。

下面对 SM2 验签算法的合理性进行分析。

1. 验证算法中的①②步检查签名分量 r'，s' 的合理性。因为产生签名算法的第④步和第⑤步都是 mod n 运算，且要求 $r \neq 0$ 且 $s \neq 0$，这样就确保了 $r' \in [1, n-1]$ 且 $s' \in [1, n-1]$。如果签名没有被篡改和错误，则必有 $r = r' \in [1, n-1]$ 且 $s = s' \in [1, n-1]$。对此进行检验，可发现签名（r, s）是否被篡改或有错误，确保其完整性。这说明验证签名算法①和②的验证是合理的。

2. 验证算法中的⑤检查签名分量 t 的合理性。因为签名时确保了 $r \neq 0$ 且 $s \neq 0$，如果 $t = r + s = 0 \bmod n$，则 $r + s$ 是 n 的整数倍。但是，由于 $r \in [1, n-1]$ 且 $k \in [1, n-1]$，所以 $2 \leq r + k \leq 2n - 2$。又由于签名时确保了 $r + k \neq n$，所以 $r + k$ 不是 n 的整数倍。据签名算法⑥，有 $s = \dfrac{k - rd_A}{1 + d_A}$ 所以 $r + s = r + \dfrac{k - rd_A}{1 + d_A} = \dfrac{r + k}{1 + d_A}$，于是 $r + s = \dfrac{r + k}{1 + d_A}$ 也不是 n 的整数倍。否则，因 d_A 和 $1 + d_A$ 都是正整数，与前面 $r + k$ 不是 n 的整数倍矛盾。$r + s$ 不是 n 的整数倍，即 $r + s \bmod n \neq 0$。这说明如果 r' 和 s' 没有被篡改和错误，则有 $r' = r$ 和 $s' = s$，则有 $t = (r' + s') = (r + s) \bmod n \neq 0$。这说明验证签名算法⑤的验证是合理的。

下面对 SM2 验签算法的可验证性进行分析。

一方面，$sG + tP_A = sG + (r + s)(d_A G) = (s + rd_A + sd_A)G$；另一

方面，因为 $s = \dfrac{k - rd_A}{1 + d_A}$，故有如下公式成立：

$$(s + rd_A + sd_A) = s(1 + d_A) + rd_A = \frac{k - rd_A}{1 + d_A}(1 + d_A) + rd_A = k,$$

所以 $sG + tP_A = kG = (x_1, y_1)$。如果 x_1' 和 e' 没有被篡改或错误，则有 $e' = e, x_1' = x_1$。根据产生签名算法⑤，$r = (e + x_1) \bmod n$，又根据验签算法⑦，$R = (e' + x_1') \bmod n$，所以在 $e' = e, x_1' = x_1$ 的条件下，有 $R = r'$。

SM2 签名验证算法的一个显著特点是，其中加入了较多的检错功能。因为这是收信者对收到的签名数据进行验证，而签名数据是经过信道传输过来的，由于信道干扰和对手的篡改，因此，签名数据中含有错误或被篡改的可能性是存在的。把错误和篡改检测出来，对提高签名验证系统的数据完整性、系统可靠性和安全性是有益的。

（四）小结

SM2 算法是一种安全的签名算法，因为目前尚没有发现求解椭圆曲线离散对数问题的亚指数算法，且 SM2 软硬件实现规模小，方便（256 位的椭圆曲线密码的安全性，相当于 2048 位的 RSA 密码）。SM2 算法目前的实现难点是椭圆曲线的标量乘法问题。

由以上的对比可以看出，SM2 相比传统的椭圆曲线签名算法，两者签名和验签的核心步骤相近，所以算法的时间复杂度大致相同，在同等硬件条件下应该具有相近的性能表现。

表 2　　　　　　　　SM2 签名算法与 ECDSA 的比较

	SM2	ECDSA
算法原理	求解椭圆曲线离散对数的困难问题	
时间复杂度	基本相同	
私钥选取	取随机数 $d_A \in [1, n-2]$	取随机数 $d_A \in [1, n-1]$
公钥选取	$P_A = [d_A]G = (x_A, y_A)$	

三、SM2 数字签名算法与 RSA 数字签名算法的比较

RSA 公钥加密算法是 1977 年由罗纳德·李维斯特（Ron Rivest）、阿迪·萨莫尔（Adi Shamir）和伦纳德·阿德曼（Leonard Adleman）一起提出的。RSA 算法基于一个十分简单的数论事实：将两个大质数相乘十分容易，但是想要对其乘积进行因式分解却极其困难，因此可以将乘积公开作为加密密钥。

（一）密钥对生成比较

RSA 生成密钥对的过程如下：
①选择 p, q, p 和 q 都是素数且 $p \neq q$；
②计算 $n = p \times q$；
③计算 $\varphi(n) = (p-1)(q-1)$；
④选择整数 e, e 满足 $\gcd(\varphi(n), e) = 1$, $1 < e < \varphi(n)$；
⑤计算 d, $d \equiv e^{-1}(\bmod \varphi(n))$；
⑥签名者 A 的私钥为 $d_A = \{d, n\}$；
⑦签名者 A 的公钥为 $P_A = \{e, n\}$。

其中第④步选取的 e 通常选择十进制的 65537。对于 RSA 密钥对生产算法来说，其核心步骤是第一步，判断一个数是否为素数是困难的（Miller – Rabin 算法是目前主流的基于概率的素数测试算法），因此 RSA 密钥对的生成速度是很慢的。

SM2 的密钥对生成过程在第二节中详细介绍过了，其主要的耗时运算为一次标量乘法。与 RSA 的密钥对生成相比，SM2 算法具有明显的性能上的优势。

表 3 给出了基于卫士通中端加密机的测试数据。表 4 给出了基于三未信安服务器密码机（型号 SH6A21 – SC28EDLR）的测试数据。表 5 给出了基于三未信安 SJJ1012 服务器密码机（型号 SH9U31 –

SC30EDLR）的测试数据。

表3　　　卫士通加密机密钥对生成性能测试数据

密码算法	密钥长度	性能指标
RSA	2048	50Tps
SM2	256	1000Tps

表4　　　三未信安加密机（型号 SH6A21 - SC28EDLR）密钥对生成性能测试数据

密码算法	密钥长度	性能指标
RSA	2048	11Tps
SM2	256	4085Tps

表5　　　三未信安加密机（型号 SH9U31 - SC30EDLR）密钥对生成性能测试数据

密码算法	密钥长度	性能指标
RSA	2048	16Tps
SM2	256	9863Tps

（二）签名过程比较

RSA 签名过程如下：

①对消息 M 进行 EMSA - PKCS1 - v1_ 5 编码运算，产生一个长度为 k 个八位组的编码消息 EM。EMSA - PKCS1 - v1_ 5 编码主要经过 HASH 和填充两个步骤。

②将编码消息 EM 转换成整数型的消息代表 m。

③计算签名代表 S^*_A，$S^*_A = m^d \bmod n$。

④将整数型签名代表 S^*_A 转换成长度为 k 个八位组的签名 S_A。

RSA 签名算法的核心步骤是第③步模幂运算，由于 d 数值很大，因此 RSA 签名算法较为缓慢。

SM2 的签名过程在第二节中详细介绍过了，其主要耗时操作为一次标量乘法。因此，与 RSA 签名过程相比，SM2 的签名过程速度上的性能优势。

表 6 给出了基于卫士通中端加密机的网联测试数据。表 7 给出了基于三未信安服务器密码机（型号 SH6A21 – SC28EDLR）的测试数据。表 8 给出了基于三未信安 SJJ1012 服务器密码机（型号 SH9U31 – SC30EDLR）的测试数据。

表 6　　　　卫士通加密机签名运算性能测试数据

密码算法	密钥长度	性能指标
RSA	2048	200Tps
SM2	256	1600Tps

表 7　　　三未信安加密机（型号 **SH6A21 – SC28EDLR**）签名
运算性能测试数据

密码算法	密钥长度	性能指标
RSA	2048	913Tps
SM2	256	3707Tps

表 8　　　三未信安加密机（型号 **SH9U31 – SC30EDLR**）签名
运算性能测试数据

密码算法	密钥长度	性能指标
RSA	2048	1109Tps
SM2	256	9699Tps

（三）验签过程比较

RSA 的验签过程如下：

①将字节串型签名 S_A 转换为整数型签名代表 S^*_A。

②计算整数消息代表 $m = (S^*_A)^e \bmod n$。

③将整数型的消息代表 m 转换成编码消息 EM。

④对消息 M 进行 EMSA – PKCS1 – v1_5 编码运算，产生用于对比

的编码消息 EM'。

⑤比较编码消息 EM 和另一个编码消息 EM'。如果它们相同，则签名有效；否则签名无效。

RSA 验签算法核心步骤是第②步模幂运算，但由于 e 远远小于 d，所以运算速度大大提高。SM2 的验签过程在第二节已详细介绍，对于 SM2 验签算法，核心步骤是第⑥步，进行了两次标量乘法。这里由于 e 数值很小（通常取 65537 甚至是 3），而 SM2 验签需要进行两次标量乘法，使得 SM2 在验签速度上处于劣势。

表 9 给出了基于卫士通中端加密机的网联测试数据。表 10 给出了基于三未信安服务器密码机（型号 SH6A21 - SC28EDLR）的测试数据。表 11 给出了基于三未信安 SJJ1012 服务器密码机（型号 SH9U31 - SC30EDLR）的测试数据。

表 9　　　　卫士通加密机验签运算性能测试数据

密码算法	密钥长度	性能指标
RSA	2048	2000Tps
SM2	256	1200Tps

表 10　　三未信安加密机（型号 SH6A21 - SC28EDLR）验签运算性能测试数据

密码算法	密钥长度	性能指标
RSA	2048	9882Tps
SM2	256	2355Tps

表 11　　三未信安加密机（型号 SH9U31 - SC30EDLR）验签运算性能测试数据

密码算法	密钥长度	性能指标
RSA	2048	17166Tps
SM2	256	7294Tps

(四) 小结

在同等安全强度下，SM2 所需密钥位数明显比 RSA 所需密钥位数短，160 位的 SM2 与 1024 位的 SM2 具有相同的安全等级，256 位的 SM2 与 2048 位的 RSA 具有相同的安全等级。在密钥对生成速度，签名速度上，SM2 具有明显的性能优势，但在验签速度上 SM2 表现不及 RSA。

表 12　　SM2 数字签名算法与 RSA 签名数字算法比较

	RSA	SM2
算法原理	基于分解大整数 n 的难度	基于椭圆曲线离散对数问题
相同的安全性能下所需密钥位数	较多	较少
密钥生成速度	慢	较 RSA 算法快百倍以上
签名速度	慢（模幂运算，指数 d 很大）	快（基于素数域的计算）
验签速度	快（e 比较小）	慢

四、结论

（一）算法性能的比较

SM2 相比传统的椭圆曲线签名算法，两者签名和验签的核心步骤相近，所以算法的时间复杂度大致相同，在同等硬件条件下应该具有相近的性能表现。SM2 签名验证算法加入了较多的检错功能，提高了签名验证系统的数据完整性、系统可靠性和安全性。

与广泛应用的 RSA 数字签名算法相比，SM2 在同等安全强度下所需密钥位数更少，且密钥对生成速度、签名速度均优于 RSA 数字签名算法，但 SM2 的验签速度相比 RSA 处于明显的劣势，不能满足生产系统中高频率的验签需求。今后需要主要攻克的技术难点即为 SM2 的验签速率的提升,这一点需要密码机提供商从硬件加密的层级作出改进。

(二)算法国际化的比较

SM2椭圆曲线数字签名算法为国家密码管理局主推的自主密码算法,在国内金融行业得到了广泛应用。但与RSA算法相比,在国际化方面仍存在一定差距。如果在法定数字货币系统中采用SM2算法,这将影响到我国数字货币的国际化流通和使用。因此,应进一步加强SM2算法的国际化应用和推广,以提高我国数字货币的全球竞争力。

(三)算法的未来发展

随着数字经济的普及和发展,未来数字货币会有越来越多的支付应用场景。因此,可能会对数字签名技术提出新的需求。因此,基于SM2算法的新型签名技术的演进也是数字货币技术发展的未来需求。

分布式架构的共识问题研究

赵新宇

摘要：分布式架构是云计算、大数据、分布式账本等金融科技共同的底层技术属性。基于分布式架构的系统具有扩展能力强、运行效率高、容错机制好等方面的优势，但也带来了节点管理、任务调度等与传统集中式架构体系不同的复杂问题。究其技术根源，本质上都是分布式环境下的共识问题。

本文介绍了分布式架构共识问题的基础理论，通过比较不同共识算法的特点，分析了共识算法的发展趋势。共识问题研究有助于认清分布式架构的技术本质，对金融信息系统技术架构的设计进行理论指引，在实践中可根据业务特点和应用场景制定有针对性的设计原则和解决方案，对于法定数字货币系统技术架构设计也有一定的借鉴作用。

一、背景

基于水平扩展和垂直拆分的设计理念，分布式架构在物理部署、处理过程、数据存储等方面一般具有分布式的特征，采用分布式架构的系统相应具有运行效率高、扩展能力强、容错机制好等方面的优势。但也带来了节点管理、任务调度等与传统集中式架构体系不同的复杂问题。例如，如何确保系统垂直拆分后各部分之间并行处理结果的一致性；如何确保系统水平扩展的各部分之间跨越网络访问的及时性；如何确保系统整体在单个节点异常情况下的可靠性等。这都需要在系统设计与实现层面制定有针对性的解决方案，其技术本质都是分布式环境下的共识问题。

二、共识问题理论

分布式系统的共识问题是计算机科学中经典的研究领域。如果系统节点的提议被其他所有节点认同，并在有限时间内完成对该提议的决策过程，称系统对该提议达成共识。分布式系统共识具有两个性质，一是安全性，即所有节点状态一致；二是可用性，即无间断对外提供服务。在分布式系统环境中，面临着消息传递异步无序、消息延时和丢失、节点持续宕机无法恢复或宕机恢复后重新加入系统、网络异常导致系统节点被隔离成多个部分、节点不按协议执行甚至发出干扰决议的信息等诸多问题，因此要达成共识并不容易。

FLP 定理[1]是分布式系统理论中的基础理论，其证明了即便是在比现实环境要求更严格、更可靠的模型中（只存在节点宕机的异步环境），也无法同时满足安全性和可用性。正如物理学中的能量守恒定律彻底否定了永动机的存在，FLP 定理否定了同时满足安全性和可用性的共识算法的存在，为解决共识问题提供了上界。在 FLP 定理限定不存在完美解的情况下，研究和实践工作一直在对一致性和可用性进行平衡，试图取得一个实用的结果。

CAP 理论表明数据一致性、服务可用性、分区容错性三者最多只能满足其中两个。CAP 理论中的"分区"是指由于网络因素将系统分隔为多个独立的部分。分布式环境下，不可靠的网络、有一定概率宕机的设备，都会导致系统分区，从而必须具备分区容错性。因此，从工程实践角度 CAP 理论可描述为：在满足分区容错性的前提下，没有算法能同时满足数据一致性和服务可用性。故在系统设计时只有两种选择：放松一致性获得可用性或保证一致性牺牲可用性，往往是根据

---

[1] Impossibility of distributed consensus with one faulty process, Fischer, Lynch and Patterson, Journal ACM 1985.

应用需求和使用场景，在一致性与可用性之间进行权衡。

CAP 定理中的一致性指强一致性，即要求多节点组成的系统像单节点一样运作，操作需具备原子性。在工程实践中，如果放宽要求，可区分不同程度的一致性，也可定义不同等级的可用性。例如，传统数据库中常用的 ACID 设计理念是典型强一致性模型，与之相比，eBay 提出的 BASE 理论通过牺牲强一致性获得高可用性，并实现数据的最终一致性。对于某些应用场景，系统不可用意味着对外停止服务，对用户的影响和商业风险远比系统可用但缓慢的情况更为严重。为保障系统可用性，现今互联网应用大多将强一致性需求转换成最终一致性需求，即放弃 CAP 理论中的强一致性，获得高可用性。

基于共识问题理论可衍生出不同设计哲学，其价值在于给予系统技术架构设计理论方向上的指引，并在系统实现时根据应用场景制定有针对性的设计原则和解决方案。

三、共识算法特点分析

（一）分布式系统的共识算法

共识算法允许一组相互独立的节点如整体一样有效协同，并行处理业务，即使其中一些节点出现故障也能够继续工作，不影响数据运算结果的完整性和一致性。正因为如此，共识算法在构建可信赖的大规模软件系统中扮演着重要的角色。

Paxos 算法是分布式计算领域经典的共识算法，假设系统中无恶意节点，主要解决的问题是保证分布式系统中各个节点都能执行一个相同的操作序列。Paxos 算法在保证安全性的同时放松了可用性，发生竞争时导致各节点不断重复执行协议，使系统陷入不可用状况。

很多基于 Paxos 的改进算法通过减少决议通信步骤、避免单点故障、实现节点负载均衡等方式，降低延迟、增加吞吐量，从而提升可用性。例如为了避免竞争、加快收敛的速度，Multi Paxos 算法引入仲裁者角色，只有仲裁者可以提出议案，使算法能够快速收敛而趋于一致。但也带来了如何选举和保持唯一的仲裁者、如何均衡仲裁者节点承担的负载等问题。Fast Paxos 算法中允许发起节点在基本算法第二阶段直接提交提议，减少一次通信过程。Egalitarian Paxos 算法采用无全局仲裁者的方式，平等分担各节点的负载。

Paxos 算法指出了一种设计思想，虽然更接近共识问题的本源，但算法本身十分难以理解，需要进行大幅修改才能应用到实际的系统中。受 Paxos 算法启发，出现了一些可理解性更好、性能更高的共识算法。例如，Raft 算法把共识问题具体化为保持日志副本的一致性，更易于理解和工程化实现；ZooKeeper 项目中的 ZAB 算法在角色划分、信息同步和提案通过方式等方面进行改进，提供全局时序保证，提高了算法的处理能力。

仲裁者是以上共识算法中的重要角色，在发生问题时能够对节点进行复杂的强协调。但强仲裁者的选举过程复杂费时，在保证安全性的同时也聚集了单点风险。因此，在分布式系统中并非仲裁者越强越好，需根据业务特点并结合 CAP 与 FLP 理论综合判断选择。

表1　　　　　　　　典型共识算法特点及仲裁者强弱

典型算法	特点	仲裁者强度
Paxos/Egalitarian Paxos	各节点平等分担负载	无全局仲裁者
Fast Paxos	优化通信步骤	需要时才选举仲裁者
Mutil – Paxos	轮流担任仲裁者均衡负载	仲裁者驱动
ZooKeeper/Raft	高性能、易理解	强仲裁者

另一类共识算法以拜占庭容错（BFT）算法为代表，其运行环境中除了存在消息延迟丢失、节点发生宕机、网络故障等非人为问题，还假设某些节点可以表现出任意（包括恶意）行为，这样的节点称为"拜占庭节点"。实用拜占庭容错（PBFT）算法将 BFT 算法

复杂度从指数级降低到多项式级别，使其在实际系统中可行，核心思想是在不同节点进行状态机副本复制，可以保证系统在不超过 1/3 的节点为拜占庭节点的情况下正常运行。为适应不同的运行环境，一些算法在设计上做了额外处理，例如异步拜占庭共识协议[1]可以保证系统在 1/4 的节点为拜占庭节点的情况下正常运行，FaB Paxos、Ripple 等可以保证系统在不超过 1/5 的节点为拜占庭节点的情况下正常运行。

（二）分布式账本的共识算法

分布式账本是互联网金融领域内的技术融合创新，是一种在互联网上基于共识算法建立并集体维护的共享账本。分布式账本的核心是分布式的设计思想，共识算法是其重要组件。

从应用角度看，分布式账本的共识算法具有社会和经济背景，不同的共识算法决定了不同分布式账本的类型和特性。从技术角度看，共识算法主要解决分布式账本数据一致性的问题，是保障分布式账本运行的关键组件。分布式账本通常运行在节点间无信任的环境下，每个节点都可以表现出任意（包括恶意）行为，分布式账本的共识算法需在更为复杂的环境下保证节点数据一致。

分布式账本中共识算法一般被称为证明方式，例如比特币采用的工作量证明（PoW）共识算法，其创新之处在于使用概率一致性代替确定一致性，通过妥协部分性能指标，极大地提高了系统健壮性，任何节点出问题都不会影响全局系统，其缺点在于浪费资源并缺乏确定性。为解决 PoW 算法的能源消耗问题，出现了权益证明（PoS）算法，以及通过大幅缩小参与记账节点的数量从而达到秒级共识验证的授权

---

[1] Attiya, C., D. Dolev, and J. Gill. "Asynchronous Byzantine Agreement." Proc. 3rd. Annual ACM Symposium on Principles of Distributed Computing. 1984.

权益证明算法（DPoS）等。分布式账本的共识算法都是为了保证系统能够消除恶意行为，让各节点能达成一致，确保数据安全，典型共识算法及特点如表 2 所示。

表 2　　　　　　　　典型分布式账本共识算法分类及特点

名称	分类	特点
Prime Coin PoW	PoW	寻找质数，有一定的科学价值，称为"有用工作量证明"
Sawtooth Lake PoET	PoW	在可信任运行环境下，根据验证者等待时间通过硬件产生随机数保证选举的随机性，实现公平、随机选取共识节点
Tendermint	PoS + BFT	兼容公有账本和私有账本，算法保证不会发生硬分叉。验证者将保证金锁定，轮流对交易区块进行提议，并对这些区块进行投票，投票权力和保证金相等，验证者如果作弊，保证金会被销毁
Casper	PoW + PoS	引入投注共识经济模型，验证人将大部分保证金对共识结果进行下注，而共识结果又通过验证人的下注情况形成，违反规则的验证者会受到没收保证金的惩罚
Ripple	BFT	基于特殊节点列表（UNL）达成共识，要纳新成员，需获得 51% 的 UNL 成员投票；交易验证需获得 80% 以上 UNL 成员投票，能保证任何时候都不会产生硬分叉，并且交易能被实时验证
Stellar	BFT	基于联邦拜占庭协议（FBA），各节点选择其可信任的其他节点组成集合块，整个网络由若干个集合块构成。各个节点集之间随着时间推移不断实现数据一致性，直到最终收敛

（三）拜占庭容错性比较

无拜占庭节点的分布式系统或私有账本是生态封闭的系统，因此采用 Paxos 类算法可以使系统达到最优性能；存在少量拜占庭节点的分布式系统或许可账本中存在互相不完全信任的节点，因此拜占庭容错算法是适合选择之一；公有账本对共识算法的要求已经超出了传统分布式系统的范畴，再加上交易的特性，需要引入社会、经济等方面的考虑，例如 PoW、PoS、DPoS 等。因此根据对拜占庭容错性的高低，可对共识算法进行统一比较。

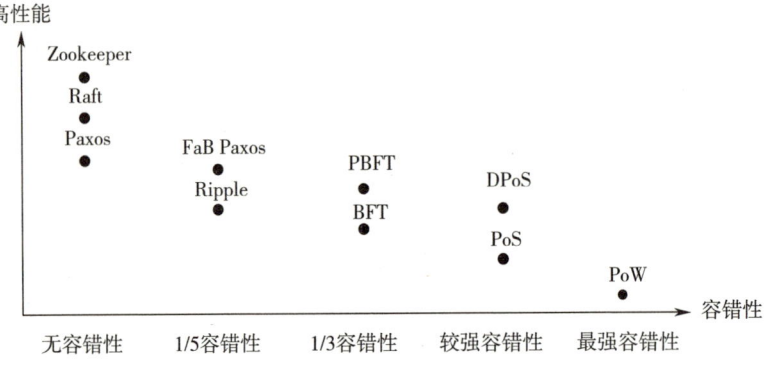

图1　共识算法的拜占庭容错性比较

以 PoW 为代表的工作量证明共识算法是区块链的创新，而以 PBFT、ZooKeeper 为代表的一系列算法在某些特定应用场景能有效应用，更好地满足交易处理能力、安全性以及监管需求。各种共识算法在处理性能、集中程度、应用类型、技术成熟度等方面各有特点，可以根据需要进行定制选择。

（四）共识算法的发展趋势

随着分布式架构技术体系的发展、应用范围的扩大以及市场理解的深入，对共识算法也产生了新的应用需求和多种改进方式。

一是采用局部共识代替全局共识，避免了以往交易信息在全网广播导致性能低下的问题。例如，Corda 平台不设全局账本，采用公证员机制解决共识问题，数据只在相关方之间共享。

二是以有向无环图（DAG）等其他形式的数据结构代替了以往

"区块+链"的模式，以改善PoW共识算法的资源消耗和扩展性问题。例如IOTA项目采用基于DAG的账本结构，每位参与者都能进行交易并对其中两笔交易进行验证，随着IOTA网络的交易量增大，验证速度就会越快，共识算法确认时间会缩短，整个系统也会变得更安全。

三是有将多种共识算法进行融合设计的趋势。一种方式是在一个系统中支持多种共识算法，根据应用场景取长补短，选择合适的共识算法，甚至还可根据运行环境的变化进行动态切换，如Thunderella等。另一种方式是算法设计时就融合PoS、PoW或BFT的设计思想，以适应不同容错性的需要，如Tendermint、Casper等。

四、法定数字货币系统设计中的共识问题思考

（一）混合体系的系统架构设计思路

法定数字货币核心交易系统作为交易处理中心，是架构设计的关键环节，应以微内核、集中交易为主，以降低核心负载，满足核心交易系统的一致性，提升整体稳定性。分布式架构受CAP原理的约束，无法实现实时强一致性，但可作为账务查询交易等外围业务的技术架构选择。因此，在法定数字货币系统架构设计中，可根据不同功能模块、应用需求和使用场景，在集中式架构与分布式架构之间进行权衡，可以是一种集中式架构和分布式架构的混合体系。

（二）法定数字货币客户端设计的权衡

未来法定数字货币将面对复杂的应用环境和多样的客户群体，在通过网络进行交易并保证交易被正确处理的情况下，客户还关心到底需要多长时间能完成操作，即系统延迟。延迟（Latency）是与用户体验直接相关、衡量系统可用性的一项重要指标。CAP理论中的可用性要求操作能终止，并没有对延迟进行量化。如果要达到较高程度的一

致性，必然增加系统延迟。在进行法定数字货币系统设计时，还需在系统延迟、一致性之间进行选择权衡。一种方法是允许在部分节点不可用（或被网络分隔暂时离线）的情况下，从用户角度看来服务仍可用，并保证数据最终一致性，给予用户较好体验。

五、结语

在保障当前技术架构安全稳定运行的基础上，稳步推进、深入开展分布式架构的关键技术研究，有助于认清技术本质、指引架构设计。同时以业务适应性为原则，面向业务考量进行系统设计，根据应用场景制定有针对性的解决方案，有助于在技术上作出更理性的选择。